*kritik* & *utopie* ist die politische Edition im mandelbaum *verlag*.
Darin finden sich theoretische Entwürfe ebenso wie Reflexionen aktueller sozialer Bewegungen, Originalausgaben und auch Übersetzungen fremdsprachiger Texte, populäre Sachbücher sowie akademische und außeruniversitäre wissenschaftliche Arbeiten.

Nähere Informationen zu Beirat, Neuerscheinungen und Terminen unter www.kritikundutopie.net

Lutz Holzinger / Clemens Staudinger

# SCHWARZBUCH RAIFFEISEN

mandelbaum *kritik & utopie*

Gedruckt mit Unterstützung durch

MA 7 – Kulturabteilung der Stadt Wien, Referat Wissenschafts- und
Forschungsförderung

Dritte, erweiterte Auflage 2013

Lektorat: Monika Hofmann
Satz & Umschlaggestaltung: Michael Baiculescu
Umschlagbild: Bernhard Hausegger; www.bhausegger.at
Druck: Primerate, Budapest

# Inhalt

7  Vorwort zur dritten Auflage

11  Einleitung: Vor den Vorhang

15  Die Wurzeln des Raiffeisenkonzerns
Verstärkter Einfluss des Marktes – Langwieriger Prozess –
Bürgerliche Revolution als Wegbereiter – Reichstag stellte die
Weichen – Steuern statt Abhängigkeit – Preisgefälle und Kri-
sen – Raiffeisen als Retter – Kenntnis der Kunden von Anfang
an – Lauffeuerartige Verbreitung – Massive staatliche Unterstüt-
zung – Zeit der Anpassung – Beispiel Deutschland – Imposan-
tes Wachstum – Erfolgslauf nach der Befreiung 1945 – Thomas
Muster als Aushängeschild – Distanz zur Politik – Historisches
Round-up

47  Die starken Partner von Raiffeisen
Physiokraten als Anstoß – Nächster Anlauf Kontinentalsperre –
Echte Vorläufer der Kammer – Regelrechte Landwirtschaftskammern – Stärke durch Pflichtmitgliedschaft – Rolle in der
Sozialpartnerschaft – Alle müssen mitmachen – Vielfältige Aufgaben – Pferd von hinten aufgezäumt – Klassenspaltung von außen
nicht ersichtlich – Besetzung der Landwirtschaftskammern –
Anfänge der politischen Organisation – Erfolgreich gegen Bauernlegen – Peinlicher Irrtum in Kärnten – Direkte Mitwirkung
in Legislative und Exekutive – Die Funktionsweise der Dreifaltigkeit – Das Giebelkreuz im Bundesrat – Beispiel Niederösterreich

73  Der stille Riese
Machtfaktor Raiffeisen – Kapitalistischer Wechselbalg – Einfluss-
reiche Medienmacher – Weg mit Schaden – Kleinbauern als Fei-
genblatt – Österreich isst Raiffeisen – Wie kommt die Milch ins
Regal? – Auf der Westbahn unterwegs – Ein Auto ist kein Mais-
kolben – Es gibt kein sanftes Mochovce – Enten schleudern,
Fischer ärgern – Allenthalben Monopol-Positionen – Was ist ein

Bankraub gegen die Gründung einer Bank? – Auch Kleinvieh macht Mist – Treibt Ethanol den Zuckerpreis in die Höhe? – Bitterer Zucker? Urteilen Sie selbst! – Auf einem Pulverfass? – Fällt der Milchgroschen? – Esel auf dem Eis – Subprime und Fremdwährungen – Causa Buwog: Da fehlt ein Name! – Wo Gott in Linz wohnt – „Weh dem, der lügt!" – Ein treuer Diener seines Herrn – Im Klub der Landräuber – Raiffeisenlandraub, die Zweite – Raiffeisenlandraub, die Dritte – „Bereinigung" im Geldsektor – „Haben Herrschaften schon gewählt?"

146 SO FUNKTIONIERT ES – DIE BEISPIELE
Das „Immer und überall"-Prinzip – Beispiel Parlament: Die Politmacht von Raiffeisen im ÖVP-Klub – Beispiel Landesregierungen: Mechanik der gegenseitigen Förderung – Beispiel Steuergesetzgebung: Fit & fett durch Osterweiterung – Beispiel Mandatar: Ist Ferry Maier doppelt gemoppelt? – Beispiel Ideologe: Dollfuß über „Hausherrenrechte" und „Notwehr" – Raiffeisen: Der „große Chef" verteilt Schulnoten – Beispiel Stadtplanung: Das Schmunzeln des Kardinals – Beispiel Komplizenschaft Steuerschonung: „Unsere Safes schweigen" – Beispiel Kommunen als Kunden: Zocken mit Gemeindegeld – „Es ist alles sehr kompliziert" – Beispiel Gendergerechtigkeit: Aufsichtsräte als Männerrunden – Beispiel Multifunktionär: Ein Mann für alle Fälle? – Wo beginnt Korruption? – Beispiel Geschäft unter Freunden: Pröll, Raiffeisen & Wohnen in Wien – Beispiel Partner im Parlament jenseits der ÖVP: Unschuldsvermutung für Pokerface – Beispiel Kapitalismus, Variante brutal: Der Code of Conduct und das Gold – Beispiel Reklame: Etwas Sand im Getriebe der Raiffeisen-PR – Beispiel Hauptversammlung RBI: Ein protestantischer Zug im Raiffeisenreich – Beispiel internationale Vernetzung: Der Herr Konsul

197 STECKBRIEFE/NOMENKLATURA
Agrana-Werdegang und Zuckermonopol – Jakob Auer – Berglandmilch – Leipnik-Lundenburger Invest Beteiligungs AG – Ferdinand Maier – Medicur Holding – NÖM – Josef Pröll – Raiffeisenmitgliedschaft – Raiffeisen Bank International (RBI) – Walter Rothensteiner – Strabag – Uniqa Versicherung

231 MACHTFAKTOR RAIFFEISEN
Das „verschwundene" NEWS-Interview

236 LITERATUR

# Vorwort zur dritten Auflage

Mit der Veröffentlichung des „Schwarzbuch Raiffeisen", das in wesentlichen Teilen auf einer Serie in der Wiener Straßenzeitung „Augustin" beruht, wollten wir auch unsere These überprüfen, ob die Raiffeisen Gruppe als Eigentümerin, Kreditgeberin und Großinserentin der etablierten Medien mit vorauseilendem Gehorsam der diversen Verlagsgeschäftsführungen und Chefredaktionen rechnen darf. „Jetzt hupft der Aff ins Wasser," sagt man in Wien, wenn ein Test Wahrheiten zu Tage fördern soll. Der Affe ist gesprungen – und hat unsere Vermutungen bestätigt. Da der Konzern keine Presse als beste Presse zu betrachten scheint, rechneten wir mit geringem Medienecho auf unsere Ende April 2013 erschienene Publikation. Ein kleiner Betriebsunfall in der Chefetage des „News"-Verlags machte einen Strich durch unsere Kalkulation.

Zunächst lief alles wie erwartet: Neben wenigen Online-Portalen war „Der Standard" die einzige größere Zeitung, die (am 27. Mai 2013) eine Besprechung des Buches aus der Feder von Thomas Neuhold unter dem Titel „Raiffeisen vor dem Vorhang" veröffentlicht hat. Ansonsten herrschte Schweigen im Medienwalde, obwohl laut Mandelbaum Verlag eine ganze Reihe von Redaktionen Besprechungsexemplare angefordert hatten.

Am 14. Mai 2013 hat ein Redakteur von news.at angefragt, ob wir zu einem Interview bereit wären. Das Gespräch wurde am 17. Mai geführt. Am 19. Juni informierte uns der Redakteur, dass er das Interview in einer Druckausgabe von „News" nicht unterbringen konnte, aber eine Veröffentlichung auf news.at bevorstehe.

### Kaum online und schon wieder weg

Am Morgen des 24. Juni 2013 war es mit der Publikation so weit und das Interview war online. Wenige Stunden später jedoch war das ausführliche Interview laut Medienportal kobuk.at von der Website des „News"-Verlags wieder verschwunden.[1] Unter dem Titel „News beugt sich dem Machtfaktor Raiffeisen" wurde berichtet: „News.at hat am Montag einen bemerkenswert kritischen Artikel über Raiffeisen veröffentlicht. Wenige Stunden später war dieser aber nicht mehr auffindbar. Der Autor bestätigte uns gegenüber nur, dass der Artikel online war, wollte jedoch keine weitere Stellungnahme abgeben. Laut einem Verlagsinsider, der ungenannt bleiben möchte, wurde der Artikel nach einer Intervention der News Verlagsleitung bei der Chefredaktion entfernt. Der News Verlag steht zu 25,3 % im Eigentum von Raiffeisen/Kurier."

Da Fälle von Zensur in der heimischen Presse immer noch nicht als „Lercherlschaß" betrachtet werden, löste die Aktion der News-Geschäftsführung vor allem im Internet (derstandard.at, diepresse.at, usw.) ein ziemlich starkes Mediengewitter aus. Die Raiffeisenholding Niederösterreich-Wien (als Eigentümervertreterin der Kurier/News Beteiligung) sah sich schließlich gezwungen, den Text des Interviews – garniert mit einem Hinweis auf die Toleranz des Unternehmens – auf der hauseigenen Website zu verlinken. Wie Raiffeisen-Mitarbeiter berichteten, wurde das Interview und die postings im web intern fleißig hin- und hergeschickt – zynische bis hämische Kommentare inklusive.

### Gesteigertes Interesse

Dieser Entlastungsversuch wurde in weiteren Medien, an denen Raiffeisen beteiligt ist, kolportiert. Auf noen.at war etwa unter dem Titel „Raiffeisen zieht PR-Notbremse" zu lesen: „Nach der Aufregung um einen Raiffeisen-kritischen Artikel, der auf der Internet-Seite der Verlagsgruppe News zu lesen und kurz darauf wieder verschwunden war, hat Raiffeisen nun die kommunikationstechnische Notbremse gezogen." Was noen.at nicht berichtete: Wenige Tage zuvor fand in Purkersdorf auf Einladung der Liste Baum eine Präsentation des Buches mit anschließender Diskussion statt. Ein NÖN-Redakteur war anwesend und wollte über die Veranstaltung berichten. Erschienen ist in der NÖN nichts. Wieder ist der Affe ins Wasser gesprungen. Übri-

---

1   Das Interview finden Sie auf Seite 231.

gens ist nach der Internet-Aktion das Interesse am Buch sprung-
haft gestiegen: Es schaffte sogar den Sprung in mehrere Bestsel-
lerlisten, darunter auch jene von „News".

Laut APA argumentierte News Geschäftsführer Axel
Bogocz, der für die Sistierung des Interviews verantwortlich
zeichnet, untergriffig. Er soll von unprofessionellem Vorgehen
gesprochen und wörtlich gesagt haben: „Wenn man den Autoren von ‚Schwarzbuch Raiffeisen' soviel Platz für ihre Thesen
zum Unternehmen Raiffeisen einräumt, gebietet es die journalistische Fairness, auch einmal die Standpunkte der Raiffeisen
dazu zu hören." Für Bogocz von Interesse ist der Lehrplan für
die 5. Klasse AHS. In ihm ist festgehalten, dass ein Interview ein
journalistisches Genre ist, in dem der Leserin, dem Leser eine
Position zu einem Thema angeboten wird – in der Annahme,
dass sie/er sich selbst eine eigene Meinung bilden kann. Was hat
übrigens Bogocz daran gehindert, die Positionen von Raiffeisen
ausreichend darstellen zu lassen?

In der Branchenzeitung „medianet" wurde darauf verwiesen, dass Raiffeisen als Miteigentümer Ordnungsrufe auszusto-
ßen pflegt, wenn in der Berichterstattung aus der Sicht des Konzerns etwas schief läuft. Wörtlich hieß es: „Hameseder (Obmann
der Raiffeisenholding NÖ-Wien) in einem Interview mit dem
Magazin ‚Datum' über gelegentliche Kontaktaufnahme mit dem
‚Kurier', an dem Raiffeisen zu 50 Prozent beteiligt ist: ‚Hin und
wieder rufe ich in der Früh den Herrn Chefredakteur an, um zu
fragen, was hinter manchen Artikeln steckt und wie das zu verstehen ist. Wenn man glaubt, dass sich jemand in der Redaktion
im Ton vergriffen hat, das sind dann schon Themen, wo ich zum
Telefon greife.'"

Hameseder erklärt in „Datum" weiter: „Ein Eingreifen direkt
bei den Redakteuren gibt es bei mir nicht, das hat auch Christian
Konrad nicht gemacht. Ich spreche mit den Führungspersonen,
also Herausgebern und Chefredakteuren. Die gehen dann damit
um."

Jene, die das Interview von der „News"-Homepage genom-
men haben, leisteten tatsächlich einen positiven Beitrag für die
Verbreitung des „Schwarzbuch Raiffeisen". Durch das versuchte
Verräumen des Interviews haben sie für mehr Leserinnen und

Leser gesorgt. Danke! Und: In einem Aufwaschen wurde mit dieser Aktion gezeigt, welchen Einfluss Raiffeisen auf die österreichische Medienszene hat.

Lutz Holzinger
Clemens Staudinger
Wien, im August 2013

# Einleitung: Vor den Vorhang

Von bäuerlicher Hilfskasse zum mächtigsten Unternehmen. Das sind Ausgangspunkt und vorläufiger Endpunkt im – weitgehend unterbelichteten – Siegeszug von Raiffeisen. Das Giebelkreuz ist zwar als Marke präsent, der Stellenwert des Konzerns, der aus dem Genossenschaftswesen kommt, heute aber vorwiegend aus Aktiengesellschaften besteht, ist in der Öffentlichkeit krass unterbelichtet. Diesen Mangel wollen wir mit der Präsentation unserer Recherchen beheben. Das vorliegende Buch mit der Quintessenz unserer Erkenntnisse ist der Initiative des Mandelbaum Verlags zu verdanken. Er hat uns ermutigt, das in der Raiffeisenserie des *Augustin*, der „ersten österreichischen Boulevardzeitung", präsentierte Material zu vertiefen und umfassend darzustellen.

Stein des Anstoßes für Serie und Buch war die Augustin-Redaktion. Sie forderte uns auf, das Phänomen Raiffeisen zu ergründen. Den Konzern schützt eine Mauer des Schweigens: Nicht einmal die Tatsache, dass es sich um das vielleicht im In- und Ausland erfolgreichste Unternehmen handelt, wird ausreichend kommuniziert. Den Führungspersönlichkeiten des Konzerns ist es gelungen, das Raiffeisen-Licht weitgehend unter den Scheffel zu stellen. Dieses Dunkel zu durchdringen, hat uns nach Überprüfung der Tatsachen gereizt. Die schiere Größe von Raiffeisen verschlägt einem den Atem. Dominant ist die Gruppe zum Beispiel in der Kanalisierung der Spargroschen in Stadt und Land, als Monopolist in Milchverarbeitung und Zuckerproduktion, durch direkten (Beteiligung bzw. Eigentum) und indirekten (als größte Werbekundschaft des Landes) Einfluss auf die Medien oder durch die Dreieinigkeit Genossenschaft – Landwirtschaftskammern – ÖVP-Bauernbund.

In einer Zwischenbilanz über die Augustin-Serie schrieb Robert Sommer: „Am 15. Oktober 2011 ist überall in der Welt gegen die Bankenmacht demonstriert worden. Die Menschen gingen auf die Straßen und Plätze, weil es sie empört, dass sozusagen der Schwanz mit den Hund wedelt. Das heißt, dass die Banken den Regierungen Befehle erteilen und nicht umgekehrt. Auch in Wien sind 3.000 Leute auf die Straße gegangen. … Da lassen sich 3.000 Leute mobilisieren, um gegen die Diktatur der Finanzinstitutionen zu protestieren, und keiner hat etwas gegen die mächtigste in Österreich vorzutragen. Dabei ist die Raiffeisengruppe genauso mitverantwortlich für die Krise, in die wir immer tiefer hineinrutschen, wie die großen Akteure auf den Finanzmärkten insgesamt. Denn auch Raiffeisen hat im großen Stil Wetten abgeschlossen und spekulative Transaktionen unternommen. Dass der Charakter des Hauptgeschäfts von Raiffeisen, der dem aller anderen ins Strudeln geratenen Spekulationsgeneratoren entspricht (weshalb auch Raiffeisen eine Milliardenhilfe vom Staat beansprucht) nicht so wahrgenommen wird, liegt an der guten Performance der Raiffeisenmanager. Sie treten wie Zuckerrübenbauern oder Lagerhausverwalter auf – und nicht wie Global Player."

Sommer zitiert zur Charakterisierung des Generalanwalts, der quasi über dem Reich von Raiffeisen schwebt, aus Elfriede Jelineks Internet-Roman „Neid" folgende Passage: „Sein Hintergrund ist so hell von Gott erleuchtet, dass man den Herrn Direktor nur sieht, weil er einen dunklen Anzug trägt, der Mann kommt bei der Bevölkerung gut an, weil sie ihn trotz seines Anzugs nicht sieht, die Bevölkerung schaut zu tief ins Glas, sie schaut auch in die Zeitungen und Zeitschriften, die der Herr Direktor dirigiert, und dort werden sie den Herrn Direktor nicht finden, dort werden sie keinen Direktor finden, weil er in der Kirche ist oder gerade in die Kirche wallfahrtet; der Hintergrund schaut von vorne zu dunkel aus, obwohl er hell und strahlend christlich ist, dieser Hintergrund, welcher daraus besteht, dass im Osten schon wieder zehn Banken gekauft worden sind, die Banken fressen sich tief in den Osten hinein, da können auch Sie sich eine Scheibe abschneiden."

Sommer schreibt weiter: „Vor ein paar Tagen habe ich einen Häftling in Stein besucht. Es handelt sich um einen Langzeithäftling, der Bankeinbrüche abbüßt. Nur noch drei weitere Jahre muss er absitzen. Vielleicht ist das ein gutes Timing, habe ich gesagt. Vielleicht machen die Medien Sie in drei Jahren, wenn Sie rauskommen, zum Hero, sagte ich ihm. „Die gehören doch alle einem

Jägermeister", grinste er. „Die Jäger werden uns Wilderer immer auf der Abschussliste haben." Und Sommer setzt fort. „Weil der Augustin naturgemäß an der Seite der Wilderer ist und weil er ausreichend unabhängig ist, um diese Parteilichkeit durchzustehen, hat er ein Journalistenduo – Lutz Holzinger und Clemens Staudinger – gebeten, die Leserinnen und Leser über das System aufzuklären, das der Jägermeister repräsentiert. (Anmerkung: Christian Konrad, damals oberster Banker der Raiffeisengruppe, war zugleich niederösterreichischer Landesjägermeister und Veranstalter der elitärsten Wallfahrten nach Mariazell.)" In diesem Buch haben wir versucht, diesem Auftrag gerecht zu werden.

Nun noch zu einer Frage, die uns häufig gestellt wird: Was kann man tun, um die Macht von Raiffeisen zu beschränken? Ein alter demokratischer Grundsatz besagt, dass Macht Kontrolle braucht. (Übrigens: „Macht braucht Kontrolle" war der Slogan des erfolgreichen Präsidentschaftskandidaten Thomas Klestil, als er auch von Raiffeisen unterstützt 1992 zur Wahl antrat.) Und genau diese Kontrolle ist im Fall des Wirtschaftsgiganten, auf den man stolz sein könnte, mangelhaft bis nicht vorhanden. Wie es aussieht, wird mit der genossenschaftlichen Organisation der Basiseinheiten (Ortskassen sowie Milch-, Warenhaus- und andere Sachgenossenschaften) gerechtfertigt, dass die gesamte Gruppe, deren Einzelfirmen in den Sparten Geld, Milch, Ware und Beteiligungen nach Bundesländern und meist einer Bundeszentrale durchwegs als Aktiengesellschaften organisiert ist, über den Raiffeisen Revisionsverband sich selbst kontrolliert. Damit genießen die Giebelkreuzler ein einzigartiges Privileg wie es den politischen Parteien bis zur Änderung ihrer gesetzlichen Finanzierung ebenfalls vorbehalten war.

Als sinnvolle Forderung erscheint uns, Raiffeisen die Freiheit von äußerer Kontrolle zu entziehen. Analog zu den Regulatoren für den Strom- und Telefonbereich sollten Instanzen geschaffen werden, die alle Geschäftsaktivitäten von Raiffeisenfirmen mit Monopolstellung am heimischen Markt unter die Lupe nehmen. Beispielsweise beherrscht die Agrana die gesamte heimische Zuckerwirtschaft – vom Saatgut über die Bestimmung der Anbauflächen und den Aufkauf der Rübenernte bis zur Verarbeitung und Preisgestaltung. Per 1. Oktober 2011 hat das Unternehmen den

Zuckerpreis mit Berufung auf die Entwicklung am Weltmarkt um 20 Prozent erhöht, obwohl die europäische Zuckerwirtschaft vom internationalen Handel total abgeschottet ist. Dennoch ist dieser Wucher ohne Widerstand von amtlichen Konsumentenschützern und Medien über die Bühne gegangen. Mittlerweile ist übrigens der Weltmarktpreis für Zucker drastisch gesunken, ohne dass die Agrana den Preis entsprechend gesenkt hätte.

Ein Marktregulator ist auch für die heimische Milchwirtschaft überfällig. Nach eigenen Angaben verfügt Raiffeisen mit „130 Molkereien und sonstigen Milchverarbeitungsunternehmen" über einen Marktanteil von 99 Prozent bei Frischmilch. Bei Butter beträgt er 95 Prozent, bei Fruchtjoghurt 80 Prozent und bei Schnittkäse 85 Prozent. Aufgrund fortschreitender Konzentration und Zentralisation wird die Milchwirtschaft von den beiden Raiffeisentöchtern Bergland und NÖM dominiert. Dass der „Milchgroschen" die Produktionskosten der kleinen und mittleren Bauern nicht oder nur notdürftig deckt, wird mit dem Preisdruck der großen Handelsketten argumentiert. Billa, Spar und Co. würden bei einem Milchlieferboykott zur Durchsetzung eines gerechten Milchgroschens sicher schön schauen. Dass hier ebenfalls etwas nicht mit rechten Dingen zugeht, wurde zuletzt durch eine Kartellklage gegen Berglandmilch offenkundig.

Nicht über jeden Verdacht erhaben ist auch die Leipnik-Lundenburger Investment AG (LLI), die seit Mitte vergangenen Jahres von Ex-Vizekanzler Josef Pröll geführt wird. Quasi als Einstandsgeschenk hat er in Deutschland zwei Kartellverfahren an den Hals bekommen, die nach Zahlung von zweistelligen Millionenbeträgen eingestellt wurden. Ein Schalk der denkt, dass der Mühlen- und Mehl-Oligopolist im eigenen Land nicht ähnlich agiert. Allerdings verfügt die LLI mit „Fini Feinstes" mittlerweile bei allen Mehlsorten und Mehlderivaten wie Gries in Österreich über eine führende Marktstellung, die sich im Fall dieses Markenprodukts in einem höheren Preis niederschlägt.

Lutz Holzinger
Clemens Staudinger
Jänner 2013

# Die Wurzeln des Raiffeisenkonzerns

*Die Befreiung der Bauern aus feudaler Abhängigkeit befruchtete nicht die rasche Entwicklung wirtschaftlich gesunder Agrarbetriebe in der Hand von kleinen und mittleren Landwirten. Vielmehr stellte sich rasch heraus, dass es für die ehemaligen Feudalbauern schwierig war, einerseits die Produktionsmittel für ihre Tätigkeit aufzubringen und andererseits den Unwägbarkeiten des „freien Markts" gerecht zu werden. Als Maßnahme zur Erleichterung ihrer Lage bot sich – analog zu den heutigen Kleinkrediten in der Dritten Welt für Basisinitiativen – die Bildung von Darlehenskassen nach dem System Raiffeisen an, die zunächst vor allem von der Priester- und Lehrerschaft propagiert und finanziert wurden. Mit Erfolg hat die Genossenschaft jedoch erst agiert, als ihre Gründung vom Staat, etwa ab 1880, massiv unterstützt wurde. Angesichts des Aufschwungs der Arbeiterbewegung war es das Ziel dieser Bemühungen, die Agrarbevölkerung als Massenbasis für die Gutsbesitzer und Großagrarier zu gewinnen. Seither ist es beim Brauch der Großagrarier geblieben, die kleinen und mittleren Bauern vorzuschieben, um ihre politischen und wirtschaftlichen Interessen durchzusetzen.*

Um die ganze Geschichte von Raiffeisen zu erzählen, ist es erforderlich, etwas weiter auszuholen. Die genossenschaftliche Organisation der Bauern ist nicht aus dem Nichts entstanden, sondern fällt mehr oder weniger mit ihrer definitiven Befreiung aus der feudalen Abhängigkeit von den Grundherren vor mehr als 150 Jahren zusammen. Dieser Schritt führte zwar dazu, dass die Agrarbevölkerung ihr Schicksal selbst in die Hand nehmen konnte. Gleichzeitig verlor sie jedoch die Sorge für ihre Existenz durch die Grundherren, zu der diese in einem bestimmten Rahmen verpflichtet waren. In der feudalen Gesellschaft war die bäuerliche Bevölkerung – von wenigen Ausnahmen abgesehen – von den adeligen Grundbesitzern abhängig und zum Großteil leibeigen. Das heißt, sie konnten nicht aus freien Stücken Aufenthaltsort wählen und/oder berufliche Tätigkeit ändern. Den Feudalherren gegenüber waren die Bauern zu Abgaben in Form von Produkten und Überlassung ihrer Arbeitskraft verpflichtet. Diese wiederum hatten – auch in ihrem Eigeninteresse zur Reproduktion ihrer Arbeitskräfte – das Überleben der Bauern zu sichern.

Die Produktivität der Landwirtschaft war in Mittelalter und früher Neuzeit äußerst gering. Die überwältigende Mehrheit der Bevölkerung (bis zu 95 Prozent) war in der Landwirtschaft tätig. Das vorherrschende Prinzip war die Subsistenzwirtschaft: Das Agrarprodukt reichte mehr oder weniger aus, um Abgaben an den Grundherren zu leisten und die Reproduktion des bäuerlichen Haushalts zu sichern. Dabei handelte es sich im Wesentlichen um die fürs Überleben erforderlichen Lebensmittel und um das Saatgut für den nächsten Erntezyklus bzw. die Aussaat. Für die Vermarktung blieb den Bauern (anders als den Feudalherren, sofern sie den „Zehent" nicht selbst verzehrt hatten) kaum etwas übrig. Einerseits agierten die Stadtbürger bis tief in die Anfänge der Neuzeit hinein auch als Landwirte mit eigenen oft an ihre Gebäude anschließenden Parzellen; andererseits war für die Bauern die Hauswirtschaft – wie Spinnen und Weben – ein wesentlicher zusätzlicher Erwerbszweig.

### Verstärkter Einfluss des Marktes

Mit dem Aufkommen von Manufaktur und Industrie sowie der damit verknüpften stärkeren Arbeitsteilung und Spezialisierung der Arbeitskräfte ging eine gesteigerte Nachfrage nach Lebensmitten einher. Eine intensivere Beschickung der Märkte war nicht nur erforderlich sondern auch attraktiv, weil dafür Geld ins Haus kam. Das wiederum konnte für den Kauf von bis dahin unbekannten Produkten – etwa aus dem aufblühenden Fernhandel stammende Güter – eingesetzt werden. Die neuen Arbeitsmöglichkeiten zogen einerseits unterbeschäftigte Teile der Agrarbevölkerung an und erforderten andererseits eine Steigerung der Agrarproduktion, um die neue geschaffene Nachfrage zu befriedigen. Die negative Dialektik zwischen steigender Landflucht und wachsender Nachfrage nach Lebensmitteln bei zunehmender Industrialisierung brachte die rechtliche Stellung der Bauern und damit die Frage der Bauernbefreiung auf die Tagesordnung. Von freien Bauern wurde mehr Arbeitseinsatz und Engagement und damit eine höhere Produktivität erwartet.

Übrigens besteht in dieser relativen Steigerung des Freiheitsgrads eine Analogie zum Übergang von der Sklaverei zur Feudalherrschaft: Dabei wurde der Schritt weg von der absoluten Abhängigkeit der Sklaven sowohl von den Befehlen des Sklavenhalters als auch vom Unterhalt durch ihn hin zur Eigenverantwortung der Feudalbauern in der Agrarwirtschaft als Errungenschaft begriffen.

Was nun die Bauernbefreiung angeht, ist ein deutliches West-Ost-Gefälle in diesem über mehrere Jahrhunderte währenden Prozess erkennbar. Laut „Universal-Lexikon" waren „in den Niederlanden bereits im 17. Jahrhundert liberale Agrarverfassungen mit freien Bauern und reformierten Eigentums- und Besitzverhältnissen zu finden", während „das zaristische Russland die Mehrzahl der Bauern noch bis ins 20. Jahrhundert hinein in Leibeigenschaft" hielt. Weiter heißt es in dieser Quelle: „Im 17. und 18. Jahrhundert herrschten, wenn auch regional unterschiedlich stark ausgeprägt, feudale Abhängigkeiten vor und behinderten die Entfaltung der agrarischen Wirtschaftskräfte. Sehr enge Bindungen an die meist adeligen Herren existierten in den Gebieten östlich der Elbe und Saale: Die dortige Gutsherrschaft stellte eine besonders strenge Form der Grundherrschaft dar."

### Langwieriger Prozess

Karl H. Schneider schreibt im Internet-Beitrag „Bauernbefreiung und Agrarreformen": „Reformen unterschiedlicher Art lassen sich in vielen deutschen Territorien in der zweiten Hälfte des 18. Jahrhunderts beobachten. In Holstein wurden frühe Verkoppelungen (Zusammenlegung von Feldern – Anm. LH/CS) durchgeführt, in den brandenburgisch-preußischen Territorien versuchte der Landesherr, die Lage der gutsherrlichen Bauern zu verbessern. Im Hannoverschen wurden bäuerliche Dienste in Geldzahlungen umgewandelt oder erste Gemeinheitsteilungen (Privatisierung von Allmende bzw. Gemeinschaftsbesitz etwa an Weiden, Wald usw. – Anm. LH/CS) und Verkoppelung begonnen. Im Badischen wurde die Leibeigenschaft aufgehoben. Dennoch blieben die grundlegenden Abhängigkeiten bestehen. Deren Aufhebung hätte die privilegierte Position des Adels in Frage gestellt – und das wagte vor 1800 niemand, erst recht nicht nach Ausbruch der Französischen Revolution."

Schneider schreibt weiter: „Erst die preußische Niederlage (gegen die Armee Napoleons – Anm. LH/CS) und die Übernahme der französischen Verfassungsgrundsätze in den westelbischen deutschen Territorien schuf Freiräume für weit reichende Reformen. In Preußen konnten der Freiherr vom Stein und Fürst Hardenberg die Niederlage nutzen, um ihr Konzept vom Staatsbürger mit gleichen Rechten auf den Weg zu bringen. Das Oktoberedikt von 1807 beseitigte nicht nur die Eigenbehörigkeit (= Hörigkeit – Anm. LH/CS) der Bauern, sondern riss auch die Schranken hinweg, die bis dahin die wirtschaftlichen Aktivitäten von Adeligen oder Bürgerlichen behindert hatten. In den französisch kontrollierten Gebieten wurden ebenfalls Gesellschaftsreformen begonnen, die den Staatsbürger an Stelle des Untertans zum Ziel hatten und an dessen Anfang die Aufhebung persönlicher Unfreiheit stand."

Die Niederlage Napoleons und der Triumph der Reaktion am Wiener Kongress trugen dazu bei, dass nach 1814/15 das alte System westlich der Elbe wieder hergestellt wurde. In Preußen erwies sich, dass das neue System vor allem die Interessen des Adels begünstigte. Die verstärkte Marktorientierung der Landwirtschaft und ihre dadurch bedingte Krisenanfälligkeit trugen jedoch dazu bei, dass die Agrarfrage weiter aktuell blieb. Schneider schreibt: „Es genügte ein Funke, um aus der latenten Unzufriedenheit offenen Aufruhr werden zu lassen. Im Sommer 1830 war es so weit: Die französische Julirevolution ließ in einigen deutschen Territorien Unruhe aufflackern. Nicht nur die agrarischen Verhältnisse, sondern auch schlecht regierende Herrscher, hohe Steuern und neue Zollgrenzen (wie zwischen den hessischen Territorien) entfachten lokalen Aufruhr, der sich in Stürmen von Zollhäusern, Entwaffnung von Stadtobrigkeiten oder massenhaften Schreiben von Petitionen niederschlug." Georg Büchners „Hessischer Landbote" mit einer scharfen Anklage der Herrscherwillkür aus dem Jahr 1834 ist ein markantes Zeugnis für diese in hohem Maß dialektisch verlaufende Entwicklung.

### Bürgerliche Revolution als Wegbereiter

Nach der Juli-Revolution in Frankreich konnten der Obrigkeit in deutschen Ländern Zugeständnisse abgerungen werden, die jedoch bald rückgängig gemacht wurden. Es bedurfte der – allerdings im Großen und Ganzen gescheiterten – bürgerlichen Revolution 1848, um die Bauernbefreiung auf breiter Front in Gang zu setzen. Das geschah vor allem durch gesetzliche Ablöseregelungen, die von verhältnismäßig „liberalen" Regierungen ausgearbeitet wurden und den Interessen der Bauern entgegen kamen. Schneider bemerkt einschränkend: „Waren die Gesetze erst einmal verabschiedet, dauerte es teilweise noch Jahrzehnte, bis sie realisiert worden waren. Im Königreich Hannover waren etwa selbst 30 Jahre nach Erlass der Ablöseregelungen nur drei Viertel aller feudaler Lasten aufgehoben worden. … Dennoch bedeuteten die Reformen einen erheblichen Fortschritt, denn die Bauern wurden freie Eigentümer ihres Landes; es entstand zudem ein freier Immobilienmarkt, der eine wichtige Voraussetzung für den Urbanisierungsprozess in Deutschland war."

In vielen Ländern wurden die jeweiligen gesetzlichen Grundlagen für die „Grundentlastung" von den Bauern mehr oder weniger erkämpft. Dazu heißt es in Wikipedia unter „Bauernbefreiung": „Im März 1848 brachen in Franken, Schwaben und Niederbayern Bauernaufstände aus. Die Bauern verweigerten Fronen und Abgaben. Die Aufstände wurden durch Militär erstickt, aber die Regierung legte den Entwurf eines Grundentlastungsgesetzes vor. Danach sollte der Bauer an den Staat vier von Hundert Zinsen aus dem Ablösungskapital seiner Verpflichtungen gegenüber dem Grundherren bezahlen. Das Ablösungskapital wurde mit dem 18-fachen einer Jahresverpflichtung angenommen, die in Geld umgerechnet wurde. Eine Jahresverpflichtung von 100 Gulden sollte folgendermaßen an den Staat entrichtet werden: Das Ablösekapital betrug 18 mal 100 Gulden, also 1.800 Gulden; die jährliche Abgabe an den Staat (vier von Hundert) betrug also 72 Gulden. Der Grundherr erhielt vom Staat für die entgangenen Verpflichtungen vier von Hundert aus dem 20-fachen eines Jahresbezugs, also 80 Gulden. Die Differenz von acht Gulden trug der Staat; und der Grundherr musste auf 20 Gulden Geldwert verzichten."

Zur Bauernfrage in der Donaumonarchie, die hier detaillierter dargestellt werden soll, heißt es im Online-Österreich-Lexikon: „Die Lockerung der persönlichen und wirtschaftlichen Abhängigkeit der Bauern von einer Grundherrschaft erfolgte seit der Mitte des 18. Jahrhunderts, die Beseitigung 1848. Obwohl es in den österreichischen Ländern große Unterschiede (in Nordtirol und in den gebirgigen Gegenden Vorarlbergs hatten die Bauern viele Freiheiten) und fast keine Leibeigenschaft gab, milderte Maria Theresia 1778 generell die Robotleistungen. Kaiser Joseph II. führte 1781 durch das Untertanenstrafpatent, die Festlegung des Beschwerderechts und die Robotablöse wesentliche Erleichterungen ein. Er ordnete 1789 eine Steuerreform zugunsten der Bauern an, die aber nach seinem Tod nicht durchgeführt wurde."

### Reichstag stellte die Weichen

Der Anfang vom Untergang des Feudalsystems in der Donaumonarchie vollzog sich am Höhepunkt der 1848er Revolution in Wien. Helmut Rumpler schreibt im Band „Eine Chance für Mitteleuropa" in der von Herwig Wolfram herausgegeben „Österreichischen Geschichte": „Schon vier Tage nach der Reichstagseröffnung stellte der schlesische Bauernabgeordnete Hans Kudlich den Antrag, ,das Untertänigkeitsverhältnis samt allen daraus entsprungenen Rechten und Pflichten vorbehaltlich der Bestimmungen, ob und wie eine Entschädigung zu leisten sei', abzuschaffen. In der Grundsatzfrage, dass das ,Untertänigkeitsverhältnis' aufzuheben sei, waren sich alle Kontrahenten einig. Über die Frage der Entschädigung kam es zu Konfrontationen der Parteien. Zunächst bemerkten die Bauern selbst, dass sie dabei waren, die Existenz der kleinen Besitzer zu bedrohen. Zu den aufzuhebenden ,Rechten und Pflichten' gehörten auch die Servitute, das waren im Wesentlichen die Holzungs- und Weiderechte auf grundherrlichen Besitzungen oder Gemeinschaftsgründen. Ein Verlust der Mitnutzungsrechte am grundherrlichen Eigentum hätte zahlreichen Bauern die Existenzgrundlage entzogen. Leicht lösbar war die Frage hinsichtlich der obrigkeitlichen Rechte der Grundherrschaften, der Verwaltungs- und Gerichtätigkeit im Namen des Staates. Auf sie hatten die Grundherren ohne Entschädigung zu verzichten."

„Der große Kampf der Parteien wogte um die Frage der Entschädigung jener Leistungen und Abgaben (Fronden und Grundzinse), die die Grund nutzenden Bauern dem grundherrlichen Eigentümer schuldeten. Die ‚Linke' und die Bauern forderten den entschädigungslosen Übergang des Besitzrechtes von der Grundherrschaft auf die Bauern. Die liberale Regierung stellte sich auf die Seite der Grundherren und lehnte die geforderte Enteignung ab. Zum Erstaunen der Konservativen und zum Entsetzen der Radikalen erklärte sich der als extrem liberal geltende Justizminister Alexander Bach für die Unantastbarkeit des Eigentumsrechtes, das durch ‚bloße Humanitätstheorien' nicht verletzt werden dürfte. ‚Die Frage der Entschädigung ist nach der einstimmigen Ansicht des Ministeriums eine Frage des Rechts, der Billigkeit, der politischen Klugheit und der nationalen Ehre.' Als Drohung fügte er hinzu: ‚Es (das Ministerium) wird im Principe mit der Entschädigungsfrage stehen oder fallen.' Nach 73 Zusatzanträgen und wilden Debatten wurde am 31. August 1848 ein Kompromiss erreicht, als der Antrag des Salzburger Abgeordneten Josef Lasser mit 174 gegen 144 Stimmen bei 36 Enthaltungen angenommen wurde: Die Bauern erhielten das bisher zur Nutzung überlassene Land zu eigen. Von der den Grundherren zuerkannten Entschädigung zahlten sie ein Drittel, ein Drittel übernahm der Fiskus, auf das dritte Drittel mussten die Grundherren verzichten. Die Grundentlastung war ein, ja der große Erfolg der Revolution" (S. 284)

Zur Präzisierung der Debatten über die Grundentlastung im konstituierenden Reichsrat und zur Korrektur des Kudlich-Bildes schreibt Josef Krammer: „Die ‚Bauernabgeordneten' traten entschieden für die Interessen der Bauern ein und verlangten eine sofortige Grundentlastung, ohne dass die Bauern oder der Staat etwas bezahlen sollten, ganz im Gegenteil, sie argumentierten, dass nicht die Bauern den Gutsherren für die Aufhebung der Robot- und Zinsleistungen zu entschädigen habe, sondern der Gutsherr soll die Bauern für die Jahrhunderte lange Ausbeutung entschädigen. … In den Geschichtsbüchern und im Schulunterricht wird auch heute noch ganz zu Unrecht Hans Kudlich als österreichischer Bauernbefreier gefeiert. Hans Kudlich war der jüngste Abgeordnete der ‚linken' Fraktion im Reichstag, und primär aufgrund seiner Jugend wurde er von seiner Fraktion bestimmt, am 26. Juli 1848 folgenden Antrag im Reichstag zu stellen: ‚Von nun an ist das Untertänigkeitsverhältnis mit allen daraus entsprungenen Rechten und Pflichten aufgehoben, vorbehaltlich der Bestimmung, ob und wie eine Entschädigung zu leisten sei.' Dieser Antrag zeigt deutlich, dass Kudlich nicht den ihm später von der liberalen Publizistik und Geschichtsschreibung zuerkannten Namen des ‚österreichischen Bauernbefreiers' verdient. Denn mit den Roboten, Zehenten und Zinsen wollte er auch alle Servitutsrechte der Bauern auf Nutzung der herrschaftlichen Wälder und Weiden aufheben. Weiters wollte er für die Aufhebung der Robot und Zinsen den Grundherren eine Entschädigung durch die Bauern zukommen lassen. – In Kudlich einen Kämpfer für die Rechte und Interessen der Bauern zu sehen, ist einer der zahlreichen Irrtümer in unseren Geschichtsbüchern und im Schulunterricht. Die Bauernabgeordneten und einige Faktionskollegen Kudlichs traten viel vehementer und zielstrebiger für die Interessen der Bauern ein." (Josef Krammer und Franz Rohrmoser, Im Kampf um Ihre Rechte – Geschichte der Bauern und Bäuerinnen in Österreich", Wien 2012, S. 42 f.)

### Steuern statt Abhängigkeit

Dennoch handelte es sich um einen Befreiungsschlag für die Bauern, der allerdings dazu beitrug, dass sie anschließend als tragende Säule der Revolution neutralisiert werden konnten bzw. ausgefallen sind. Abgesehen von der Entschädigung für die Grundherren, die von den Bauern zu einem Drittel aufgebracht werden musste, waren auch weitere Folgen der Befreiung – wie erwähnt – nicht nur positiv. An die Stelle der Abgaben und Frondienste traten Steuern, die vom Staat, den Ländern und Gemeinden eingehoben wurden. Die erste Generation der befreiten Bauern musste überdies erst lernen, unter marktwirtschaftlichen Bedingungen zu wirtschaften. In einzelnen Regionen entstanden aufgrund der gesetzlich vorgesehenen Erbteilung viele kleine, kaum lebensfähige Agrarbetriebe. Diese Faktoren bewirkten, dass immer mehr Bauern sich verschulden mussten. Der quasi programmierte Niedergang des Bauernstands konnte nur abgewendet und/oder verzögert werden durch die Schaffung neuer Organisationen für den allerdings an sich problematischen Marktzugang von Kleinbauern, an deren Aufbau die Genossenschaften tatkräftig mitgewirkt haben.

Die Entschädigung der Grundherren erwies sich zunächst als weniger schwierig, als zu vermuten wäre. Ernst Bruckmüller schreibt in seinem Beitrag „Wachstum, Krisen, Konjunkturen" im Jubiläumsband „Raiffeisen in Österreich – Siegeszug einer Idee": „Die meisten feudalen Lasten wurden durch eine ‚billige Entschädigung' abgegolten. Man sah die Feudalrente als 5-Prozent-Rente des Feudalkapitals an. Das Zwanzigfache der jährlichen Abgabenverpflichtung war daher das Kapital, das Eigentum, das abgelöst werden sollte. Von diesem Kapital wurde ein Drittel gestrichen, ein Drittel übernahmen Staat und Land, ein Drittel hatte der Bauer als ‚billige Entschädigung' zu zahlen. Das Ortmaiergut in der Gemeinde Katzbach in Oberösterreich (Herrschaft Greinburg) hatte bis 1848 beispielsweise jährlich 7 Gulden und 42 Kreuzer an die Herrschaft abzuliefern gehabt. Ein Drittel davon (2 Gulden und 34 Kreuzer) mal 20 ergab die Grundentlastungsschuld des Bauern: 51 Gulden und 12 Kreuzer." (S. 15 f.) Bruckmüller kommt zum Schluss, dass die Grundentlastung die Bauern „nicht allzu sehr belastet" habe.

### Preisgefälle und Krisen

Viel gravierender als die Abschlagzahlungen erwies sich für die einzelnen bäuerlichen Betriebe die ungleichzeitige und ungleichmäßige Entwicklung der Landwirtschaft in der Donaumonarchie und der Zwang, sich den Marktgesetzen mit dem Schwanken von Angebot und Nachfrage auszusetzen. Zwischen Ungarn und den Alpenländern gab es aufgrund der unterschiedlichen Produktionsbedingungen insbesondere auf dem Gebiet des Getreideanbaus ein enormes Preisgefälle. Zu dieser Zeit des dominanten Liberalismus wurden überdies die Zollgrenzen ins Reich der Habsburger geöffnet; erstmals waren die Konkurrenz der USA, Argentiniens usw. wirksam.

Anlässlich der Suche nach einem gangbaren Ausweg geriet immer stärker der Sozialreformer Friedrich Wilhelm Raiffeisen (1818–1888) in den Blickpunkt aller Beteiligten. Über ihn heißt es in Wikipedia: „Mit der Gründung des Flammersfelder

Hülfsverein zur Unterstützung unbemittelter Landwirte (1848), dem Heddesdorfer Darlehnskassenverein (1864) und der Rheinischen Landwirtschaftlichen Genossenschaftsbank (1872) schuf Raiffeisen Modelle zur Unterstützung unbemittelter Landwirte und für landwirtschaftliche Einkaufsgenossenschaften zum günstigen Einkauf von Produktionsgütern wie beispielsweise Saatgut und Düngemittel. Sowohl der ‚Grüne Kredit‘, der vorsah, Saatgut und Dünger mit der späteren Ernte zu bezahlen, als auch die gemeinsame Erntevermarktung und die örtlich verwalteten Spar- und Darlehenskassen wurden in vielen Dörfern Deutschlands entsprechend seiner Vorschläge eingeführt. Mindestens sieben Bauern gründeten dörfliche Genossenschaften zum Einkauf oder Vertrieb. Um wirkungsvoll verhandeln zu können und dadurch preisgünstig Saatgut und Dünger einzukaufen, sah die Genossenschaftssatzung zunächst eine unbeschränkte Haftung mit dem gesamten Vermögen der Mitglieder vor. Nach der ersten Erfolgsphase wurden die Garantien auf die Vermögen der Vorstandsmitglieder und nach Ansparung von Genossenschaftsvermögen auf dieses gemeinsame Vermögen beschränkt. Der Leitspruch: ‚Einer für alle, alle für einen‘ wurde für die landwirtschaftlichen Genossenschaften die Basis des Handels, ebenso wie der Name des Erfinders ‚Raiffeisen‘ Namensbestandteil und Marke wurde.“

Josef Krammer schreibt einschränkend: „Der Genossenschaftsgedanke in der Landwirtschaft ist keine Erfindung von Wilhelm Raiffeisen, H. Schuze-Delitsch, W. Haas und anderen. Es hat in der Landwirtschaft seit frühen Zeiten genossenschaftliche Gemeinschaften gegeben. Man denke an die aus dem ursprünglichen Bodenkommunismus hervorgegangenen Marktgenossenschaften, an die ‚gemaine‘ Wald- und Weidenutzung (Gemain) oder die im Mittelalter besonders in den Alpen existierenden gemeinschaftlichen Sennereien, die man als Käsereigenossenschaften bezeichnen könnte. Die hier angeführten Genossenschaften entsprachen in Art und Umfang den landwirtschaftlichen Produktionsverhältnissen ihrer Zeit.“ (Josef Krammer, Analyse einer Ausbeutung I – Geschichte der Bauern in Österreich, Wien 1976, S. 69 f.)

## Raiffeisen als Retter

Dennoch konnten Raiffeisengenossenschaften eine führende Stellung in der wirtschaftlichen Organisation der Agrarproduzenten erreichen. Wie das geschah, lässt sich historisch an der Entwicklung in Österreich exemplarisch nachvollziehen. Im Band „100 Jahre Österreichischer Raiffeisenverband 1898 bis 1998 – Eine Chronik" wird die Lösung der Probleme, die der Liberalismus der Bauernschaft bereitet hatte, jedenfalls Wilhelm Raiffeisen zugeschrieben, weil er sich vor allem auch um die bis dahin vernachlässigten Kleinbauern gekümmert habe. Das Prinzip Raiffeisen wird unter Berufung auf eine zeitgenössische Quelle folgendermaßen charakterisiert: „Raiffeisenkassen (Spar- und Darlehenskassenvereine, Darlehenskassen, Vorschusskassenvereine, Landwirtschaftliche Kreditgenossenschaften nach dem System Raiffeisen) sind Vereine von nicht geschlossener Mitgliederzahl, von eng begrenztem Wirkungskreis, welche bei unbeschränkter Solidarhaftung der Mitglieder für die Vereinsschulden, bei ehrenamtlicher Verwaltung und Ausschluss jeglicher Gewinnverteilung, den Zweck verfolgen, ausschließlich den Vereinsmitgliedern – vorwiegend den bäuerlichen Grundbesitzern – günstige Kredite zu gewähren." (S.44)

Weiter heißt es: „Die Vereine wollen aber auch die sittliche Förderung der Mitglieder, besonders durch die aktive Nächstenliebe und gelebte Solidarität. Der Verbesserung der Sittlichkeit dient ferner die Anleitung zur Spargesinnung und die weitere Vereinigung der Mitglieder zu einzelnen wirtschaftlichen Zwecken mit Hilfe von Untergenossenschaften der Raiffeisenkassen. Durch die Kreditgewährung kann der laufende Kapitalbedarf, etwa für Gebäudereparaturen, für den Ersatz eines gefallenen Stück Vieh, für Saatgut und andere Betriebsmittel, kostengünstig gedeckt werden. Derartige Aufwendungen reproduzieren sich gemäß den Eigentümlichkeiten der landwirtschaftlichen Produktion meist erst nach längerer Zeit. Daher können die zu solchen Zwecken aufgenommenen Darlehen nicht so rasch zurückerstattet werden, wie dies etwa ein Handwerker vermag." (S. 44f.)

### Kenntnis der Kunden von Anfang an

Zur Präzision wird weiter ausgeführt: „Die Besonderheiten des Systems Raiffeisen sind durch die angeführten Zwecke sowie durch die Art der Kapitalbeschaffung bedingt. Dem Geschäftsanteil wird kein oder nur ein geringer Wert beigemessen, der Verein deckt seinen Kapitalbedarf vorrangig durch niederverzinsliche Anleihen und durch Spareinlagen der wohlhabenden Bevölkerung. Bei der Kreditgewährung ist die Stellung eines Bürgen erforderlich. Die Darlehensgewährung durch den Wechsel ist zu vermeiden. Durch die Beschränktheit des Vereinsgebietes kennen die Vereinsfunktionäre die persönliche Vertrauenswürdigkeit der Darlehenswerber sowie den Verwendungszweck der aufzunehmenden Mittel. Sie können daher auch die widmungsgemäße Verwendung und Rückzahlung genau beobachten. Eine weitere Besonderheit der Raiffeisenkassen ist der unteilbare Reservefonds, welcher aus den Überschüssen der Kasse anwächst, indem keine Gewinnverteilung stattfindet. Spekulative Geschäfte sind den Kassen untersagt. Durch den Fonds ist auch eine Verbilligung der Vereinsdarlehen sichergestellt. Die Erträgnisse können aber auch für gemeinnützige Zwecke zur Verfügung stehen. So ist die Kasse in der Lage, manche öffentliche Aufgabe wie Schulausbau, Feuerlöschgeräte und Ortsverschönerung zu unterstützen." (S. 45)

Weiter in der zeitgenössischen Quelle: „Die Untergenossenschaften, für welche die Raiffeisenkassen die Basis abgeben, sind Vereinigungen für Gruppen von Kassenmitgliedern mit gemeinsamen Interessen. Untergenossenschaften sind zum Beispiel Molkerei-, Zuchtstier-, Ein- und Verkaufs- sowie Versicherungsgenossenschaften. Die lokalen Kassen sind zu Provinzialverbänden zusammengeschlossen, diese wieder sind in einem zentralen Geldinstitut zusammengefasst. Angeschlossen sind jeweils Anwaltschaften, die die gemeinsamen Interessen nach außen vertreten, die Kassen mit Rat und Tat unterstützen, für die Verbreitung der Idee sorgen, die Revision durchführen." (S. 45)

### Lauffeuerartige Verbreitung

Dieses System, das in der Donaumonarchie in seinen wesentlichen Zügen übernommen wurde und bis heute in der Organisationsform des österreichischen Raiffeisenverbandes besteht, fand große Beachtung im gesamten deutschen Sprachraum und darüber hinaus in der ganzen Donaumonarchie. Auf einem Kongress über Probleme der Landwirtschaft im Jahr 1873 in Wien wurde die Diskussion über die Einführung von Darlehenskassen nach dem Muster von Raiffeisen erstmals geführt. Bis es zur Umsetzung kam, dauerte es jedoch geraume Zeit, obwohl vor allem die Kleinbauern unter dem Mangel an erschwinglichen Krediten massiv zu leiden hatten. Versuche, einzelne Landesregierungen zur Unterstützung des Vorhabens zu bewegen, scheiterten zunächst. Erst der rasch steigende Einfluss der Arbeiterbewegung auf der politischen Szene dürfte den Verantwortlichen klar gemacht haben, dass sie die Kleinbauern und das Landproletariat unterstützen mussten, um ihrer Radikalisierung vorzubeugen. Darüber hinaus waren Gutsbesitzer und Großagrarier daran interessiert, für eine eigene politische Massen- und Legitimationsbasis zu sorgen.

Auf der Homepage des Raiffeisenverbandes heißt es unter dem Stichwort Geschichte für die Zeit von 1800 bis 1886: „In Österreich begann die Industrialisierung zwischen 1800 und 1820. Sie brachte enorme Umwälzungen in der Wirtschaft und im sozialen Gefüge der damaligen K. u. K.-Monarchie. Während die Größe des Wirtschaftsraums und der Rohstoffreichtum die Entwicklung förderten, wurde sie durch die geringe Kaufkraft der Bevölkerung, nationalistische Boykotte und die rohstofforientierte Exportwirtschaft gehemmt. … Die freien Bauern standen (nach dem Revolutionsjahr 1848 – Anm. LH/CS) aber nun unter dem Druck der Märkte, besonders in den österreichischen Ländern. Hier führten billigere landwirtschaftliche Produkte aus Böhmen und Ungarn und internationale Importe zu einem starken Preisverfall. 1870 stürzte der Getreidepreis um 80 Prozent. Eine rasch steigende Verschuldung der Bauernwirtschaften begann, die sich bis zur Jahrhundertwende fortsetzte. Pro Jahr wurden zwischen 5.000 und 10.000 Höfe verschuldeter Bauern zwangsversteigert. Es war für die Bauern damals fast unmöglich, günstige Kredite zur Deckung des laufenden Kapitalbedarfs, etwa für Saatgut und Betriebsmittel, Reparaturen und Ähnliches, zu bekommen. Der Wucher blühte. In Deutschland war die Situation ähnlich."

Für Österreich bringt Bruckmüller die Situation folgendermaßen auf den Punkt: „In der Bauernschaft wuchs die Verbitterung über die liberale Politik, die alles den Märkten (und den Börsen) überließ. Forderungen nach Verschuldungsgrenzen, nach Schutzzoll, nach Ausschaltung des Börsenterminhandels und nach Direktlieferungen wurden ebenso laut wie nach besserer politischer Vertretung und nach genossenschaftlicher Organisation für den landwirtschaftlichen Kredit ebenso wie für den Absatz landwirtschaftlicher Produkte. Als Folge der Krise entstanden neue Landeskulturräte (Tirol 1881, Oberösterreich 1886) als bäuerliche Interessenvertretungen, politische Bauernvereine (1884 Kärntner Bauernbund, 1899 katholisch-konservativer Bauernverein für die Steiermark, 1904 Tiroler, 1906 Niederösterreichischer Bauernbund), Kreditgenossenschaften (seit 1886), Milchgenossenschaften (teils schon seit den 1870er-Jahren, in breiter Streuung seit den 1880er und 1890er-Jahren) und genossenschaftliche Großmolkereien (Niederösterreichische Molkerei in Wien, Schärdinger Zentral-Teebutter-Genossenschaft 1900), Viehzuchtgenossenschaften und schließlich auch Lagerhäuser für den Getreideabsatz (Pöchlarn 1898)." (S. 17)

Dafür wurden die Weichen gestellt, als in den Beratungen eines internationalen landwirtschaftlichen Kongresses im Jahr 1885 in Budapest die Schaffung einer Kreditorganisation für Kleingrundbesitzer in den Mittelpunkt gerückt wurde. In der Folge kam auch in den österreichischen Teilen der Donaumonarchie Bewegung in die Angelegenheit: „Im November 1885 entsandte der niederösterreichische Landtag eine Kommission zu Wilhelm Raiffeisen, um das von ihm entwickelte System zu studieren. Der Bericht über die Reise wurde Anfang 1887 im Landtag beraten und führte zum Beschluss, die Gründung von Raiffeisenkassen zu unterstützen. Bereits vorher wurde auf Initiative eines Südbahnbeamten im März 1886 in der Südsteiermark, und zwar in Roßwein bei Marburg, der Darlehenskassen-Verein Roßwein, registrierte Genossenschaft mit unbeschränkter Haftung und in Mühldorf bei Spitz im Dezember 1886 die erste Raiffeisenkasse gegründet."

Damit begann der Siegeszug der Agrargenossenschaft. In der „Chronik" werden die jeweilige Dorfnobilität, in erster Linie Pfarrer und Lehrer, als Motoren der Gründung von Raiffeisenkassen bezeichnet. Die wegen der Haftung zurückhaltenden Landwirte

entdeckten langsam aber sicher ebenfalls Vorteile dieser Kooperationen. Bereits Ende des 19. Jahrhunderts sollen nach der gie-
belkreuzeigenen Darstellung Bauern einen erheblichen Anteil der
Obmänner der lokalen Genossenschaften gestellt haben.

Raiffeisen war nicht von Anfang an ein rauschendes Erfolgsmodell. Josef Krammer schreibt: „Das moderne landwirtschaftliche Genossenschaftswesen, welches den geänderten Produktionsverhältnissen des Kapitalismus entsprach, entstand erst in der
Mitte des 19. Jahrhunderts und in größerem Umfang erst Ende
des 19. Jahrhunderts und im ersten Jahrzehnt des 20. Jahrhunderts. Die ersten landwirtschaftlichen Genossenschaften wurden
in Deutschland durch die Initiative von Wilhelm Raiffeisen als
‚Hilfsvereine‘ gegründet, um die Not der kleinbäuerlichen Bevölkerung zu Weyerbusch im Westerwald, die durch Missernten
1846/47 entstanden war, zu lindern. Die ersten Genossenschaften modernen Stils … wurden aus humanitären Motiven gegründet. Das landwirtschaftliche Genossenschaftswesen breitete sich
anfangs nur äußerst langsam aus." (S. 70)

### Massive staatliche Unterstützung

In der österreichischen Monarchie wurde schließlich die
Selbsthilfe der Bauern vom Staat massiv unterstützt und der rasche
Ausbau eines Netzes von Darlehenskassen ermöglicht. Ein ent-
scheidender Schritt für die weitere Entwicklung war die Gründung
des „Allgemeinen Verbandes", die am 20. Mai 1898 behördlich
genehmigt wurde. Diese erste Zentralstelle der österreichischen
Raiffeisenorganisationen ist ident mit dem heutigen Raiffeisenverband. Wolfgang Werner schreibt in der „Chronik" der Jubi-
läumsschrift: „Gründungsmitglieder des ‚Allgemeinen Verbandes‘
waren neben den genossenschaftlichen Organisationen Böhmens,
Mährens und Schlesiens die Zentralorganisationen von Tirol und
Vorarlberg. Niederösterreich ist durch das Genossenschaftsbüro
der Landesregierung vertreten, Oberösterreich ebenfalls durch die
Landesregierung. Im Herbst 1898 tritt in Niederösterreich an die
Stelle des Genossenschaftsbüros die am 10. Oktober gegründete
‚Niederösterreichische Genossenschaftszentralkasse‘." (S. 55) Nie-
derösterreich vertrat in diesem Rahmen 388 Kassen und zahlrei-
che andere landwirtschaftliche Genossenschaften, Oberösterreich

139 Kassen und eine andere landwirtschaftliche Genossenschaft, Tirol 206 Kassen und Vorarlberg 48 Kassen. Die Organisationen von Böhmen, Mähren und Schlesien vertraten insgesamt 704 landwirtschaftliche Genossenschaften. Die starke Rolle von Landesregierungen unterstreicht eine von Anfang an erkennbare etatistische Ausrichtung der Organisation. Der Fall Niederösterreich zeigt bereits damals das Prinzip der Kooperation Landesregierung – Raiffeisen, das heute als Basis des Erfolges des heutigen Raiffeisenkonzerns gilt.

Auf der Homepage des Raiffeisenverbandes heißt es zu dem Geschichtsabschnitt trocken: „In Österreich wurde 1886 in Mühldorf bei Spitz an der Donau die erste Raiffeisenkasse gegründet. Ihr gehörten Landwirte, Handwerker, Arbeiter und Gewerbetreibende an. Vorangegangen waren mehrere Kongresse, die nach Lösungen für die Agrarkrise gesucht hatten. Mit Unterstützung durch die Landtage, die von der Idee überzeugt waren, kam es rasch zur Gründung von zahlreichen Raiffeisenkassen. 1898 kam es zur Gründung der ersten österreichischen Lagerhaus-Genossenschaft in Pöchlarn. 1898 wurde nach deutschem Vorbild ein Zentralverband der Genossenschaften nach dem System Raiffeisen gegründet, der später den Namen ‚Allgemeiner Verband landwirtschaftlicher Genossenschaften in Österreich‘ erhielt. Dieser ‚Allgemeine Verband‘ war Vorläufer des heutigen Österreichischen Raiffeisenverbandes, der seit 1960 unter diesem Namen firmiert. Als 1918 die Donaumonarchie zerfiel und der habsburgische Völkerkerker obsolet wurde, gab es auf dem Gebiet der späteren ersten Republik über 2.000 Genossenschaften, eine noch viel höhere Zahl existierte in den anderen Nachfolgestaaten."

Roman Sandgruber resümiert in „Ökonomie und Politik", einem Sonderband der vielbändigen der „Österreichischen Geschichte": „Die Anfänge der landwirtschaftlichen Genossenschaften nach dem System Friedrich W. Raiffeisen, der im Gegensatz zu Schulze-Delitzsch neben dem genossenschaftlichen Zusammenschluss auf Staatshilfe setzte, gehen auf die achtziger Jahre zurück, sind also wesentlich jünger als die übrigen Genossenschaftstypen und stehen in deutlich engerem Konnex mit der Veränderung des politischen Systems nach 1897. Ein bedeutender Teil der Gründungen von Raiffeisengenossenschaften wurde von Mitgliedern und Organen der Landes- und Staatsverwaltung vorgenommen. Die erste Raiffeisenkasse auf dem Gebiet der heutigen Republik wurde 1866 in Mühldorf bei Spitz begründet. Scheibbs, Eggern und Mautern folgten. Daneben kam es in Tirol zu einer Fülle von Gründungen. Die massive Förderung der Raiffeisenkassen auf Staats- und Landesebene zeitigte rasche Erfolge. 1898 schlossen sich auch die bisher nach Schulze-Delitzsch organisierten landwirtschaftlichen Genossenschaften dem (im selben Jahr gegründeten – Anm. LH/CS) Allgemeinen Verband landwirtschaftlicher Genossenschaften an. Trotz der regen Gründungstätigkeit und der unübersehbaren Anfangserfolge blieb die Bedeutung der landwirtschaftlichen Kreditgenossenschaften vor dem Ersten Weltkrieg relativ gering. Nur vier Prozent der Bilanzsumme aller Kreditunternehmungen Cisleithaniens (die Gebiete westlich des Flusses Leitha – Anm. LH/CS) entfiel auf Raiffeisenkassen. Nur langsam nahmen sich die Genossenschaften auch der Lagerhaltung und Vermarktung an. 1898 wurde von dem Priester Matthäus Bauchinger in Pöchlarn die erste große Lagerhausgenossenschaft gegründet. Der Aufschwung der Molkereigenossenschaften begann im letzten Jahrzehnt des 19. Jahrhunderts." (Roman Sandgruber, „Ökonomie und Politik" als Teil der von Herwig Wolfram herausgegebenen „Österreichischen Geschichte", S. 258)

Krammer recherchierte folgende detaillierte Zahlen zum Wachstum von Raiffeisen: „Bäuerliche Vorschussvereine entstanden schon in den frühen siebziger Jahren, ihre rasche Verbreitung aber erst in der Zeit von der Mitte der achtziger Jahre des 19. Jahrhunderts bis zum 1. Weltkrieg. Der Bestand an Raiffeisenkassen (Vorschussvereine nach dem Raiffeisenschen System) hat sich in Österreich wir folgt entwickelt:

| Jahr | Neugründungen |
|------|---------------|
| 1886 | 2 |
| 1887 | 4 |
| 1888 | 26 |
| 1889 | 73 |
| 1890 | 77 |
| 1891 | 72 |
| 1892 | 128 |

Um 1907 gab es in der Donaumonarchie 2086 bäuerliche Erwerbs- und Wirtschaftsgenossenschaften; 1919 existierten im Gebiet der späteren Republik Österreich bereits 1.500 Raiffeisenkassen." (S. 70)

### Zeit der Anpassung

Die Begeisterung für die genossenschaftliche Organisation zeigt sich vor allem in der Bereitschaft zur Gründung von „Untergenossenschaften". Hier bestehen deutlich regionale Unterschiede. Sie lassen sich teilweise an den Gründungsdaten der einzelnen Aktivitäten ablesen. Nach der ersten Raiffeisenkasse auf österreichischem Boden in Mühldorf bei Spitz an der Donau (1886) folgten Kärnten mit Obermühlbach 1887, Tirol mit Ötz 1888, Vorarlberg mit Lustenau und Oberösterreich mit Weißenkirchen an der Traun 1889, Salzburg mit Taxenbach 1890 und schließlich das erst 1921 ins heutige Österreich eingemeindete Burgenland mit Ritzing 1922.

Noch größer ist die zeitliche Spreizung, was die Gründung von den Lagerhaus- und Molkereigenossenschaften angeht. Lagerhäuser als Landes- bzw. Bezirksgenossenschaften wurden im Burgenland 1922, in Kärnten und Niederösterreich 1889, in Oberösterreich 1909, in Salzburg 1928, in der Steiermark 1910 und in Tirol (Bezirksgenossenschaft Innervillgraten) 1899 gebildet. In der Milchverarbeitung hatten die Sennereigenossenschaft Ötz in Tirol und die Molkereigenossenschaft Dornbirn-Oberdorf (gegründet 1878) die Nase vorn. Es folgten die 1. steirische Milchgenossenschaft in Graz 1879, Kärnten mit Feistritz an der Gail 1899, Oberösterreich mit Dorf an der Pram 1902, Niederösterreich mit St. Valentin 1903 und Burgenland mit Gattendorf 1924.

### Beispiel Deutschland

Heute ist die Organisation nach dem Prinzip Raiffeisen vor allem im deutschen Sprachraum verankert, das heißt in Deutschland, Österreich, der Schweiz und Südtirol. Die einzelnen nationalen Verbände agieren selbstständig, weisen aber ähnliche Organisationsprinzipien auf. Das trifft vor allem auf den Raiffeisenverband als oberste Kontrollinstanz und die verschiedenen Aktivitätsbereiche wie Geld, Milch, Ware und Beteiligungen zu sowie die territoriale Gliederung mit einer lokalen, regionalen und zentralen Ebene. Dieser Aufbau von unten nach oben sieht vor, dass an der Basis die lokalen Genossenschaftskassen und Spezialgenossenschaften für Milch, Fleisch, Wein usw. agieren, die zunächst auf regionaler oder Landesebene gebündelt und schließlich von der Bundesebene getoppt werden.

In Deutschland firmiert der Geldsektor von Raiffeisen sowohl unter dem Giebelkreuz als auch unter der Bezeichnung Volksbanken. Er bildet ein umfassendes Netz von vor allem lokalen Kassen, ist jedoch auch durch eigene Institute in den wichtigsten Großstädten vertreten. Ende 2011 gab es in Deutschland 1.121 Genossenschaftsbanken mit einer addierten Bilanzsumme von 729 Milliarden Euro. Die sogenannten Raiffeisenhauptgenossenschaften wiederum stellen den Zusammenschluss von regionalen Warengenossenschaften dar. Sie firmieren als:

—  Agravis Raiffeisen AG, Raiffeisenhauptgenossenschaft Niedersachsen und Teile von Nordrhein-Westfahlen

—  BayWa, Raiffeisenhauptgenossenschaft Bayern und Württemberg

—  Raiffeisenwarenzentrale Kurhessen-Thüringen

—  Raiffeisenwarenzentrale Rhein-Main, Raiffeisenhauptgenossenschaft Südhessen,

—  Rheinland-Pfalz, Saarland und Teile von Nordrhein-Westfalen

—  ZG Raiffeisen, Zentralgenossenschaft in Karlsruhe, Raiffeisenhauptgenossenschaft Baden und Teile des (französischen) Elsass.

Die wirtschaftliche Praxis der Raiffeisengenossenschaften wird von einem dynamischen Konzentrations- und Zentralisationsprozess geprägt. Dazu heißt es auf der Homepage der deutschen Raiffeisenorganisation: „Der verschärfte Wettbewerb auf den europäischen und weltweiten Agrarmärkten, der Strukturwandel in der deutschen Landwirtschaft sowie die Konzentration in den vor- und nachgelagerten Handelsstufen zwingen die Genossenschaften zu einer weiteren Bündelung ihrer wirtschaftlichen Kräfte. Zwischen dem Zusammenschluss zu größeren Einheiten und der Leistungssteigerung besteht ein enger Zusammenhang: Die Zahl der Genossenschaften ging im Wesentlichen die

Zusammenlegung mehrerer Genossenschaften zurück, worauf die Umsätze stiegen. Heuer erzielen rund 150 genossenschaftliche Unternehmen im Waren-, Milch-, Fleisch- sowie Obst- und Gemüsesektor mit jeweils über 25 Millionen Euro Jahresumsatz mehr als 80 Prozent der Umsätze dieser Gruppen."

Der eigene Stellenwert wird folgendermaßen beschrieben: „Mehr als die Hälfte ihrer gesamten Ein- und Verkäufe tätigen die deutschen Landwirte mit ihren Raiffeisengenossenschaften. Das ist nicht nur ein Beweis für das Vertrauen der Mitglieder in ihre Genossenschaften, sondern auch für die Leistungsfähigkeit der bäuerlichen Selbsthilfeeinrichtung im verschärften Wettbewerb. ... Die Marktbedeutung der Raiffeisengenossenschaften ist in den einzelnen Warensparten unterschiedlich: Sie reicht von 28 Prozent bei Schweine- und 26 Prozent bei Rinderschlachtungen bis hin zu knapp 70 Prozent der gesamten Milchanlieferung in Deutschland."

Die Basis dafür bildet nach wie vor die hohe Anziehungskraft der Genossenschaftsbewegung auf die Landwirte selbst. Über die Mitglieder heißt es auf der Homepage www.raiffeisen.com: „Nahezu alle deutschen Landwirte, Gärtner und Winzer bekennen sich zu den Grundsätzen Raiffeisens. Sie sind Mitglieder einer oder mehrerer Raiffeisengenossenschaften-Genossenschaften. Das urgenossenschaftliche Ziel der Selbsthilfe steht für individuelle Eigenverantwortung und für solidarische Bündelung der Kräfte in Wirtschaft und Gesellschaft. Selbsthilfe wird praktiziert durch den freiwilligen Zusammenschluss von mindestens sieben Personen in einer Genossenschaft. Die Mitglieder zeichnen Geschäftsanteile und sind somit Miteigentümer des Unternehmens. Sie sind Geschäftspartner der Genossenschaft mit allen Rechten und Pflichten. Selbstverantwortung übernimmt jedes Mitglied durch seine finanzielle Beteiligung, sein Stimmrecht und sein Votum zu allen wichtigen Geschäftsentscheidungen. Selbstverwaltung wird garantiert durch die Mitwirkung des Ehrenamtes. Vorstand und Aufsichtsrat werden aus dem Kreis der Mitglieder gewählt. Der große Vorteil einer Genossenschaft ist, dass mehrere Personen in partnerschaftlicher Zusammenarbeit gemeinsam Probleme lösen können, die der einzelne nicht, oder nur unzureichend bewältigen kann. Die Mitglieder bilden eine Gemeinschaft, die ohne fremde Hilfe unabhängig wirtschaftet."

Die Grundlage für die Tätigkeit von Raiffeisen bilden laut Homepage die Primärgenossenschaften. Sie werden folgendermaßen charakterisiert: „Überall in Deutschland gibt es auf lokaler Ebene Primärgenossenschaften. Sie bilden das starke Fundament der Raiffeisenorganisation. Ihre Geschäftstätigkeit konzentriert sich auf einen oder mehrere Orte eines räumlich zusammenhängenden Bereichs. Sie sind wirtschaftlich und rechtlich selbständige Unternehmen. Im Bundesdurchschnitt gehören den einzelnen Genossenschaften jeweils rund 700 Mitglieder an. Aus der traditionellen Verbindung von Geld und Ware entstanden die Raiffeisenbanken mit Warengeschäft. Mit fortschreitender Spezialisierung und steigenden Anforderungen des Marktes wurden leistungsfähige Waren- und Dienstleistungsgenossenschaften aufgebaut." Bei den „sonstigen" Waren- und Dienstleistungsgenossenschaften und Agrargenossenschaften handelt es sich um Personenvereinigungen, „deren Mitglieder Teilhaber und Geschäftspartner des Unternehmens sind. Gemeinsame Ziele, Anteile und Haftung verbinden die Mitglieder. Die Primärgenossenschaften versorgen die Landwirte mit Betriebsmitteln, nehmen die Produkte ihrer Mitglieder auf und sorgen für die Vermarktung."

Da die Vermarktung immer höhere Ansprüche an die genossenschaftliche Tätigkeit stellt, bauen auf den Primärgenossenschaften regionale und bundesweite Zentren auf. Dazu heißt es in der Selbstdarstellung von Raiffeisen: „Nach dem Prinzip ‚Einigkeit macht stark' haben die Primärgenossenschaften – wie erwähnt – regionale Zentralen errichtet. Sie übernehmen Aufgaben, die wegen ihres wirtschaftlichen und finanziellen Umfangs von den Primärgenossenschaften nicht erfüllt werden können. Die Zentralen fassen Nachfrage und Angebot der angeschlossenen Mitgliedsgenossenschaften zu großhandelsfähigen Partien zusammen. Als kompetente Geschäftspartner arbeiten sie mit Großlieferanten und Großabnehmern zusammen. Mit modernen Lager-, Verarbeitungs- und Vermarktungskapazitäten sorgen sie für den ‚übergebietlichen' Marktausgleich. Sie arbeiten nicht nur mit ihren Primärgenossenschaften, für die sie eine Vielzahl von Dienstleistungen erbringen, sondern auch untereinander eng zusammen."

Das trifft etwa auf Molkerei-, Vieh- und Fleischzentralen sowie Zentralkellereien und Rechenzentren zu. Die Hauptgenossenschaften haben ihre Sitze in Karlsruhe, Kassel, Köln, München und Münster. Für gemeinsames Handeln haben die regionalen Zentralen laut Homepage Einrichtungen auf Bundesebene geschaffen, die für die Raiffeisenorganisation wichtige Aufgaben erfüllen wie die Koordinierung des überregionalen Marktausgleichs, den gemeinsamen Ein- und Verkauf auf nationalen und internationalen Märkten, den weltweiten Export und die Entwicklung gemeinsamer Handelsmarken. Dazu kommt vielfach die finanzielle Abwicklung von Geschäften für die Warengenossenschaften. Die Raiffeisengenossenschaften und ihre Zentralen tragen durch den Export von Agrarerzeugnissen zur Entlastung der inländischen Märkte bei.

Aufgrund der Größe Deutschlands bestehen in den einzelnen Sektoren noch mehrere operative Genossenschaftseinheiten. Sie haben dennoch wie die BayWa eine Größe erreicht, die sie zu Spielern auf den internationalen Agrarmärkten etwa bei Getreide macht. Über geringfügige Beteiligungen der BayWa an Aktiengesellschaften des österreichischen Raiffeisenportfolio naschen Unternehmen wie die Leipnik-Lundenburger Invest AG an diesen Geschäften zumindest indirekt mit.

### Imposantes Wachstum

Zurück zur Entwicklung der Raiffeisengenossenschaften in Österreich, die sich – gemessen an den Genossenschaftseinheiten – nach den statistischen Daten für das 20. Jahrhundert mit folgenden Gesamtzahlen sehen lassen kann:

| Jahr | Anzahl |
|------|--------|
| 1901 | 1.261 |
| 1909 | 1.689 |
| 1917 | 2.202 |
| 1926 | 3.800 |
| 1930 | 3.565 |
| 1935 | 3,671 |
| 1950 | 4.223 |
| 1955 | 4.219 |

| | |
|------|-------|
| 1960 | 4.076 |
| 1965 | 3.972 |
| 1970 | 3.749 |
| 1975 | 3.216 |
| 1980 | 2.877 |
| 1985 | 2.320 |
| 1990 | 2.094 |

Während die Zahl der bäuerlichen Betriebe aufgrund der Industrialisierung des Landes und der Mechanisierung und Automatisierung der Landwirtschaft ebenso wie die Summe der Genossenschaften aufgrund der Konzentration und Zentralisation in der Landwirtschaft bzw. durch Zusammenlegungen und Kooperationen seit 1950 kontinuierlich zurückgeht, ist die Zahl der Mitglieder – weit über die in der Landwirtschaft engagierte Bevölkerung hinaus – deutlich gewachsen. Wurden 1950 823.000 Mitglieder registriert, stieg ihre Zahl auf mehr als 2,1 Millionen im Jahr 1990. Aktuell weist die Homepage des österreichischen Raiffeisenverbands weiterhin 2,1 Millionen Mitglieder und 4 Millionen Kunden aus. Die Zahl der Kreditgenossenschaften/Raiffeisenbanken stieg von 1.023 im Jahr 1901 auf 1.754 im Jahr 1955 und ging von da an kontinuierlich auf heute 544 Banken zurück. Gleichzeitig wuchs die Zahl der Bank- oder Zweigstellen von 18 im Jahr 1955 auf heute 1.738.

### Erfolgslauf nach der Befreiung 1945

Der Homepage des Raiffeisenverbands ist zu entnehmen, dass der eigentliche Siegeszug der Genossenschaft in ihrer Gesamtheit erst in der 2. Republik begann, als das von Engelbert Dollfuß in seiner Zeit als Direktor der Niederösterreichischen Landwirtschaftskammer entwickelte Erfolgsmodell dank Sozialpartnerschaft in vollem Umfang praktiziert werden konnte. Allerdings wurde die dienende Rolle im Erfolgsgalopp des Modells neu verteilt. Wenn nicht alles täuscht, gibt mittlerweile die Genossenschaft in Politik und Wirtschaft den Ton an, während die Verbands- und Politfunktionäre in die Rolle von Dienstleistern des Verbands geschlüpft sind.

Im Kapitel Geschichte der Verbands-Homepage heißt es zur 1. Republik (Zwischentitel: Erfolgreicher Neustart), Naziherrschaft (Zwischentitel: „Ende der Selbstbestimmung") und 2. Republik (Zwischentitel: „Zweiter Neubeginn"): „Es dauerte einige Zeit, bis die in der Republik Österreich verbliebenen Genossenschaften sich neu organisiert und die wirtschaftlichen Schwierigkeiten der Nachkriegszeit überwunden hatten. Bis 1938 wurde die finanzielle Eigenständigkeit erreicht und der Aufbau der Bundesländerzentralen war großteils abgeschlossen. Damit waren im Wesentlichen jene Strukturen geschaffen worden, auf denen nach der Katastrophe des Zweiten Weltkriegs aufgebaut werden konnte."

Mit der Okkupation Österreichs durch Nazi-Deutschland war es vorerst vorbei mit der genossenschaftlichen Selbstbestimmung. Die Genossenschaften wurden vom Nationalsozialismus inhaliert oder in ihrer Eigentätigkeit gestoppt. In den letzten Monaten des Zweiten Weltkrieges, vor allem als die alliierte Luftwaffe in die Alpenrepublik vordringen konnte, wurden vor allem die an Bahnhöfen gelegenen Übernahme- und Lagereinrichtungen schwer beschädigt.

Weiter in der Chronik: „Nach Kriegsende begann sofort der Wiederaufbau. Viele Österreicher litten an Nahrungsmangel. Den Genossenschaften wurde von der Politik wesentliche Verantwortung für die Sicherung der Ernährung übertragen. 1946 wurde der ‚Allgemeine Verband' wieder errichtet, der im Jahr 1898 gegründet worden war. Dieser Verband wurde im Jahr 1960 in ‚Österreichischer Raiffeisenverband' umbenannt. Der Allgemeine Verband beschließt schon im Jahr 1946, wieder eine eigene Zeitung herauszugeben: ‚Die Genossenschaft' ist der Vorläufer der heutigen Raiffeisenzeitung. Der erste Vorläufer dieses Mediums war bereits im Jahr 1904 erstmals erschienen und trug den Titel ‚Österreichische landwirtschaftliche Genossenschaftspresse'." Kein Wort findet sich in dieser Darstellung über die in der Notzeit vorübergehende Umkehrung des Stadt/Land-Gefälles, als die Menschen aus urbanen Zonen mit Rucksäcken bewehrt zu den Bauern hamstern fuhren, um ihre knapp bemessenen Lebensmittelzuteilungen mit den Ab-Hof-Käufen von Agrarprodukten aufzubessern. Als Zahlungsmittel dienten Sachwerte wie Schmuck, Silberbesteck, Teppiche usw.

In der Raiffeisenselbstdarstellung heißt es unter dem Titel „Das Wirtschaftswunder setzt ein": „Als 1955 Österreich durch den Staatsvertrag frei wurde, hatte das Wirtschaftswunder bereits begonnen. Die Raiffeisengenossenschaften leisten dazu einen wesentlichen Beitrag. Vorerst sind viele Raiffeisenkassen so genannte Sonntagskassen, das heißt, sie sind nur am Sonntag Vormittag nach der Sonntagsmesse geöffnet. Immer mehr Kassen führen nun den Tagesverkehr ein – ein erster Schritt auf dem Weg zur Universalbank und zum Finanzdienstleister für den gesamten ländlichen Raum. Die Raiffeisenbanken bauen die Kreditversorgung des gesamten Mittelstandes aus. In West- und Südösterreich wird vor allem der Auf- und Ausbau der Fremdenverkehrswirtschaft vorangetrieben, in den östlichen Bundesländern werden Handwerk und Gewerbe mit dem erforderlichen Kapital versorgt. Die Wirtschaft boomt."

Ergänzend ist zu sagen, dass in der Landwirtschaft – darunter auch in klein- und mittelbäuerlichen Betrieben – die Modernisierung durch immer rascher vorgetragene Mechanisierungs- und Automatisierungsprozesse vorangetrieben wird. Bis heute offen ist die Frage, wie weit die Anschubfinanzierung dieser Investitionen auf der Umverteilung von Reichtum von der Stadt aufs Land beruht hat, die in der Zeit der Versorgungsengpässe in der unmittelbaren Nachkriegszeit per Hamsterfahrten über die Bühne ging.

Über die Jahre 1960 bis 1970 heißt es: „Die Raiffeisenbankengruppe startet 1960 eine Bildungsoffensive, 1961 folgt der Bereich Ware. 1961 nimmt die Raiffeisenbausparkasse als eines der ersten Spezialinstitute der Raiffeisenbankengruppe den Betrieb auf. Die Raiffeisenbanken beginnen, sich um Kunden in den Ballungszentren zu bemühen. In Wien-Oberlaa, damals eine Schnittstelle zwischen Stadt und Land, wird die erste Raiffeisenbank in der Bundeshauptstadt gegründet. In der Milchwirtschaft wird mit der Schaffung von Marken begonnen. Mittlerweile sind Marken der Molkereien wie Schärdinger, Desserta und NÖM die erfolgreichsten in Österreich."

### Thomas Muster als Aushängeschild

Über die Jahre 1970 bis 1980 wird festgestellt: „Die Raiffeisenbankengruppe bemüht sich um ein moderneres Image und begeht als Pionier völlig neue Wege im Sponsoring. Erstmals in

Österreich wird mit Rapid Wien ein Fußballklub gesponsert. In den folgenden Jahrzehnten haben die Raiffeisen-Werbestrategen stets den führenden Sportler des Landes unter Vertrag: Niki Lauda, Gerhard Berger, Thomas Muster und Hermann Maier sind die herausragenden Beispiele. Mittlerweile gibt es fast nur noch Raiffeisenbanken mit normalen Öffnungszeiten. Die Institute sind Nahversorger mit Finanzdienstleistungen für die gesamte Bevölkerung, immer mehr auch in den städtischen Ballungszentren. In einer Reihe von Fusionen im Molkereibereich und in der Weinwirtschaft beginnt eine Strukturbereinigung, die sich bis in die Gegenwart fortsetzt. 1974 wird die neue Raiffeisenakademie in Wien eröffnet, gleichzeitig wird ein neues Ausbildungskonzept für Geld und Ware erstellt."

In den Jahren 1980 bis 1990 setzt „die Raiffeisenbankengruppe nicht nur in Werbung und Sponsoring auf modernste Methoden, sondern auch auf neueste Technik. Einer der ersten Bankomaten in Österreich wird 1980 im Raiffeisenhaus Wien installiert. 1984 werden bereits erste Gespräche über die Möglichkeit von Home Banking geführt, als Basis wird das BTX-System der Post in Betracht gezogen. 1985 erschüttert der Weinskandal Österreich. Der Export bricht zusammen. Die Winzergenossenschaften sind zwar nicht involviert, leiden aber unter dem Vertrauensverlust in die gesamte österreichische Weinwirtschaft. Raiffeisen unterstützt das Konzept der vom damaligen Landwirtschaftsminister und späteren Vizekanzler Josef Riegler entwickelten ökosozialen Agrarpolitik als Chance für Österreichs Landwirtschaft, gegen die großen Agrarnationen zu bestehen. Raiffeisen spricht sich für einen EU-Beitritt Österreichs aus und fordert, die notwendigen Anpassungen so schnell wie möglich in Angriff zu nehmen."

Besondere Bedeutung kommt der folgenden Maßnahme zu: „1988 wird mit der Neustrukturierung der österreichischen Zuckerwirtschaft begonnen. Ziel ist die Europareife dieser Wirtschaftssparte. Ergebnis dieser Bemühungen ist die Agrana. Dieses Unternehmen wird im Jahr 1989 durch eine gegenseitige Beteiligung mit der deutschen Südzucker für die Zukunft abgesichert und beginnt mit dem Aufbau der Zucker- und Stärkewirtschaft in Zentral- und Osteuropa. Ab 1988/1989 engagiert sich Raiffeisen verstärkt auf dem Sektor Umweltschutz. 1989 reicht Österreich sein Aufnahmeansuchen in die EU ein. Die Molkereien beginnen mit intensiven Bemühungen um eine Strukturreform, um beim EU-Beitritt gegen die Konkurrenz bestehen zu können."

Für die Periode 1990 bis 2005 werden folgende Schwerpunkte ins Treffen geführt: „Die Raiffeisen Zentralbank baut systematisch ihre Präsenz in den Ländern Zentral- und Osteuropas aus. 1990 schafft eine Milchmarktordnungsreform Freiraum für die Entwicklung von Produktinnovationen in der Molkereiwirtschaft. Die großen heimischen Molkereiverbände gründen die „AMF Austria Milch- und Fleischvermarktung", um durch Bündelung der Kräfte die Kosten auf EU-Niveau zu bringen. Jahrzehntelang waren Preise und Kosten durch die Milchmarktordnung streng geregelt gewesen. Ab 1991 treibt das Näherrücken des EU-Beitritts die Verbände der Lagerhausgenossenschaften zu dringend nötigen Strukturreformen an. 1992 löst die Agrarmarkt Austria (AMA) die bisherigen landwirtschaftlichen Fonds ab. Am Raiffeisentag 1992 wird eine Zwischenbilanz der Vorbereitungen für einen EU-Beitritt gezogen. Für die Raiffeisenbankengruppe seien keine ernsthaften Probleme zu erwarten. Für die Gruppe der Raiffeisenlagerhäuser und die genossenschaftliche Molkereiwirtschaft sind beim Beitritt Österreichs zur EU erhebliche Schwierigkeiten zu befürchten. 1993 beginnen die Beitrittsverhandlungen Österreichs zur EU. Die Warenverbände von Niederösterreich, Oberösterreich und der Steiermark gründen gemeinsam die neue Verbundgenossenschaft „Raiffeisen Ware Austria" (RWA). 1994 wird die Vereinigung Österreichischer Milchverarbeiter gegründet – eine Interessensvertretung der österreichischen Milchwirtschaft in der EU und in Österreich. 1995 tritt Österreich der Europäischen Union bei. 1996 nimmt der Raiffeiseninternetprovider Netway seine Arbeit auf – die Geldgruppe nutzt das Medium Internet bereits auf vielfältige Weise. 1998 wird mit dem Internet-Banking der Raiffeisenbankengruppe begonnen. Im Jahr 1998 feiert der Österreichische Raiffeisenverband sein 100jähriges Bestehen. In Symposien des ÖRV zur Vorbereitung des Jubiläums werden die Raiffeisengrundwerte Solidarität und Subsidiarität von herausragenden Wissenschaftern und Praktikern aus dem In- und Ausland diskutiert. Ein Symposium befasst sich mit Regionalisierung und den Auswirkungen der Globalisierung auf Österreich und auf die Genossenschaften. Ein Ergebnis: In Verbundorganisationen zusammengeschlossene Genossenschaften sind eine mögliche Antwort auf die Globalisierung."

Ergänzend ist anzumerken, dass die AMF 1996 Schiffbruch erlitt und die Milchaktivitäten auf die Berglandmilch und die NÖM als schließlich erfolgreiche Führungskonzerne übertragen wurden. Neben der Vorbereitung auf den EU-Beitritt arbeitete Raiffeisen intensiv an der Osterweiterung. Es zeigte sich, dass der Geldsektor in den ECE-Staaten (East and Central Europe) meist bereits vor deren Beitritt zur EU vertreten war. Die Offensive beschränkte sich nicht auf das Bankgeschäft, sondern schloss die Expansion von Raiffeisentöchtern wie Agrana, Leipnik-Lundenburger Industriebeteiligungen (LLI AG) oder Strabag S.E. ein. Dazu kommt die Finanzierung des Engagements von österreichischen Großagrariern in der bis zum Baltikum reichenden Region. Diese „Parallelaktionen" haben es der RBI erlaubt, erfolgreiche Investments an mehr als vertrauenswürdigen Partnern zu tätigen, ohne große Risiken einzugehen, was den US-Ratingagenturen weitgehend entgangen sein dürfte.

Über die 100-Jahr-Feier heißt es: „Im Juni 1998 feiert der ÖRV (Österreichische Raiffeisenverband) in der Wiener Hofburg sein hundertjähriges Bestehen. In den Jahren 1999 bis 2001 kommt es zu den bisher größten strukturellen Veränderungen in Österreichs Bankenlandschaft. Viele Banken werden privatisiert, die öffentliche Hand zieht sich aus der Haftung zurück. Viele Bankengruppen werden ganz oder teilweise von ausländischen Eigentümern übernommen. Die Raiffeisenbankengruppe ist mittlerweile die zweitgrößte Bankengruppe des Landes und die einzige große Bankengruppe in österreichischem Eigentum."

Weiter in der Organisationsentwicklung: „2001 wird in Niederösterreich-Wien die Raiffeisenlandesbank in die Raiffeisenlandesbank Niederösterreich-Wien AG und in die Raiffeisen-Holding Niederösterreich-Wien geteilt. Die Raiffeisen-Holding hält wesentliche Anteile an der Agrana, an der LLI AG mit einem starken Mühlenbereich, an der Bauholding Strabag, einem der größten Bauunternehmen Europas, an einer starken Mediengruppe um Kurier, Profil, Trend, News und anderen Medien und an der NÖM. Die Raiffeisen Holding ist bereits mehr als halb so groß wie die ÖIAG und bereit, weiter gezielt Unternehmen zuzukaufen, die zur Gruppe passen und diese weiter stärken können. Die Raiffeisenbankengruppe gilt unter der Federführung der RZB als führende Bankengruppe in vielen Ländern Zentral- und Osteuropas. 2004 erfolgt die Gründung der Raiffeisen International Bank Holding AG (RIBH) als Tochterunternehmen der Raiffeisen Zentralbank Österreich. 2005: Überaus erfolgreicher Börsengang der Raiffeisen International Bank Holding AG. Die Aktienemission ist mehr als 20fach überzeichnet. Vor allem bei österreichischen Kleinanlegern ist das Interesse enorm."

Mit dieser Jubelbotschaft schließt derzeit die historische Selbstdarstellung der Genossenschaft auf der Homepage des Raiffeisenverbands. Kein Wort vorläufig darüber, dass die aggressive Expansion der RBI in Mittel- und Osteuropa dazu geführt hat, dass das Institut in die RZB eingetöchtert werden musste, um die von den Ratingagenturen wegen der Ostgeschäfte in Frage gestellte Kreditwürdigkeit zu erhalten. Geschweige denn, dass der massive Rückgang des Werts der Aktie im Zuge der Finanzkrise thematisiert würde. Kein Wort findet sich ferner darüber, dass ein Engagement in griechischen Staatsanleihen dem Tochterunternehmen Uniqa Versicherung Verluste in der Höhe von rund 300 Millionen Euro beschert hat.

### Distanz zur Politik

Die größere Distanz der Raiffeisenorganisationen in Deutschland, der Schweiz und Südtirol zu Politik und Interessenvertretungen bewirkt, dass dort die Genossenschaftsbäume nicht – wie in Österreich – in den Himmel zu wachsen scheinen. Dafür weisen sie eine über jeden Verdacht erhabene Geschäftsgrundlage aus. Das trifft insbesondere auf die bisher nicht erwähnte Schweiz zu, wo 328 eigenständige Raiffeisenbanken mit 1.098 Bankstellen das dichteste Bankstellennetz des Landes bilden. Sie haben sich zur Raiffeisen Schweiz zusammengeschlossen, die mit 3,4 Millionen Kunden, mehr als 1,7 Millionen Genossenschaftern und einer Bilanzsumme von 155 Milliarden Schweizer Franken im Jahr 2011 die Nummer 3 unter den eidgenössischen Finanzinstituten darstellt. Hier handelt es sich ebenfalls um einen ausgesprochenen Erfolgslauf. Die erste Raiffeisenkasse in der Schweiz wurde auf

Initiative von Pfarrer Johann Traber 1899 in Bichelsee im Kanton Thurgau gegründet. Bereits 1902 gab es zehn Institute, die im selben Jahr den Schweizerischen Raiffeisenverband aus der Taufe gehoben haben. Von da an ging es bergauf.

## Historisches Round-up

Josef Krammer bringt in seiner „Analyse einer Ausbeutung I" eine präzise Zusammenfassung der Entwicklung der Raiffeisenaktivitäten in Österreich. Wörtlich schreibt er: „Die Förderung der Selbsthilfe durch Genossenschaftsgründungen durch Staatsbürokratie, Klerus und Dorfbourgeoisie fällt mit dem Anwachsen der Arbeiterbewegung zusammen. Die Lage der Bauern war in vielen Gebieten Österreichs vor den achtziger Jahren genauso kritisch, ohne dass es zu dieser tatkräftigen Unterstützung gekommen war. Durch den Machtzuwachs der Arbeiterbewegung verursacht richtete sich das Interesse der herrschenden Klassen (Finanzkapital, Großgrundbesitz) auf die Erhaltung der Zahl der Bauern. Um die Bauern, die bäuerliche Welt und die bäuerliche Produktionsweise zu erhalten, benötigte man eine ‚Schutzglocke', die insbesondere die Kleinbauern vor der unmittelbaren Einwirkung des Industrie- und Handelskapitals schützte." (S. 72) Krammer zitiert einen Autor, der dies als Schleusenfunktion der Genossenschaften zwischen den kleinen Produzenten und den Großkapitalisten bezeichnet. Die Verkaufsgenossenschaften agierten überdies im Interesse des Handels, indem sie das zersplitterte Angebot von landwirtschaftlichen Kleinproduzenten einsammelten, homogenisierten und für eine kontinuierliche Belieferung des Handels sorgten.

Krammer schreibt weiter: „Durch den wissenschaftlich-technischen Fortschritt in der landwirtschaftlichen Produktion und in der Verarbeitung von landwirtschaftlichen Rohprodukten, aber auch durch das Anwachsen der Ansprüche der Verbraucher mussten die Genossenschaften ihren Tätigkeitsbereich immer weiter ausdehnen. Sie wurden gezwungen, bestimmte Rationalisierungen durchzuführen, sofern sie sich nicht in bestimmten Bereichen gänzlich von den Privatfirmen verdrängen lassen wollten. In bestimmten Bereichen ist es den Absatzgenossenschaften nicht gelungen, die Veredelung und Weiterverarbeitung der landwirtschaftlichen Produkte zu übernehmen bzw. sie wurden in bestimmten Berei-

chen immer mehr von den privaten Veredelungs- und Lebensmit-
telfirmen verdrängt. Dadurch gerieten sie in die Rolle von Mak-
lern bzw. Zulieferern für diese. Bei einigen Produkten, z. B. bei der
Milch, ist es gelungen, die Weiterverarbeitung, Verpackung etc.
zu rationalisieren. Diese Produkte sind weitgehend im Bereich der
Genossenschaften geblieben. Waren die Genossenschaften anfäng-
lich lokal begrenzt, so musste im Zuge der Rationalisierungen der
örtliche Wirkungsbereich ausgedehnt werden, die Kooperation
zwischen den Genossenschaften wurde notwendig."

Der Autor weist darauf hin, dass die Rationalisierung und
Expansion der Genossenschaften sowohl räumlich als auch in der
Veredelung und Weiterverarbeitung durch die Konkurrenz von
Privatfirmen, insbesondere durch internationale Konzerne, initiiert wurde. Diese Entwicklung brachte die Genossenschaften
immer mehr in Widerspruch zu dem ursprünglichen Ziel, eine
Selbsthilfeorganisation der Bauern zu sein und im Dienste aller
Bauern zu stehen. Die Entfremdung wurde durch ihre Instru-
mentalisierung für staatliche Interventionen auf dem Agrarmarkt
verstärkt, so dass die Bauern immer mehr den Einfluss auf ‚ihre'
Genossenschaften verloren. „Heute," schreibt Kammer bereits
1976, „unterscheiden sich die landwirtschaftlichen Genossenschaften kaum vom Landhandel und den Privatfirmen. Es gibt
heute viele Bauern, die den Genossenschaften Privatfirmen vorziehen, weil diese entweder bessere Angebote machen (besserer
Preis, unempfindlicher gegenüber Qualitätsschwankungen etc.)
und unbürokratischer arbeiten." (S. 73)

Schließlich zieht er folgendes Resümee: „Die Genossenschaften sind heute dem Einfluss der Bauern gänzlich entglitten. Die
Genossenschaftsideologie kann diese Tatsache nur sehr mangelhaft
verdecken. Die Genossenschaften handeln heute wie Privatfirmen
nach dem Grundsatz: Verkaufen zu Maximalpreisen, einkaufen zu
Minimalpreisen. Damit wird die Differenz zwischen Ein- und Verkaufspreis, der Profit, zur dominierenden Leitlinie der Geschäftspolitik der Genossenschaften. Diese versuchen bei den Bauern den
Eindruck zu erhalten, dass sie immer noch nach dem Grundsatz
der Gründerjahre ‚Einer für alle, alle für einen' handeln. Daher
sind sie bemüht, ihre Arbeit als im Dienst aller Bauern stehend
darzustellen und verbreiten darüber hinaus die Illusion von der

leistungsfähigen Genossenschaft, die alle jetzigen und künftigen landwirtschaftlichen Probleme zu lösen im Stande sei. Sie wollen damit erreichen, dass die Bauern sich nicht von ihnen ab- und anderen Lösungsversuchen landwirtschaftlicher Absatz- und Einkaufsprobleme zuwenden. Aus ideologiekritischer Perspektive ist diese die Tatsachen verschleiernde Ideologie zu kritisieren." (S. 73)

Mittlerweile kämpfen immer mehr aufmüpfige Bäuerinnen und Bauern dagegen, von Raiffeisen in ein System eingespannt zu werden, das sämtliche Phasen ihrer beruflichen Existenz umfasst. Wer einen Kredit für einen Traktor aufnimmt, dem werden, wenn er nicht ohnehin Genossenschafter ist, automatisch die Besitzanteile verrechnet und in Windeseile eine Versicherung für das Gerät verpasst. Milchbauern gehen davon aus, das über die Raiffeisenkasse ausgezahlte Milchgeld im Raiffeisenwarenhaus ausgeben zu müssen, auch wenn dort Produkte teurer sind als im nächst besten Diskontladen. Da das Bauernlegen unvermindert weiter geht, spielen die lokalen Kassen eine führende Rolle bei der Abwicklung von bäuerlichen Konkursen und der Versteigerung von Bauernhöfen. Dabei handelt es sich um einen Bereich, der Manipulationen und Günstlingswirtschaft ein breites Tor öffnet. In dem Punkt wird ebenfalls das Zusammenspiel von Landwirtschaftskammer, Bauernbund und Raiffeisen fruchtbar.

Diese Dreieinigkeit legt es generell darauf an, wie Franz Rohrmoser – im gemeinsam mit Josef Krammer herausgegeben Buch „Im Kampf um ihre Rechte – Geschichte der Bauern und Bäuerinnen in Österreich" (Wien 2012) – konkret nachweist, die objektiven Gegensätze zwischen Klein- und Mittelbauern einerseits und Großagrariern andererseits nach außen zu kaschieren, vor allem um entsprechende Förderungen einzuheimsen. Die zugesagten Mittel werden so verteilt, dass die Großbauern und Großgrundbesitzer den größten Nutzen haben, die Klein- und Mittelbauern jedoch nicht auf ihre Rechnung kommen. Letzteren nützt es herzlich wenig, wenn die RBI ermächtigt wird, die auf ihre Kosten erwirtschafteten Finanzreserven des Konzerns in den ECE-Ländern aufs Spiel zu setzen.

# Die starken Partner von Raiffeisen

*Die Entwicklung von Raiffeisen in Österreich von einer bäu-
erlichen Selbsthilfeorganisation zum größten Wirtschaftskonglomerat
des Landes ist nicht erklärbar, ohne die Dialektik zwischen Genossenschaft, agrarischer Interessenvertretung und politischer Machtausübung zu berücksichtigen. Tatsächlich wurde Raiffeisen erst in der
2. Republik zum Erfolgsmodell, als die von Engelbert Dollfuß als
Amtsdirektor der niederösterreichischen Landwirtschaftskammer
Ende der 1920er-Jahre ausgearbeitete Strategie eines abgekarteten
Zusammenspiels zwischen Genossenschaft, Landwirtschaftskammern
und Bauernbund in vollem Umfang realisiert werden konnte.*

Um diese These zu untermauern, ist eine genauere Ausein-
andersetzung mit der Entwicklung der Interessenvertretung und
der politischen Organisation der Bauern in Österreich unerläss-
lich. Josef Krammer schreibt im Buch „Kampf um ihre Rechte –
Geschichte der Bauern und Bäuerinnen in Österreich": „Die
Analyse der Entstehungsgeschichte der landwirtschaftlichen Interessenvertretungen in Österreich lässt einige wesentliche Besonderheiten erkennen. In der Regel wurde die massenhafte politische
und wirtschaftliche Organisierung der Bauern nicht von den Bauern selbst initiiert und durchgeführt, sondern sie erfolgte entweder unter staatsbürokratischem Einfluss oder im Vorfeld der noch
kaum durchorganisierten politischen Parteien. Die Rolle, welche
der niedere Klerus, insbesondere in der Mobilisierung der Bauern
im Vorfeld der christlich-sozialen Partei gespielt hat, darf dabei
nicht übersehen werden. Die spontane Selbstorganisation der Bauern (seit Michael Gaismair und Stefan Fadinger ein Gräuel für
die Herrschenden – Anm. LH/CS) wurde von mehreren Seiten
gleichzeitig bekämpft und unterdrückt." (S. 108)

### Physiokraten als Anstoß

Die historisch ersten Organisationen, die landwirtschaftliche Interessen berührten, waren in Österreich laut Krammer die in der zweiten Hälfte des 18. Jahrhunderts gegründeten Ackerbaugesellschaften. Sie standen unter dem Einfluss der damals europaweit in Erscheinung tretenden Physiokraten. Im Lexikon www.uni-pro-tokolle.de werden sie folgendermaßen beschrieben: „Die Physiokraten waren eine Gruppe von Denkern, die an eine ökonomische Theorie glaubten, die den Wohlstand der Nationen alleine von der Landwirtschaft herleiteten. Die Theorie stammt aus Frankreich und war insbesondere während der zweiten Hälfte des 18. Jahrhunderts populär. Es war die erste gut entwickelte Wirtschaftstheorie überhaupt."

Diese Gesellschaften waren bestrebt, neue agrarische Produktionstechniken zu studieren, Versuchsgüter anzulegen, agrarwissenschaftliche Publikationen zu fördern und entsprechende Anstrengungen mit Preisen und Prämien auszuzeichnen. Die Mitglieder kamen aus Adel, Wissenschaft und Spitzenbeamtenschaft. Laut Krammer wurde die erste heimische Ackerbaugesellschaft 1764 in Kärnten gegründet; weitere folgten in verschiedenen Regionen der Monarchie, darunter in der Steiermark, Tirol und Niederösterreich. Er merkt dazu an: „In den Ackerbaugesellschaften trafen sich die Interessen des Staates an größeren Steuereinnahmen mit den Interessen der Textilindustriellen, welche an billigen Rohstoffen interessiert waren, sowie der Grundherren, welche eine Zusatzeinnahme durch Ausbeutung der Frauen und vor allem der Kinder der Untertanen durch Spinnrobot erzielen wollten." (S.109 f.) In Kärnten etwa wurde das Erlernen der Spindelspinnerei für Kinder zwischen 7 und 15 Jahren 1757 – in der Herrschaftszeit von Maria Theresia – obligatorisch.

### Nächster Anlauf Kontinentalsperre

Eine neue Phase intensiver staatlicher Förderung der Landwirtschaft wurde während der Kontinentalsperre eingeläutet, die Napoleon gegen England verhängt hatte, um das Land in die Knie zu zwingen. Die Kontinentalstaaten wurden dadurch von Importen abgeschnitten und waren gezwungen, für Ersatzproduktionen zu sorgen. In der Doppelmonarchie wurden zu dem Zweck

Lehrkanzeln für Landwirtschaftslehre und Landwirtschaftsgesellschaften gegründet. Ihre Aufgabe war die Förderung der agrarischen Produktion und die Interessenvertretung der Gutsbesitzer. Krammer führt dazu aus: „Die Mitglieder der Landwirtschaftsgesellschaften rekrutierten sich … aus dem liberalen Landadel, dem Bildungsbürgertum (Gelehrten) und den höheren Beamten der Bürokratie, wobei allerdings von Anfang an die adeligen Gutsbesitzer überwogen. Nach der Gründung der ersten K. und K. Landwirtschaftsgesellschaft in Wien (1807) wurden weitere in der Steiermark (1819), Tirol und Vorarlberg (1838), Oberösterreich (1845), Salzburg (1848) und Kärnten (1889) errichtet." (S. 111) Ziel der Organisation war es, neue Getreidesorten und andere Feldfrüchte zu züchten, die Düngung und Bodenbearbeitung zu optimieren, die Viehzüchtung zu verbessern, rationellere Geräte zu erproben und eine entsprechende publizistische Tätigkeit zu entfalten. Ein Musterbeispiel für diese Praktiken liefert Adalbert Stifter im „Nachsommer" mit dem Mustergut, das der Besitzer des „Rosenhauses" betreibt.

Neben den mehr oder weniger von Staatswegen aus dem Boden gestampften Institutionen berichtet Krammer von Versuchen zur Selbstorganisation der Bauern, die auf die Gründung einer eigenständigen Bauernpartei gezielt haben. Derartige Ansätze wurden leider nur zum geringsten Teil überliefert. Wörtlich führt Krammer aus: „Der mehrmals wiederholte Versuch, eine unabhängige Bauernpartei zu organisieren, scheiterte insbesondere am Widerstand der konservativen und liberalen Parteien und deren Presse, die bei jedem Organisationsversuch eine Verleumdungskampagne gegen die Organisatoren starteten. Besonders interessant ist in diesem Zusammenhang das Wirken des Bauernagitators Josef Steininger (Gründer des Bauernbundes und der Zeitung ‚Mittelweg' – Anm. LH/CS), welcher die Unterstützung politischer Parteien strikt ablehnte, obwohl er insbesondere von der klerikal-konservativen Partei aber auch von den Deutschnationalen umworben wurde." (S. 113 f.) Konsequenterweise hat Steiniger weder mit der Kirche noch mit dem Großgrundbesitz gemeinsame Sache gemacht.

### Echte Vorläufer der Kammer

Eine weitere Stufe in der Entwicklung der bäuerlichen Interessenvertretung wird mit den so genannten Landeskulturräten erreicht. Krammer schreibt: „Der erste Landeskulturrat wurde 1880 in Böhmen gegründet, weitere folgten in Tirol (1881), Oberösterreich (1886), Niederösterreich (1905), Kärnten (1910) und Vorarlberg (1911). In der Steiermark und Salzburg kam es zu keiner Errichtung von Landeskulturräten. Die Aufgaben der Landeskulturräte in diesen Ländern wurden von den Landwirtschaftsgesellschaften übernommen. Die Landeskulturräte waren als ähnliches Instrument für die Landwirtschaft konzipiert wie sie Industrie, Gewerbe und Handel schon seit 1850 in Form der Handels- und Gewerbekammern besaßen. Die Aufgaben des Landeskulturrats für Niederösterreich wurden im Gründungsgesetz vom 12. November 1905 wie folgt dargestellt:

§ 17: Pflege der Landeskultur durch Vertretung der berufsständischen sowie durch Förderung der wirtschaftlichen Interessen der Landwirtschaft

Im Konkreten wurden dem Landeskulturrat im Gesetz folgende Aufgaben zugeschrieben:

– Förderung des landwirtschaftlichen Unterrichtswesens

– Beobachtung des Einflusses der Gesetzgebung und Verwaltung auf die Verhältnisse der Landeskultur

– Stellung von Anträgen und Abgabe von Gutachten an die Regierung

– Zusprechung und Verteilung von Subventionen." (S.116 f.)

Gerade die zuletzt genannte Funktion ist ein Privileg, das trotz EU-Beitritt Österreichs den Landwirtschaftskammern als Nachfolgeorganisation der Landeskulturräte bis heute geblieben ist. Die von der Kammer den bäuerlichen Betrieben zugemessenen Unterstützungen und Subventionen werden im Rahmen der angesprochenen Dialektik zwischen den drei Bauernorganisationen von Raiffeisen ausgezahlt. Damit entsteht der Eindruck, dass die Spitzenfunktionäre der Landwirtschaftskammern, die durchwegs zum ÖVP-Bauernbund zählen, zusammen mit der nächsten Raiffeisenkasse für den Geldregen verantwortlich sind, der auf die Agrarier in höchst unterschiedlichem Ausmaß niederprasselt. In der Folge fühlen die meisten Bauern sich verpflichtet, sämtliche

Geschäfte vom Einkauf der Produktionsmittel über den Verkauf von Feldfrüchten und Nutztieren bis zur Deckung des täglichen Bedarfs so weitgehend wie möglich mit dem oder über den Grünen Riesen abzuwickeln.

## Regelrechte Landwirtschaftskammern

Die Weichen für die regelrechte Errichtung von Landwirtschaftskammern gestellt wurden endgültig nach dem Zusammenbruch der Doppelmonarchie und der Überwindung der revolutionären Periode der 1. Republik (zwischen 1918 und 1920), in der die Arbeiter- und Soldatenräte als proletarische Gegenmacht aufgetreten sind. Die Perfektionierung des Kammerstaates, der zunächst eine Maßnahme zur Eindämmung des revolutionären Elans der Massen war und heute mehr als Vorgriff auf ständestaatliche statt auf eine sozialpartnerschaftliche Orientierung erscheint, datiert Roman Sandgruber im Band „Ökonomie und Politik" der von Herwig Wolfram herausgegebenen „Österreichischen Geschichte" folgendermaßen: „Die 1920 erfolgte Gründung der Arbeiterkammern als Gegenstück zu den schon bestehenden Handelskammern und von Landwirtschaftskammern auf der Basis von Landesgesetzen zusammen mit einer überregionalen Vereinheitlichung durch Einführung des Handels- und Arbeiterkammertages (1920) und der Präsidentenkonferenz der land- und forstwirtschaftlichen Hauptkörperschaften (1923) boten eine wesentliche Voraussetzung für sozialpartnerschaftliche Kontakte." (S. 351 f.)

Tatsächlich begann die Sozialpartnerschaft erst in der 2. Republik die in sie gesetzte Erwartung voll zu erfüllen, Klassenkompromisse relativ einfach durchzusetzen. In der 1. Republik ging es jedoch zunächst buchstäblich ums reine Überleben – für die Bevölkerung ebenso wie für den Gesamtstaat. Dabei spielten die Landwirtschaftskammern eine konstruktive Rolle: 1932 publizierte die niederösterreichische Landwirtschaftskammer einen Tätigkeitsbericht über die ersten zehn Jahre ihres Bestehens: „Nach dem Krieg nahm aber die Landwirtschaft einen ganz ungewöhnlichen Aufschwung," hieß es wörtlich. Die Niederösterreichische Landwirtschaftskammer erklärte dies, obwohl die Situation der österreichischen Landwirtschaft noch keineswegs krisenfrei geworden war, mit folgenden Indizien: Die Marktchancen waren im Vergleich zum großen Wirtschaftsraum der untergegangenen Monarchie intakt, Modernisierung und Kommerzialisierung verbesserten sich aber nur langsam. 1913 betrug der Anteil der Land- und Forstwirtschaft am Bruttonationalprodukt 11,2 Prozent. 20 Jahre später waren es 15 Prozent. Die stärkste Zunahme in der Produktion ist bei Zucker zu beobachten: Lag bei Kriegsende 1918 der Eigenversorgungsgrad Österreichs bei nahezu null Prozent, ist er bereits 1924 auf 30 Prozent gestiegen bis schließlich in den 1930er-Jahren 100 Prozent erreicht wurden. (Ein Bereich, den sich in der 2. Republik die Agrana zur Gänze unter den Nagel reißen sollte.)

Präzisierend zur historischen Entwicklung der Landwirtschaftskammern heißt es auf www.agrarnet.info: „Am 22. Februar 1922 wurde … per Landesgesetz in Niederösterreich die erste Landwirtschaftskammer errichtet. Innerhalb von zehn Jahren folgten die anderen Bundesländer nach (1929 in der Steiermark, in Wien erst im Jahre 1957). Grundgedanke des Landwirtschaftskammersystems war der Zusammenschluss der gesamten Land- und Forstwirtschaft eines Landes in direkter Urwahl zu einer autonomen Interessenvertretung mit Umlagerecht und Unterorganisationen, wobei den Kammern neben der unmittelbaren Interessenvertretung auch die öffentlich-rechtlichen Agenden der Landeskulturförderung oblagen."

Weiter im Agrarinfo-Zitat, in dem mit der Auslöschung Österreichs durch die Nationalsozialisten überraschend diskret umgegangen wird: „1923 bildeten die landwirtschaftlichen Interessenvertretungen der Bundesländer eine gemeinsame Bundesorganisation, die Präsidentenkonferenz der landwirtschaftlichen Körperschaften Österreich. 1938 wurde die Präsidentenkonferenz aufgelöst und durch den Reichsnährstand ersetzt. Nach Wiederherstellung der demokratischen Republik Österreich (1945) nahmen die Landwirtschaftskammern ihre Tätigkeit, nach dem Stand der Gesetzgebung vom 5.März 1933, wieder auf. Die zentrale land- und forstwirtschaftliche Berufsvertretung wurde in der ersten gemeinsamen Tagung der Kammern am 10. Jänner 1946 wieder als Präsidentenkonferenz der Landwirtschaftskammern Österreich errichtet. Mit der vereinsbehördlichen Zustimmung am 28. März 1953 bekam die Präsidentenkonferenz ihre eigene Rechtspersönlichkeit."

### Stärke durch Pflichtmitgliedschaft

Das Gewicht der Landwirtschaftskammern beruht auf der Pflichtmitgliedschaft aller Bauern und Bäuerinnen und ihrem institutionalisierten Recht der Kammer, durch die Begutachtung von Gesetzesvorhaben und konkreten Gesetzesentwürfen unmittelbaren Einfluss auf die Gesetzwerdung zu nehmen. Dazu kam und kommt das Gewicht, das der Vertretung einer ganzen für den ökonomischen Reproduktionsprozess der Gesellschaft weiterhin wesentlichen Berufsgruppe zuwächst.

Innerhalb der Landwirtschaftskammern entwickelte sich ein bürokratischer Apparat, der für den Nachschub von Intellektuellen und Interessensvertretern sorgte, die den Standpunkt der Großagrarier wirkungsvoll vertreten konnten. Aus dem Heer derartiger Personen ragen Politiker wie Engelbert Dollfuß (1892–1934; Liquidator der Demokratie 1933, Arbeitermörder nach dem Februar 1934 und im Juli 1934 von den Nazi ermordeter Bundeskanzler) oder Heinrich Gleißner (1893–1984; 1930 Amtsdirektor der oberösterreichischen Landwirtschaftskammer, Landeshauptmann von Oberösterreich von 1934–1938 in der 1. und von 1945–1971 in der 2. Republik sowie 1951 ÖVP-Präsidentschaftskandidat) besonders hervor. Diese beiden Beispiel belegen nachdrücklich, dass die Kammern als Kaderschmieden für die in ihnen dominanten politischen Parteien fungierten und fungieren: Wie in den meisten Arbeiterkammern die Fraktion Sozialdemokratischer Gewerkschafter und in den Wirtschaftskammern der ÖVP-Wirtschaftsbund dominiert, so hatte und hat in den Landwirtschaftskammern der ÖVP-Bauernbund das Sagen und eine entsprechende Ausbildungsbasis.

Die von den Bundesländern aus der Taufe gehoben Interessensvertretungen der Agrarier werden bis heute von diesen mitfinanziert. So hat etwa die Steirische Landesregierung im Zuge einer strikten Sparpolitik hinterfragt, ob sie der Landwirtschaftskammer Steiermark weiterhin unter die Arme greifen soll, um in jedem politischen Bezirk des Landes mit einer eigenen Niederlassung vertreten zu sein.

### Rolle in der Sozialpartnerschaft

Heute nehmen die Landwirtschaftskammern mit der Bundeslandwirtschaftskammer an der Spitze nach wie vor eine zentrale Funktion im Rahmen der Sozialpartnerschaft ein, die sich speziell nach dem Oktoberstreik 1950 herausgebildet und in den 1960er- und 1970er-Jahren die Rolle einer Nebenregierung gespielt hat: In allen wirtschafts- und sozialpolitischen Belangen gab sie die Lösungen vor, die vom jeweiligen Kabinett und Nationalrat nachvollzogen wurden. Hier die Selbstdarstellung der bäuerlichen Interessensvertretung, wie sie auf www.agrarnet-info vermittelt wird:

Zur Struktur der Landwirtschaftskammer Österreich heißt es: „Die Organe der Landwirtschaftskammer Österreich sind der Präsident, das Präsidium, der als Präsidentenkonferenz bezeichnete Vorstand und die Vollversammlung. Der Präsident wird aus der Mitte der Kammerpräsidenten gewählt. Er behält seine Funktion als Präsident seiner Landeslandwirtschaftskammer. Er vertritt die Landwirtschaftskammer Österreich nach außen, leitet ihre Geschäfte und führt den Vorsitz in Präsidentenkonferenz und Vollversammlung. Seine Funktionsperiode beträgt vier Jahre, ebenso wie die der drei Vizepräsidenten, die gleichfalls aus dem Kreis der Kammerpräsidenten gewählt werden.

Die Präsidentenkonferenz (der Vorstand) tritt in der Regel monatlich zusammen. Ihr gehören alle Kammerpräsidenten und zwei Vertreter des Österreichischen Raiffeisenverbandes (!!! – LH/CS) an. Der Generalsekretär, der die Geschäfte der Präsidentenkonferenz leitet, die Kammer(amts)direktoren und der Generalsekretär des Raiffeisenverbandes (!!! – LH/CS) haben beratende Funktionen. Die im Allgemeinen einmal im Jahr zusammentretende Vollversammlung hat die Aufgabe, den Tätigkeitsbericht abzusegnen, den Rechnungsabschluss zu genehmigen, die Rechnungsprüfer zu bestimmen und allfällige Satzungsänderungen vorzunehmen. Die Vollversammlung ist im Wesentlichen wie der Vorstand zusammengesetzt. (Die unmittelbare Einbindung des Raiffeisenverbands und seiner Vertreter in die Führungsgremien der Landwirtschaftskammern erscheint bemerkenswert; sie stützt zusätzlich die These der Dreieinigkeit zwischen Raiffeisen, Kammer und Bauernbund. – Anm. LH/CS)

Die Organe der Präsidentenkonferenz werden nach demokratischen Grundsätzen und den Landwirtschaftskammergesetzen bestellt. So wie die Landwirtschaftskammern wird auch die Präsidentenkonferenz durch gewählte Funktionäre tätig. Der Präsident vertritt die Kammer nach außen und in der gemeinsamen Dachorganisation der Präsidentenkonferenz. Für die Behandlung besonderer Fragen gibt es Ausschüsse und Arbeitsgemeinschaften (wie die Arge für Bergbauernfragen, Bäuerinnen- und Landjugendfragen bzw. den Ausschuss für Bildung und Beratung, für Energie und Klima, Forst- und Holzwirtschaft, Milchwirtschaft, Pflanzenproduktion, Rechts-, Steuer- und Sozialpolitik, Sonderkulturen, Tierproduktion, Weinwirtschaft). Den Vorsitz führt ein Präsidiumsmitglied oder ein Landeskammerrat. Diese Gremien erarbeiten Vorschläge für Beschlüsse der Präsidentenkonferenz und müssen dieser über ihre Tätigkeit berichten. Die Präsidentenkonferenz besitzt kein eigenes Umlagerecht. Sie bestreitet ihren Aufwand im Wesentlichen aus Beiträgen ihrer Mitglieder, also der Landeslandwirtschaftskammern."

## Alle müssen mitmachen

Über die Mitgliedschaft in den Landwirtschaftskammern heißt es: „Alle in der Land- und Forstwirtschaft selbstständig hauptberuflich Erwerbstätigen und alle nebenberuflichen Landwirte sind kraft Gesetz Mitglieder der Landwirtschaftskammern, außerdem die hauptberuflich im Betrieb mitarbeitenden Familienangehörigen.

Mitglieder der Landwirtschaftskammer per Gesetz sind:
– Eigentümer land- und forstwirtschaftlich genutzter Flächen
– Betreiber einer Land- und Forstwirtschaft auf eigene Rechnung
– Familienangehörige sofern sie in diesen Betrieben hauptberuflich tätig sind
– Land- und forstwirtschaftliche Erwerbs- und Wirtschaftsgenossenschaften und leitende Angestellte solcher Betriebe.

Die Mitglieder sind auf regionaler Ebene in Ortsbauernausschüssen und Bezirksbauernkammern vertreten sowie in Ausschüssen, Arbeitsgemeinschaften, Beiräten und Fachorganisationen der jeweiligen Landeslandwirtschaftskammer. Sie haben das Recht, die vielfältigen Dienste der Kammern kostenlos in Anspruch zu nehmen, insbesondere auf dem Gebiet der Beratung."

Über die Vertretung der Mitgliederinteressen heißt es: „Die Kammer ist zur Vertretung der Mitgliederinteressen verpflichtet. Alle Kammermitglieder haben außerdem das Recht, an den freien und geheimen Urwahlen in den Kammern teilzunehmen. Dabei wird in meist fünfjährigem Turnus das höchste Kammerorgan, die Kammervollversammlung auf Landesebene und in den meisten Bundesländern auf Bezirksebene gewählt.

Das oberste Organ jeder Landwirtschaftskammer ist die Vollversammlung. Je nach Bundesland besteht diese aus 19 bis 36 Mitgliedern (Landeskammerräte), die nach einem Listenwahlsystem für eine Periode von meist fünf Jahren gewählt werden. Als wahlwerbende Gruppen treten vorrangig politische Parteien oder deren Unterorganisationen auf. Die Vollversammlung wiederum wählt den Präsidenten, die Vizepräsidenten sowie die Fachausschüsse und beschließt die Höhe der Kammerbeiträge (Umlagen). Ebenfalls in der Vollversammlung vertreten sind die landwirtschaftlichen Genossenschaften.

Für die Vollziehung der Beschlüsse und die Durchführung der Interessenvertretungs-, Beratungs- und Förderungsaufgaben sowie der sonstigen Serviceleistungen für die Mitglieder ist eine Kammerdirektion mit angeschlossenen Fachabteilungen eingerichtet."

### Vielfältige Aufgaben

Über die Aufgaben der Landwirtschaftskammer Österreich heißt es: „Die Betreuung der Mitglieder, die Vertretung gegenüber dem Staat und anderen Berufsgruppen und die Mitwirkung an Staatsaufgaben, das sind die zentralen Aufgaben der Präsidentenkonferenz, mit dem Ziel, höhere Einkommen und Produktpreise zu erreichen. Zum umfassenden Tätigkeitsbereich zählen unter anderem:

– Erstellung von Vorschlägen und Gutachten an Behörden, insbesondere zu Gesetzes-Entwürfen und Verordnungen sowie die Beratung der Behörden

– Entsendung von Vertretern in Organisationen und Erstellung von Vorschlägen für Postenbesetzungen

– Förderung der Zusammenarbeit der Landwirtschaftskammern untereinander sowie der Beziehungen zum landwirtschaftlichen Genossenschaftswesen

– Einrichtung von Fortbildungsinstituten für Kammermitglieder und Genossenschaftsmitarbeiter

– Organisation gemeinsamer Veranstaltungen

– Übernahme von Verwaltungsaufgaben, die der Staat an die Länder abgibt (z.B. die formale Abwicklung der Fördermaßnahmen)

– Zusammenarbeit mit land- und forstwirtschaftlichen Interessenvertretungen anderer Staaten

Einerseits nimmt die LK Österreich damit jene Aufgaben wahr, die alle Kammern und ihre Mitglieder in gleicher Weise berühren, etwa bundesrechtliche Angelegenheiten wie Steuerrecht oder Sozialversicherung. In diese Kategorie fallen auch jene Tätigkeiten, die die Kammern im Zusammenhang mit der Mitgliedschaft Österreichs in der Europäischen Union zusätzlich zu erfüllen haben. Andererseits muss sie gemäß dem Koordinierungsauftrag auch jene Aufgaben erfüllen, die zwar in erster Linie die einzelnen Kammern und ihre Mitglieder betreffen, wo aber grundsätzlich gleiche Interessenlage gegeben ist. Das betrifft u. a. die Flurverfassung, den Grundverkehr, das landwirtschaftliche Schulwesen, die Tierzucht und den Naturschutz. Als ein fundamentales Recht zur Erfüllung ihrer Aufgaben hat die land- und forstwirtschaftliche Berufsvertretung per Bundesgesetz (BGBl. Nr. 259/1924, 222/1931) das Recht Gesetz- und Verordnungsentwürfe der Ministerien zu begutachten, wovon jährlich bis zu 200-mal Gebrauch gemacht wird.

Seit Bestehen der 2. Republik hat der Bundesgesetzgeber der Präsidentenkonferenz auch in über 40 Bundesgesetzen Mitwirkungsrecht, namentliche Entsendungsrechte für Beiräte und Kommissionen und besondere Anhörungsrechte eingeräumt. Die Landwirtschaftskammer Österreich ist damit in der Rechtsordnung des Bundes fest verankert."

Über die standespolitische Tätigkeit der LK Österreich heißt es: „Die standespolitische Vertretung der Kammermitglieder erfolgt auf der Basis von demokratischen Wahlen. Bei dieser treten Parteien oder Parteiorganisationen als wahlwerbende Gruppen auf. Die Legislaturperiode der Landeskammern ist aufgrund der unterschiedlichen Landesgesetze verschieden lang. Der Auftrag zur Interessenvertretung beinhaltet daher auch Kontakte zu politischen Parteien und ihren Mandataren, um diese wirksam von der Notwendigkeit von gesetzlichen Maßnahmen im Interesse der Bauern zu überzeugen."

Folgende derzeitige Tätigkeitsschwerpunkte der Landwirtschaftskammer Österreich werden hervorgehoben. Unter anderem heißt es wörtlich:

„Die Agrarpolitik ist innerhalb der Europäischen Union neben der Währungspolitik die einzige gemeinsame Politik. Die Integration und der Binnenmarkt für die landwirtschaftliche Produktion und Vermarktung sind am weitesten fortgeschritten. Für die österreichischen Bauern fallen daher viele für ihr Einkommen unmittelbar relevante Entscheidungen bei den Organen der Europäischen Union in Brüssel. Daher muss die Landwirtschaftskammer Österreich ihren interessenpolitischen Auftrag in einem hohen Maße in Brüssel und bei den Institutionen der Europäischen Union wahrnehmen.

Die vielfältigen Funktionen der Land- und Forstwirtschaft können nur dann kontinuierlich gesichert werden, wenn die in diesem Bereich Tätigen an der allgemeinen Einkommensentwicklung teilnehmen können. Die Land- und Forstwirtschaft versorgt die Gesellschaft mit qualitativ hochwertigen Nahrungsmitteln und Rohstoffen, erhält die Kulturlandschaft und sichert Arbeitsplätze, nicht nur im bäuerlichen Bereich sondern auch in den vor- und nachgelagerten Wirtschaftszweigen. Als weitere Themen werden Familie, Gesundheit, Soziales, Umwelt sowie Bildung und Forschung angeführt."

Insgesamt stellen die Landwirtschaftskammern sich sowohl aufgrund ihrer Rechtsstellung als auch wegen ihrer Einbindung in die Sozialpartnerschaft als kleines, feines Machtzentrum in Österreich dar. Erhöht wird ihr Gewicht durch die Kooperation mit dem Raiffeisenverband auf wirtschaftlichem und dem ÖVP-Bauernbund auf politischem Gebiet. Kritiker werfen den Landwirtschaftskammern allerdings vor, die Klein- und Mittelbauern zur Durchsetzung der Interessen von Großagrariern und Gutsbesitzern zu instrumentieren. Im Buch „Im Kampf um ihr Rechte –

Geschichte der Bauern und Bäuerinnen in Österreich", das er gemeinsam mit Josef Krammer verfasst hat, arbeitet Franz Rohrmoser, Mitbegründer der „Österreichischen Bergbauern- und Bergbäuerinnen-Vereinigung", den Mechanismus heraus, der zu diesem Missbrauch im Bereich der Agrarförderung führt.

### Pferd von hinten aufgezäumt

Rohrmoser schildert den dafür verantwortlichen „Vorspannmechanismus" folgendermaßen: „1. In einem täuschenden Trick wird das Fördergeld anders begründet als verwendet. Das erfolgt durch Spaltung des Abwicklungsverfahrens. 2. Als Folge der Spaltung des Verfahrens werden die Bauern und Bäuerinnen selbst gespalten und zwar in eine untere Klasse zwei und in einer obere Klasse eins. Die Bauern der unteren Klasse – hier befinden sich die kleinen und mittleren Bauern und Bäuerinnen – werden finanziell benachteiligt und gerade diese Benachteiligung führt wieder dazu, dass sie zur Finanzierungsbegründung vorgeschoben werden. Ganz im Gegenteil zu den Bauern und Bäuerinnen in der oberen Klasse: Sie werden finanziell begünstigt, obwohl sie infolge ihrer ökonomischen Bedingungen bereits längst begünstigt sind." (S. 160)

Zur Präzisierung führt der Autor weiter aus: „Zunächst geht es um die Aufbringung der Fördermittel und die Begründung gegenüber den Steuerzahlern. Die erfolgt in vielen Diskussionen, unter anderem bei der Agrardebatte im Parlament. Hier wird von den Bauern und Bäuerinnen als Einheit geredet, von den Bauern als einer einheitlichen Berufsgruppe in der Gesellschaft. Ihr Einkommen wird im Vergleich zu vorangegangenen Jahren dargestellt. Die spezifische Situation in der Landwirtschaft wird besprochen und die wirschaftlichen Engpässe werden im Vergleich zu ihren öffentlichen Leistungen aufgezeigt. Diese ganze Diskussion wird auf der Basis der Einheit der Bauern geführt. Und basierend darauf werden die nächsten Fördermittel bzw. das Agrarbudget gefordert und mit der allgemein angespannten Lage der Bauern und Bäuerinnen begründet. Die offene Diskussion über Ungleichheiten der Einkommen, vor allem der Ungleichheit der Förderungen wird verhindert, schon gar nicht wird über die hier ersichtliche Spaltung der Bauern in zwei Klassen gesprochen. Darüber herrscht in der laufenden Debatte strenge Schweigepflicht. Diese Schweigepflicht schafft die Basis dafür, dass der gängige Missbrauch sich wiederholen kann: Die Agrardebatte wird einseitig auf die Mittelbegründung beschränkt." (S. 160 f.)

Den zweiten Schritt in der Nutzung des „Vorspannmechanismus" beschreibt Rohrmoser so: „Kommen wir nun zum abgespaltenen zweiten Teil des Vorgangs, nämlich der Definition der Förderkriterien und darauf basierend die Mittelverteilung. Bei diesem zweiten Vorgang ändern sich verdeckt sowohl die Prioritäten als auch die Zielgruppen. Hier tritt die Klasse eins der Bauern auf den Plan , die genannte Elite und Agrarlobby hat mit Hilfe der von ihr korrumpierten Agrarpolitiker und Berufsvertreter die Definitionsmacht der Förderkriterien in ihren Händen und verschafft sich somit den Zugriff auf den Fördertopf bzw. bereichert sich selbst."(S. 161)

### Klassenspaltung von außen nicht ersichtlich

Die Folgen dieser Spaltung schildert der Autor ebenfalls: „In diesem Vorgang der Spaltung zwischen Mittelaufbringung und Mittelvergabe liegt der Betrug, denn die Fördermittel werden anders vergeben als begründet. Öffentlich wird die Spaltung der Bauern in eine benachteiligte und eine begünstigte Klasse verschwiegen. Im Vorschieben und Benutzen der unteren Klasse der Bauern sowie deren Armut liegt der Missbrauch der armen Bauern sowie die Täuschung der Steuerzahler." (S. 161)

Rohrmoser erläutert dieses „Spiel" unter anderem am bisher vergeblichen Versuch der kleinen und mittleren Milchbauern, von der ständigen Erweiterung der Kontingente in der Milchlieferung wegzukommen. Da Großagrarier und Molkereioligopole mit dem bestehenden System profitabel unterwegs sind, haben sie an Änderungen kein Interesse. Mit dem Ergebnis, dass die Zahl der Milchbauern zwischen 1995 (dem Jahr des EU-Beitritt Österreichs) und 2009 von mehr als 83.000 auf rund 30.000 zurückgegangen ist.

Um seine Darstellung zu untermauern, greift der Autor wiederholt in die Zitatkiste. Unter anderen bietet er einen Agrarfachmann des Bayrischen Fernsehens mit folgender Äußerung auf. „Die Agrarpolitik des Freistaates Bayern, die Agrarpolitik der Bundesrepublik Deutschland und die Agrarpolitik aller westlicher

Industrienationen bezeichne ich als Massenkorruption und Stimmenfang, das liebe Stimmvieh Landvolk soll bei der Stange gehalten werden." (S. 155)

Oder: „Der (deutsche – Anm. LH/CS) Bauernverband vertritt die Interessen der Milchindustrie und nicht die Interessen der Bauern. Er versucht, den öffentlichen Druck, den die Milchviehhalter hart und gegen seinen Willen aufbauen, für seine Ziele zu instrumentalisieren. Wir fordern klare politische Beschlüsse, die es den Milchbauern ermöglichen, die Menge an den schwankenden Bedarf anzupassen. Das ist die Voraussetzung, damit sich ein fairer Milchpreis einstellt. Der Bauernverband stellt sich dagegen und fordert mehr Staatsgelder für noch mehr Lagerhaltung und Exportdumping." (S. 157)

Man braucht nur Bauernverband durch Landwirtschaftskammer zu ersetzen, um das Zitat auf Österreich zu beziehen. Rohrmoser versucht in dem Buch den Mechanismus darzustellen, wie die Bauern schon immer vor die Interessen der Großagrarier gespannt wurden und werden. Was vielleicht fehlt, sind konkrete Details und die Benennung der Täter. Richtig verstanden dürfte der Kämpfer für die Rechte der Bauern und Bäuerinnen die Spitzenfunktionäre der Landwirtschafskammer im Sinn haben.

### Besetzung der Landwirtschaftskammern

In Österreich haben die Landwirtschaftskammern wie dargestellt eine besondere Bedeutung für das Agrargeschäft. Auch hier funktionieren die kommunizierenden Gefäße. Auf Bundesebene (Agrarförderung ist in Österreich Ländersache) agiert die „Präsidentenkonferenz der österreichischen Landwirtschaftskammern". Diese Institution ist als Verein (!) organisiert und Mitglieder sind die einzelnen Landwirtschaftskammern und – hier treffen sich Staat und Raiffeisen – der österreichische Raiffeisenverband. Als Vereinszweck nennt die Konferenz harmlose Motive: „Vereinszweck ist die Förderung der gesamtwirtschaftlichen Aufgaben der Land- und Forstwirtschaft und die Vertretung gemeinsamer Interessen." Tatsächlich sind sie der Transmissionsriemen für die Förderungen im Agrarsektor. Ist Raiffeisen mit im Boot, ergeben sich eine Vielzahl von Geschäftsmöglichkeiten. Als Präsidenten der Landwirtschafskammern in den Bundesländern amtieren derzeit:

–   Wien: Franz Windisch, Obmann des Wiener Bauernbundes mit Nahebeziehung zur Raiffeisenlandesbank Niederösterreich-Wien. Symptomatisch ein Bericht über eine Veranstaltung des Bauernbundes Wien, zu lesen auf der Website des Bauernbundes: „Der Vorstandsdirektor der Raiffeisenlandesbank Niederösterreich-Wien, Dr. Georg Kraft-Kinz, besuchte eine Sitzung des erweiterten Vorstands des Wiener Bauernbundes. Kraft-Kinz hob dabei die enge Beziehung von Raiffeisen und Landwirtschaft hervor."

–   Der Obmann des Wiener Bauernbundes, Vizepräsident Ing. Franz Windisch, eröffnete die außerordentliche Vorstandssitzung, die aus gegebenem Anlass auch um einige Mitglieder erweitert war. Windisch begrüßte den Vorstandsdirektor der Raiffeisenlandesbank Niederösterreich-Wien, Dr. Georg Kraft-Kinz als Ehrengast und Referenten des Abends: „Es ist uns eine Ehre und Freude, einen prominenten Vertreter von Raiffeisen in Wien begrüßen zu dürfen", so Windisch. „Neben zahlreichen weiteren Partnern ist Raiffeisen seit Jahrzehnten verlässlicher Wegbegleiter des Wiener Bauernbundes. Hierfür möchten wir auch Danke sagen." Windisch verfügt über ein Nationalratsmandat.

–   Niederösterreich: Hermann Schultes, siehe oben, Nationalratsmandat und Raiffeisenfunktionär

–   Oberösterreich: Franz Reisenecker, Genossenschaftsanwalt des Raiffeisenverbandes Oberösterreich.

–   Salzburg: Franz Eßl, Abgeordneter zum Nationalrat und Obmann des Salzburger Bauernbundes.

–   Tirol: Josef Hechenberger, vor der Amtsübernahme als Nebenerwerbsbauern Berater in der Landwirtschaftskammer Kufstein;

–   Vorarlberg: Josef Moosbrugger, Abgeordneter im Landtag Vorarlberg,

–   Steiermark: Gerhard Wlodkowski, Vorsitzender der Präsidentenkonferenz und Mitglied der Generalanwaltschaft des Raiffeisenverbandes. Wie gut die kommunizierenden Gefäße funktionieren, sagt Raiffeisen selbst auf der Homepage des Raiffeisenverbandes Steiermark als Wlodkowski Präsident der Landwirtschaftskammer Steiermark wurde: „Mit dem Amtsantritt als steirischer Präsident automatisch verbunden war ein Sitz im Vorstand des Raiffeisenverbandes Steiermark, den der Gosdorfer seither innehat."

– Kärnten: Johann Mößler, vor der Amtsübernahme Bauer und Landwirtschaftslehrer

– Burgenland: Stefan Hautzinger, Mitglied der Raiffeisengeneralanwaltschaft, Stellvertretender Vorsitzender des Aufsichtsrates der Raiffeisenlandesbank Burgenland, Vorsitzender des Verwaltungsrates der AMA

In den Landeslandwirtschaftskammern hat der ÖVP-Bauernbund ein leichtes Spiel. Er stellt in jedem Bundesland die mit Abstand stärkste Fraktion. Die Kräfteverhältnisse bzw. Mandatsverteilung in der jeweiligen Vollversammlung sehen im Einzelnen folgendermaßen aus:

– Burgenland: Von insgesamt 32 Sitzen belegen der Bauernbund 23 und die SPÖ-Bauern 8 Mandate; dazu kommt ein fraktionsloses Mitglied.

– Kärnten: Von insgesamt 36 Sitzen belegen der Bauernbund 20, die Freiheitlichen 5, die SPÖ-Bauern 5 und die Slowenischen Bauern 3 Mandate.

– Niederösterreich: Von insgesamt 40 Sitzen belegen der Bauernbund 32, SPÖ- und Freie Bauern 4 und Raiffeisen 4 Mandate.

– Oberösterreich: Von insgesamt 35 Sitzen belegen der Bauernbund 27, die SPÖ-Bauern 3, die Freiheitlichen 3 und Unabhängige 3 Mandate.

– Salzburg: Von insgesamt 28 Sitzen belegen der Bauernbund 20, die SPÖ-Bauern 1, die Freiheitlichen 1 und Unabhängige 5 Mandate.

– Steiermark: Von insgesamt 41 Sitzen belegen der Bauernbund 32, die SPÖ-Bauern 4, Fraktionslose 2 und Unabhängige 3 Mandate.

– Tirol: Die Vollversammlung besteht aus 24 Kammerrätinnen und Kammerräten. Mit Ausnahme des Freiheitlichen Bauern Josef Blasisker sind die restlichen 23 Mandate von Mitgliedern des Österreichischen Bauernbundes besetzt.

– Vorarlberg: Von insgesamt 19 Sitzen belegen der Bauernbund 16 und die Freiheitlichen 3 Mandate.

Damit verfügt der Bauernbund in allen neun Landeslandwirtschaftskammern über eine absolute und mit Ausnahme Kärn-
tens sogar über eine Zweidrittel-Mehrheit.

## Anfänge der politischen Organisation

Über die Entwicklung der politischen Organisation und/
oder Vertretung der Landwirte berichtet Krammer in „Kampf um
ihre Rechte – Geschichte der Bauern und Bäuerinnen in Österreich": „Die Gründung der Bauernvereine und Bauernbünde
erfolgte in den österreichischen Ländern in der Regel im Vorfeld
der Konservativen und der Christlichsozialen Partei in der Zeit
von 1880 – 1906. Wie Bruckmüller und Kraus darstellen, gelang
die politische Massenorganisation der Bauern in Oberösterreich,
Tirol und der Steiermark zuerst im Vorfeld der konservativen Parteien. Niederösterreich nahm eine atypische Entwicklung, weil
hier von Beginn an (wenn vom Bauernbund „Mittelstraße" abgesehen wird) die Organisierung im Vorfeld der christlich-sozialen
Bewegung erfolgte, die in ihren Anfängen auf die städtischen Mittelschichten beschränkt war. Weiters nahm Kärnten eine atypische
Entwicklung, da der 1868 gegründete Bauernbund nationallibe-
raler (also deutschnationaler – Anm. LH/CS) Provenienz war."
(S. 117f.)

Krammer bescheinigt den Konservativen, weitgehend erfolg-
los in der Mobilisierung der Bauern gewesen zu sein, während es
den Christlichsozialen gelungen sei, den Rahm abzuschöpfen. Er
schreibt: „Der Zusammenschluss der Konservativen und Christlichsozialen zur Christlichsozialen Partei (1907) war ein Versuch
der Bourgeoisie, ihre Herrschaft gegenüber der mächtiger wer-
denden Arbeiterbewegung zu verteidigen. Die Bourgeoisie (Feu-
daladel, Großkapital) versuchte, sich durch ein Bündnis mit den
Mittelschichten zu retten. Den konkreten Ausdruck fand dieses
Bündnis im Zusammenschluss von Konservativen und Christlichsozialen. Dieser Zusammenschluss hatte besondere Auswirkungen auf die mittleren und kleineren Bauern, weil die ‚feudale' Schutzzollpolitik der Jahre vor 1907 beibehalten wurde. Die
Christlichsozialen verrieten damit ihre kleinbürgerlichen, antika-
pitalistischen Prinzipien und förderten die Getreide anbauenden
Großagrarier Ungarns, der Sudentenländer und Ober- und Nie-

derösterreichs. Die in der Mehrheit Vieh züchtenden Alpenbauern wurden den Interessen der Getreide anbauenden Großgrundbesitzer vorgespannt. (Die Dominanz großagrarischer Interessen in der christlichsozialen Partei hat also eine lange Tradition)." (S. 118)

### Erfolgreich gegen Bauernlegen

Weiter heißt es: „Die christlichsoziale Massenbewegung unter den Bauern, die nach Otto Bauer gegen die herrschende Oligarchie, gegen die Großbourgeoisie, gegen den Großgrundbesitz, gegen das Kapital, aber auch gegen die Arbeiterbewegung gerichtet war, kam unter die Führung gesellschaftlicher Kräfte, gegen die sie sich ursprünglich gewendet hatten. Trotzdem war die christlichsoziale Bewegung zum Teil erfolgreich bei der Erhaltung der Zahl der Bauern und zwar durch die intensive Förderung des ländlichen Genossenschaftswesens und die teilweise Einschränkung der Kommerzialisierung des Bodens. Diese Maßnahmen stehen aber nur scheinbar im Gegensatz zu den Interessen des Großgrundbesitzes und des Großkapitals. Dieser scheinbare Widerspruch löst sich auf, wenn das lebhafte Interesse der Bourgeoisie an einer politischen Massenbasis (Loyalitätsbasis) unter den Bauern berücksichtigt wird. Die Massenbasis war für die Bourgeoisie lebensnotwendig, denn nur so konnte der Ansturm der Arbeiterbewegung überstanden werden." (S. 118.f)

Der Begriff Bauernbund war in der zweiten Hälfte des 19. Jahrhunderts die Bezeichnung schlechthin für politische Organisationsversuche unter der Agrarbevölkerung. Unter diesem Begriff tummelten sich je nach Region und Zusatzbezeichnung konservative, christlichsoziale und deutschnationale Bestrebungen. Kurz nach Errichtung der Republik, 1919, vereinigten sich die christlich-sozialen und konservativen Bauernbünde zum Reichsbauernbund. Der Reichsbauernbund blieb in der Folge die wichtigste Vertretung der österreichischen Bauern. Daneben agierten der „Landbund für Österreich", ein Zusammenschluss deutsch-liberaler Bauernbünde wie der „Kärntner Bauernbund" oder der „Steirische Bauernbund".

Der Website www.bauernbund.at entstammt der folgende historische Überblick: „Die Anfänge des Bauernbundes stellen die seit 1886 in einzelnen Ländern entstandenen politischen Bauernvereinigungen dar: 1899 wurde der katholisch-konservative Verein in der Steiermark gegründet, der sich seit 1934 ‚Bauernbund‘ nannte, ähnliche Vereinigungen bildeten sich 1886 in Kärnten, 1904 in Tirol, 1906 in Niederösterreich und Salzburg, 1919 in Oberösterreich und Vorarlberg, 1921 in Burgenland, sowie 1936 in Wien.

1919 entstand aus ihnen der ‚Österreichische Reichsbauernbund‘, der bis 1938 bestand. 1945 wurde der Österreichische Bauernbund, zusammengesetzt aus 9 Landesorganisationen, im Rahmen der Österreichischen Volkspartei neu gebildet. Der Österreichische Bauernbund stellt neben dem Österreichischen Wirtschaftsbund und dem Österreichischen Arbeiter- und Angestelltenbund die bedeutendste Teilorganisation der ÖVP dar.

Die organisatorische Stärke (1920 – ca. 220.000 Mitglieder, 1948 – ca. 405.000 Mitglieder, heute – mehr als 300.000 Mitglieder) des Österreichischen Bauernbundes prägte seit dessen Bestehen die österreichische Agrarpolitik. Durch die Initiative zahlreicher Bauernbundfunktionäre (und Direktoren) konnte in den 20er-Jahren die Interessenvertretung der Bauern (Landwirtschaftskammern, Präsidentenkonferenz) eingerichtet, die soziale Absicherung (Zuschussrenten, Pensionen, Kranken- und Unfallversicherung, Kinderbeihilfe auch für Bauernkinder – 1950er- bis 1970er-Jahre) geschaffen, die Preispolitik für landwirtschaftliche Produkte gestaltet und das Landwirtschaftsgesetz (ab 1959) umgesetzt werden. Einen großen Beitrag leistete die Organisation des Österreichischen Bauernbundes unmittelbar nach dem Zweiten Weltkrieg bei der Nahrungsmittelversorgung der österreichischen Bevölkerung.

Zahlreiche Bauernbundmitglieder wie Josef Stöckler, Rudolf Buchinger, Andreas Thaler, Engelbert Dollfuß, Florian Födermayr, Josef Reither, Josef Kraus, Eduard Hartmann, Karl Schleinzer, Alois Derfler, Josef Riegler, Wilhelm Molterer und besonders Leopold Figl prägten seit der Gründung des Bauernbundes die österreichische Agrarpolitik, die Politik der ÖVP und auch die Politik in Österreich.“

### Peinlicher Irrtum in Kärnten

Dass nicht alle Bauern und Bäuerinnen nach der Pfeife des ÖVP-Bauernbundes tanzen, belegt eine Intervention von zwei FPÖ-Urgesteinen aus Kärnten, die dagegen protestierten, dass der ÖVP-Bauernbund sich mit falschen Federn schmückte. In einer Aussendung der APA im so genannten 2. Netz hieß es wörtlich. „Es ist doch eine unglaubliche Anmaßung und Fälschung der Geschichte, dass der ÖVP-Bauernbund in Grafenstein seine angeblich 120 Jahre lange Geschichte in Bezugnahme auf den ‚Kärntner Bauernbund' feiert", stellten die beiden FPÖ-Politiker Dipl.-Ing. Karlheinz Klement und Landtagspräsidentin Kriemhild Trattnig („Politische Ziehmutter Jörg Haiders" – „Der Standard") in einer Aussendung fest. „Der am 2. März 1886 in St. Peter bei Grafenstein gegründete ‚Kärntner Bauernbund' war vom Programm und den Personen her eine national-liberale, antiklerikale politische Interessensvertretung sowohl der Bauern und Kleingewerbetreibenden als auch der gesamten, damals sehr zahlreichen, ländlichen Bevölkerung, welche bei Wahlen sehr erfolgreich und eindeutig gegen die damals einflussreichen christlich-sozialen, klerikalen Kräfte orientiert war. Die christlich-sozialen Bauernbünde wurden als Teilorganisationen der christlich-sozialen Partei viel später, nämlich 1904 in Tirol, 1906 in Niederösterreich und noch später erst in Kärnten gegründet, was unter anderem beweist, dass die am 2. März 1886 gegründete politische Bewegung geistig-ideologisch schon gar nichts mit dem derzeit existierenden christlich-sozialen Kärntner Bauernbund, einer Teilorganisation der ÖVP zu tun hat", präzisierte Trattnig.

Das Präsidium des ÖVP-Bauernbundes setzt sich derzeit folgendermaßen zusammen: Jakob Auer als Präsident sowie Johannes Schmuckenschlager, Franz Reisecker, MEP Elisabeth Köstinger und Josef Moosbrugger als Vizepräsidenten bzw. Vizepräsidentin. Als Direktor der Bundeszentrale fungiert Dr. Johannes Abentung. Jakob Auer ist als langjähriger Nationalratsabgeordneter der ÖVP Mitglied im Vorstand des Raiffeisenverbands und Aufsichtsratsvorsitzender der Raiffeisen-Holding Oberösterreich der Superstar in diesem Gremium. Gleichzeitig sind die weiteren Präsidiumsmitglieder in der Dreieinigkeit unter dem Giebelkreuz fest verankert.

### Direkte Mitwirkung in Legislative und Exekutive

Die entscheidende Dienstleistung dieser Organisation im System Raiffeisen besteht jedoch darin, dass sie Vertretern der Landwirtschaft aus den Kammern und den Genossenschaften den Weg zur direkten Mitwirkung in der Legislative und Exekutive des Landes bahnt. Mit Stolz weist der Bauernbund darauf hin, Schlüsselpositionen in der ÖVP und der Bundesregierung besetzt zu haben und weiter zu besetzen. Zu den namhaftesten Persönlichkeiten, die es an die Spitze der Bundesregierung als Kanzler oder Vizekanzler geschafft haben, zählen nach Engelbert Dollfuß und Kurt Schuschnigg in der autoritären Periode der 1. Republik Leopold Figl als Bundeskanzler sowie Wilhelm Molterer und Josef Pröll als Vizekanzler. Die Funktion des Bundesparteiobmanns der ÖVP haben die Bauernbündler Leopold Figl, Karl Schleinzer, Josef Riegler, Wilhelm Molterer und Josef Pröll ausgeübt.

Eine exakte Aufstellung der Mandatare und Mandatarinnen des ÖVP-Bauernbundes in der Bundes- und den Landesregierungen sowie dem National- und Bundesrat ebenso wie den Landtagen beweist, dass Raiffeisen ein Lobbying von außen zur Interessendurchsetzung nicht benötigt, weil die Genossenschaft in allen relevanten Entscheidungsgremien quasi jeweils an der Quelle direkt vertreten ist.

### Die Funktionsweise der Dreifaltigkeit

Politikwissenschaftler behaupten, der ÖVP-Bauernbund sei die erfolgreichste politische Organisation der Welt. Sie stützen diese These auf die Tatsache, dass der Anteil der Land- und Forstwirtschaft am österreichischen Bruttoinlandsprodukt derzeit laut Statistik Austria 1,5 Prozent beträgt, die Bauernbündler jedoch über 14 (von 183) Sitze im Nationalrat belegen und über entsprechend großen Einfluss auf die Gesetzgebung verfügen.

Die Dreifaltigkeit ÖVP-Bauernbund – Landwirtschaftskammern – Raiffeisen beruht auf der Logik kommunizierender Gefäße. Im Nationalrat sitzen (Stand Jänner 2013) sieben Mandatare auf der Liste des Bauernbundes, die gleichzeitig als aktive oder ehemalige Dienstnehmer oder Funktionäre ein Naheverhältnis zur Raiffeisengruppe aufweisen. Bei jeder einzelnen Abstimmung müssen diese Abgeordneten den schmalen Grad zwischen

freiem Mandat, Interessen von ÖVP und Raiffeisen sowie Wieder-
wahlchancen finden.

Ein Beispiel liefert der vor kurzem aus dem Nationalrat aus-
geschiedene Mandatar Ferdinand Maier. Er war Abgeordneter der
ÖVP und im Zivilberuf neben seiner Tätigkeit als Generalsekretär des Raiffeisenverbandes im Vorstand der Leipnik-Lundenburger AG. Die wiederum ist Miteigentümer der Agrana. An anderer
Stelle wird in diesem Buch die Tätigkeit der Agrana als Zuckermonopolist beschrieben. Als Ferdinand Maier im Parlament saß,
sollte er beispielsweise über eine Marktordnungsregelung abstimmen, die unter anderem Zucker und somit das Geschäftsfeld seines Dienstgebers betraf. Sticht Mandat Dienstgeber oder sticht der
Vorstandssessel das freie Mandat?

Die erwähnten sieben Abgeordneten, die Raiffeisen unmittelbar zuordenbar sind, könnten übrigens jederzeit einen eigenen
Giebelkreuzlerklub im Parlament gründen. Die dafür erforderliche Mindestanzahl von fünf Mandataren wird locker übertroffen.
Derzeit sind im Nationalrat als Abgeordnete mit Raiffeisenbezug
folgende Personen tätig:

– Jakob Auer: 11.11.2011 – 03.12.2011 Österreichischer Bauernbund Geschäftsführender Bundesobmann; ab 03.12.2011
Österreichischer Bauernbund Präsident; ab 25.03.1987 Raiffeisenverband Oberösterreich e. Gen, Genossenschaftsanwalt
(Obmann) von 25.03.1987 bis 23.03.2001 einfaches Vorstandsmitglied; ab 18.05.1990 RLB Holding registrierte Genossenschaft mit beschränkter Haftung Oberösterreich; Obmann
(bis 10.08.2000 Obmann-Stellvertreter, danach Obmann); ab
18.06.1993 Raiffeisenbank Wels Süd registrierte Genossenschaft
mit beschränkter Haftung Vorstandsvorsitzender; ab 07.03.2001
Raiffeisen-Kredit-Garantiegesellschaft mbH. Aufsichtsratsvorsitzender; ab 09.03.2001 Raiffeisen Einlagensicherung Oberösterreich registrierte Genossenschaft mit beschränkter Haftung
Obmann Stellvertreter; ab 11.09.2001 Privat Bank AG der Raiffeisenlandesbank Oberösterreich Stellvertreter des Aufsichtsratsvor-
sitzenden; ab 13.03.2004 Raiffeisenbankengruppe Oberösterreich
Verbund eingetragene Genossenschaft Obmann; ab 08.05.2004
Raiffeisenlandesbank Oberösterreich Aktiengesellschaft Aufsichtsratsvorsitzender.

– Karl Donabauer: ab 1989 Bauernbund Niederösterreich Obmann Stellvertreter; Raiffeisen-Holding Niederösterreich-Wien registrierte Genossenschaft mit beschränkter Haftung: Aufsichtsratsvorsitzender; Obmann der Sozialversicherungsanstalt der Bauern.

– Fritz Grillitsch: 01.04.1995 – 18.04.2000 Steirischer Bauernbund Kooptiertes Vorstandsmitglied; 08.04.2000 – 19.02.2005 Steirischer Bauernbund 3. Obmann Stellvertreter; 13.10.2001 – 2011 Österreichischer Bauernbund Präsident; ab 19.02.2005 Steirischer Bauernbund Weiteres Vorstandsmitglied; 1980 – 1982 Revisionsassistent beim Raiffeisenverband.

– Erwin Hornek: Bauernbund Niederösterreich Mandatar; Raiffeisenbank Waidhofen a. d. Thaya eGen Mitglied des Aufsichtsrates.

– Johann Höfinger: Ab 1995 Österreichische Bauernbundjugend Präsidium Mitglied; ab 2000 Österreichischer Bauernbund Tulln Hauptbezirksobmann; 06.11.2002 – 06.08.2003 Raiffeisenlagerhaus Tulln registrierte Genossenschaft mit beschränkter Haftung Vorstandsmitglied; ab 06.08.2003 Raiffeisenlagerhaus Tulln-Neulengbach eGen Vorstandsmitglied.

– Anna Höllerer: Österreichischer Bauernbund: diverse Funktionen; Raiffeisen-Holding Niederösterreich-Wien registrierte Genossenschaft mit beschränkter Haftung: Mitglied des Aufsichtsrates.

– Hermann Schultes: ab 18.06.2005 Österreichischer Bauernbund Niederösterreich Landesobmann; 15.10.2005 – 14.10.2009 Österreichischer Bauernbund Vizepräsident; ab 02.03.2007 Raiffeisen-Revisionsverband Niederösterreich-Wien eGen Vorstandsmitglied; ab 28.08.2007 Raiffeisen-Holding Niederösterreich-Wien registrierte Genossenschaft mit beschränkter Haftung Vorstandsmitglied, Präsident Landwirtschaftskammer Niederösterreich.

### Das Giebelkreuz im Bundesrat

Im österreichischen Bundesrat, der von den Landtagen der Bundesländer beschickt wird, ist der Raiffeisenkreis ebenfalls aktiv. Immerhin drei von 62 Bundesräten, das sind rund 5 Prozent, haben Gelegenheit für oder gegen die Interessen des Konzerns, ihrem Dienstgeber, zu stimmen. In den Bundesrat entsandt wurden:

–   Gottfried Kneifel: ab 02.08.2001 Raiffeisenbank Enns, registrierte Genossenschaft mit beschränkter Haftung Vorstandsmitglied.

–   Kurt Strohmayer-Dangl: ab 05.12.2003 Raiffeisenbank Waidhofen a. d. Thaya eGen Vorstandsmitglied (ehrenamtlich).

–   Sonja Zwazl: 22.06.2005 – 07.07.2011 Raiffeisen-Holding Niederösterreich-Wien registrierte Genossenschaft mit beschränkter Haftung Vorstandsmitglied.

### Beispiel Niederösterreich

Das österreichische Bundesland Niederösterreich eignet sich vorzüglich, um die Machtfülle der Raiffeisengruppe exemplarisch darzustellen. Sowohl in Exekutive (Landesregierung) als auch in Legislative (Landtag) sind Mandatare aktiv, die beruflich und politisch eng mit dem Konzern verbunden sind.

Zuerst zur Exekutive: Als Agrarlandesrat (Stand Jänner 2013) amtiert Stephan Pernkopf (ÖVP-Bauernbund). Vor seiner politischen Tätigkeit war Pernkopf im Vorstandsbüro der Niederösterreichischen Versicherungs AG als Assistent des Generaldirektors tätig. An der Niederösterreichischen Versicherungs AG ist unter anderem die Raiffeisen-Holding Niederösterreich-Wien beteiligt. Klassisch der Werdegang des Landesrates: Gymnasium im Josephinum in Wieselburg, einer katholischen Eliteschule. Immer wieder betonen diverse Raiffeisenmanager, sie seien stolz, Arbeitgeber von vielen Josephinumabsolventen zu sein. Nach einem Jus-Studium in Wien und Promotion folgt sogleich der Beginn der Lehrjahre in der Niederösterreichischen Versicherung. Später war er Büroleiter des ehemaligen Landwirtschafts- und Finanzministers Josef Pröll, der heute bekanntlich im Vorstand der LLI sitzt. Kommunalpolitische Tätigkeit liegt vor seiner Bestellung zum Landesrat.

Heute kann Pernkopf als Regierungsmitglied, zuständig für Land- und Forstwirtschaft, politisch gestalten und Interessen zum Durchbruch verhelfen. Pernkopf hat sowohl in der Niederösterreichischen Versicherung, als auch bei Josef Pröll gelernt, wie wichtig für einen Politiker die Crew im Büro ist. Genauso wie seine ehemaligen Chefs geht auch er auf Nummer sicher: Sein Büroleiter,

Johann Watschka, kümmert sich außerhalb seines Büros als Präsident des Österreichischen Imkerbundes um die Bienenvölker des Landes und hat auch durch diese Tätigkeit Raiffeisennähe.

Wesen moderner Verfassungen ist unter anderem die strikte Trennung zwischen Exekutive und Legislative. Diese Gewaltentrennung soll Rechtsstaatlichkeit ermöglichen und ist Basis der Kontrollmöglichkeit der Exekutive durch die Legislative. Was, wenn sowohl Exekutive als auch Legislative einem Dritten verpflichtet sind, der kraft seiner Macht staatliche Institutionen wie Landesregierung und Landtag übertrumpft?

Es kann auch umgekehrt laufen: Ein Politiker sitzt in einem Regierungsamt oder in einem Landtag, ist kein Angehöriger des Raiffeisenordens und weiß, dass sein Mandat irgendwann (oder ganz plötzlich) endet. Nun hat er über ein raiffeisenrelevantes Thema zu entscheiden und ihm ist bekannt, dass es etliche Ex-Politiker gibt (beispielsweise Ex-Vizekanzler Josef Riegler, heute Raiffeisen Steiermark), die bei Raiffeisen nach ihrer Politkarriere ein zufriedenstellendes Auskommen gefunden haben. Wie wird er entscheiden?

In Niederösterreichs Landtag sitzen zumindest vier ÖVP-Abgeordnete – alle vom Bauernbund entsandt –, die ein berufliches Naheverhältnis zu Raiffeisen haben oder hatten: Josef Edlinger werkt im Vorstand des Raiffeisenlagerhauses in Zwettl. Josef Balber ist Mitglied im Vorstand der Raiffeisenkasse Oberes Triestingtal. Johann Hofbauer war Angestelltenbetriebsrat der Agrana und Anton Kasser war Angestellter der Ybbstaler Obstverwertung, einem Konzernbetrieb der Agrana.

Niederösterreich mag eine Ausnahme in der Verflechtung von Mandataren des ÖVP-Bauernbundes mit Raiffeisen bilden. In der Tendenz geht es in den anderen Bundesländern ähnlich zu, was schließlich die Verhältnisse auf Bundesebene (siehe oben) nachdrücklich bestätigen.

# Der stille Riese

## Machtfaktor Raiffeisen

*Bekanntlich ist ein Mangel an Eisen schlecht für den Körper. Ein Mangel an Raiffeisen könnte hingegen gut für die Demokratie sein. Dass eine zu hohe Konzentration von Raiffeisen schädlich für die Gesellschaft ist, soll an Hand der wirtschaftlichen Stärke des „grünen Riesen" dargestellt werden.*

Die Machtfülle des Konzerns muss mit einem lachenden und einem weinenden Auge gesehen werden. Statt meist spekulativ orientiertem Auslandskapital ist in dem Fall ein heimisches Unternehmen am Werk, das tief in der Tradition der bäuerlichen Genossenschaften verankert ist. Dennoch: Seine wirtschaftliche Macht – mit ausgezeichneten Kontakten in die Schaltzentren der politischen Macht – hat ein beängstigendes Ausmaß angenommen.

Raiffeisen hat sich – heimlich, still und leise – von den Anfängen einer bäuerlichen Selbsthilfe-Organisation nach der Bauernbefreiung in der zweiten Hälfte des 19. Jahrhunderts zur heute größten Wirtschaftsgruppe Österreichs entwickelt. In den Spitzenpositionen stehen durchwegs Männer, die sich auch als Banker ein ländliches Image verpassen und trotz ihrer führenden Stellung in der jeweiligen Branche nicht wie ausgebuffte Manager auftreten.

Primus inter pares war bis vor kurzem Christian Konrad, der als Generalanwalt und damit Chef des Raiffeisenverbandes, in dem sämtliche Fäden des Konzerns zusammenlaufen, weiterhin über vierzehn Aufsichtsratsmandate (zumeist als Vorsitzender) verfügt. Die bäuerliche Bodenhaftung wird von seinesgleichen durch biedermännisches Auftreten und bescheidene Belustigungen wie ein jährliches Sauschädelessen – allerdings unter Beteiligung der Hautevolee – zelebriert. Dass es auch anders geht, zeigte Klaus

Liebscher, der es als ehemaliger Chef der Raiffeisen Zentralbank (RZB) erst zum Präsidenten und später zum Gouverneur der Oesterreichischen Nationalbank gebracht hat. Das ist allerdings weniger ein persönliches Verdienst als ein Zeichen für den Einfluss des Giebelkreuzes, unter dem Raiffeisen firmiert.

Dass der zentrale Stellenwert der Organisation in der Alpenrepublik keine Untertreibung ist, zeigt eine Aussage im Klappentext des Prachtbandes „Raiffeisen in Österreich – Siegeszug einer Idee", der anlässlich der hundertsten Wiederkehr des Gründungstages des Raiffeisenverbandes im Jahr 1998 erschienen ist. Darin heißt es: „Raiffeisen Österreich ist im Jubiläumsjahr der größte private Arbeitgeber der Republik. Raiffeisen Österreich beschäftigt an die 48.000 Menschen." Mehr als zehn Jahre später ist die Zahl der unmittelbar Beschäftigten im Inland auf über 56.000 gestiegen. Am 25. Juni 2009 meldet das deutsche „Handelsblatt", 200.000 Menschen stünden direkt oder indirekt auf den Lohnlisten der Gruppe.

Weiter in der Festschrift: „Ursprünglich waren diese Genossenschaften rein auf die Belange ihrer bäuerlichen Mitglieder zugeschnitten. Die großartige Aufbauarbeit nach dem Zweiten Weltkrieg brachte sehr rasch eine Erweiterung der genossenschaftlichen Tätigkeit für den Konsumenten. Hand in Hand mit dieser Entwicklung geht der Aufschwung in der Bedeutung der Raiffeisengenossenschaften, die den Hauptteil der Ernte an Getreide, Ölsaaten und Kartoffeln übernehmen, für Saatgut, Dünger, Maschinen, Werkstättendienste, Baustoffe sorgen, den Großteil der Milch vermarkten und die Hauptfinanciers von Landwirtschaft, Fremdenverkehr und Gewerbe sind. Durch vielfältige Beteiligungen und Tochterunternehmen sind Raiffeisenfirmen fast in allen Schlüsselbereichen der österreichischen Wirtschaft tätig."

### Eigenartiges Wesen der Dreieinigkeit

So sehr Raiffeisen mittlerweile nach eigenen Angaben um mehr als 4 Millionen Kunden und 2,1 Millionen Mitglieder bemüht ist, vor allem im ländlichen Raum aufgeigt und immer weiter auch nach Wien vordringt, ist die Organisation ein weitgehend ebenso unbekanntes wie seltsames Wesen. Im Grunde ist der Genossenschaftskomplex Teil eines einzigartigen Konglomerats, das über einen politischen, einen ständischen und einen wirtschaftlichen Ausleger verfügt. Die Dreifaltigkeit von ÖVP-Bauernbund, Landwirtschaftskammern und Raiffeisen ist in der Welt einmalig und gewährleistet in Österreich eine unangefochtene Stellung dieser Wirtschaftsorganisation in der gesamten Nahrungsmittelkette von Bauernhof und Traktor bis zu Konservendose und Fertigmenü. Nur wer aufpasst wie ein Haftelmacher kann wissen, hinter welchen Markenamen Raiffeisen steht oder steckt: Demel und das Looshaus, Inzersdorfer und Efko, Uniqa und DO & CO, die gesamte Zuckerproduktion des Landes usw. Wenn Polizeipräsident Pilch in der TV-Serie Kottan gegen einen Kaffeeautomaten trat, so legte er sich mit café+co, einem Unternehmen der Leipnik-Lundenburger Investment AG und Raiffeisentochterfirma an. In Österreichs Wirtschaftskreislauf gibt es kaum einen Bereich, in dem Raiffeisen nicht zum Vorschein kommt, wenn man lang genug kratzt. Das gilt insbesondere auch für die Medien. Deshalb braucht man sich nicht zu wundern, wie wenig über den Konzern und seine Macht in den österreichischen Tages- und Wochenzeitungen geschrieben wird. Weder gute noch schlechte – sondern gar keine Presse ist das Grundprinzip der Öffentlichkeitsarbeit im Reich von Raiffeisen.

Die Dreiheit gehört zu Raiffeisen wie das Amen zum Gebet. Die Genossenschaft ist unter der Führung des Raiffeisenverbands in die drei Sektoren Geld, Ware und Milchverwertung gegliedert: Dazu kommen weitere Genossenschaften und Beteiligungen „in strategisch wichtigen Bereichen der österreichischen Wirtschaft", wie es auf der Raiffeisenhomepage heißt. Dreigeteilt ist auch die Organisationsstruktur; von der lokalen bzw. regionalen Primärebene (Stufe 1) geht es in jedem Sektor – jeweils für sich – über die Landesebene (Stufe 2) zur Bundesebene (Stufe 3).

### Zahlen, die sich gewaschen haben

Die geballte Macht, die entsteht, wenn man mehr oder weniger getrennt marschiert, aber notfalls gemeinsam schlägt, spricht aus den Erfolgszahlen des Unternehmenskonglomerats. Es verfügt auf der Primärebene des Geldbereichs in Österreich über 560 Raiffeisenbanken mit 1.749 Bankstellen. Die 95 Lagerhausgenossenschaften dirigieren 41 Lagerhäuser, 478 Lagerhausmärkte,

735 Filialen und Abgabestellen und kontrollieren zwei Drittel der Getreideernte und anderer Feldfrüchte. Die Molkereigruppe kann mit folgenden Erfolgszahlen beim Marktanteil aufwarten: 99 % bei Frischmilch, 95 % bei Butter, 80 % bei Fruchtjoghurt, 85 % bei Schnittkäse und 66 % bei Hartkäse.

Dazu kommen rund 800 Verwertungsgenossenschaften ebenso für Vieh und Hackschnitzel, Ölfrüchte und Wein wie für Bergkräuter, Imker und Holzschnitzer. Besondere Juwele befinden sich unter den übrigen Beteiligungen, die der Verband in vier Sparten aufteilt:

– Industrie, Handel und Markenartikel
– Versicherungen
– Medien und Telekom
– Dienstleistungen und Fremdenverkehr

Klingende Namen aus diesem Bereich wurden bereits genannt. Besonders ins Gewicht fallen die Miteigentümerschaft an der Tageszeitung „Kurier", an der „News" Magazingruppe („Profil" usw.) und an der Mediaprint, über die Raiffeisen indirekt mit der „Kronen Zeitung" verflochten ist. Übrigens spielt Raiffeisen über die Lagerhäuser selbst hinein in den Autohandel und die Kfz-Reparatur eine wichtige Rolle, die ebenfalls nicht an die große Glocke gehängt wird.

### Das Trauma

Die SPÖ-Alleinregierung in Österreich von 1970 bis 1983 hat offensichtlich ein nachhaltiges Trauma in der Führungscrew von Raiffeisen ausgelöst. In der erwähnten Raiffeisenfestschrift wird betont, dass die Entscheidungsgremien frei von jedwedem roten Einfluss auch unter einer SP-Regierung geblieben sind: „Die Erklärung für diese ständigen Sticheleien (von ÖGB und Arbeiterkammer) liegt in der Tatsache begründet, dass es im Wege der demokratischen Entscheidungsprozesse keinem sozialistischen Spitzenpolitiker gelang, in die Organe der Raiffeisengenossenschaften gewählt zu werden." (S. 208) Mit „sozialistisch" ist übrigens sozialdemokratisch gemeint – aber das ist eine andere Geschichte. Wie abgeschottet die diversen Kontrollgremien sind, veranschaulicht ein exemplarisches Beispiel aus den Bereichen Bank und Versicherung: Am Vormittag kontrolliert RZB-Vorstandschef Walter

Rothensteiner in seiner Funktion als 2. Uniqa-Aufsichtsratsprä-
sident den Uniqa-Vorstandsdirektor Gottfried Wanitschek. Am
Nachmittag kontrolliert Wanitschek in seiner Funktion als Aufsichtsrat der RZB den RZB-Generaldirektor Rothensteiner. Am
Abend sitzen beide Herren im Aufsichtsrat der Kurier Zeitungsverlag und Druckerei GmbH und kontrollieren gemeinsam.

### Kapitalistischer Wechselbalg

*1,7 Millionen Österreicher sind Bankiers. Sie leben nicht in
unermesslichem Reichtum und haben nicht die Annehmlichkeiten, die
Bankern gewöhnlich zugerechnet werden. Es handelt sich um Kunden
des Bankensektors der Raiffeisengruppe. In einem Aufwaschen sind sie
Mitglieder der größten Genossenschaftsgruppe des Landes und Miteigentümer der Geldinstitute. Das klingt nach einer gehörigen Por-
tion Demokratie und einer ordentlichen Machtfülle der Kunden als
Eigentümer.*

Die Bankorganisation der Raiffeisengruppe ist dreistufig aufgebaut: In Dorf, Markt und Stadt die örtliche Raiffeisenkasse, in
den Landeshauptstädten die Raiffeisenlandesbanken und in der
Bundeshauptstadt die Raiffeisen Zentralbank RZB, vor kurzem
fusioniert mit der Raiffeisen Bank International. Die 545 selbst-
ständigen lokalen Raiffeisenbanken verfügen über 2.234 Bankstellen und sind flächendeckend über die gesamte Republik verstreut.
Österreich verfügte vor der Zusammenlegung von Kommunen in
der Steiermark über 2.357 Gemeinden.

Die Eigentumsverhältnisse in den Aktivitätsbereichen von
Raiffeisen sind vertikal organisiert: Die lokalen Raiffeisenbanken
in den Gemeinden halten Anteile an den Landesbanken, die Landesbanken wiederum besitzen gemeinsam die RZB, und die RZB
verfügt neben der Raiffeisen Bank International (RBI) über eine
Reihe weiterer Tochtergesellschaften, die in den Bereichen Versicherung, Leasing, Bausparkasse oder Wertpapierfonds tätig sind.
Diesem Aufbau nach sind beispielsweise die Kunden der lokalen
Raiffeisenbanken, sofern sie Genossenschaftsanteile eingezahlt
haben, über den Umweg Landesbank und RZB auch Miteigentümer aller Spezialgesellschaften der Gruppe. Laut Raiffeisenver-

band sind mehr als 40 Prozent aller Österreicherinnen und Österreicher Kunden einer Raiffeisenkasse.

Entscheidet ein Kunde sich, „Mitglied" (das Wort Genossenschafter kommt im Sprachgebrauch der Bankengruppe nicht vor) zu werden, so ist ein Anteilsschein zu zeichnen bzw. Kapital – wenn auch in geringem Umfang – auf den Tisch zu legen. Das Mitglied wird jährlich zur Generalversammlung seiner lokalen Raiffeisenbank eingeladen und darf – nach Darstellung der Bank – über wichtige Fragen abstimmen und Funktionäre wählen. Was besonders demokratisch klingt bedeutet jedoch, dass Mehrheiten in der Mehrzahl der lokalen Raiffeisenbanken nötig wären, um auf Landesebene Mehrheiten zu erreichen und tatsächlich Einfluss auf die Geschäftsgebarung zu nehmen. Rein formal erscheint die Konstruktion äußerst demokratisch; in der Praxis spielt die Musik jedoch die von den Landesbanken und der RZB gelieferten Noten.

### Beginn im Klassenzimmer der Dorfschule

Es geht im Raiffeisengeldsektor um viel Kohle. Beispiel Raiffeisenlandesbank Oberösterreich: Die Bilanz 2009 weist die Summe der Aktiva mit 29.360.177.123,77 Euro (= 29 Milliarden, 360 Millionen, 177 Tausend, 123 Euro und 77 Cent) aus. Der gesamte Konzern der Raiffeisenlandesbank Oberösterreich erzielte 2009 übrigens stolze 35 Milliarden Euro Aktiva. Die Summen klingen weniger abstrakt, wenn sie mit dem Landesbudget Oberösterreichs verglichen werden. 2009 betrug die Gesamtsumme der Einnahmen des Bundeslandes 4,2 Milliarden Euro. Nun lassen sich Bilanzsummen von Banken und Landesbudgets nicht unmittelbar vergleichen, aber die beiden Ziffern geben eine Ahnung, wo die Macht zu Hause ist.

Ein weiterer Aspekt ist bemerkenswert: Die Eigentümer der Raiffeisenlandesbank Oberösterreich, die lokalen Raiffeisenbanken, agierten noch vor wenigen Jahren für die heutige Bankenwelt höchst unorthodox. Nicht in teuer gebauten Banklokalen mit täglichen Öffnungszeiten wurde gearbeitet, sondern in vielen Ortschaften wurde am Sonntagvormittag ein Klassenzimmer der Volksschule im Dorf gemietet und für zwei Stunden gab es die Möglichkeit Ein- und Auszahlungen vorzunehmen. Die heutige

Situation mit einer Raiffeisenfiliale in der Nähe nahezu jedes Mist-
haufens zeigt die ungeheure Dynamik, mit der die Entwicklung
von der Darlehenskasse zum Allfinanzkonzern über die Bühne
gegangen ist. Zur Erinnerung: Die Rede ist lediglich von der
Bilanzsumme der Raiffeisenlandesbank Oberösterreich – ohne die
anderen Raiffeisensektoren des Bundeslandes im Agrar-, Indus-
trie-, Versicherungs-, Immobilien- und Beteiligungsbereich.

Das Spitzeninstitut der Raiffeisengruppe, die Raiffeisen Zentralbank Österreich AG, kann sich mit seiner Bilanzsumme sehen
lassen: 2008 schrieb der ehemalige Selbsthilfeverein die Bilanzsumme von 156,9 Milliarden Euro in seine Bücher. Auch hier
seien die Ziffern des Budgets der Republik Österreich zum Vergleich genannt: 2008 standen rund 66,9 Milliarden Einnahmen
rund 69,9 Milliarden Ausgaben gegenüber. Hier gilt ebenfalls: Die
Macht liegt dort, wo die Kohle ist.

Wichtiger Player im Raiffeisensektor ist die Raiffeisen Bank
International. Diese Bank war bis vor kurzem eine 70 Prozent
Tochter der RZB, der Rest war Streubesitz und wurde an der Börse
gehandelt. Das Geldhaus ist vornehmlich in Osteuropa tätig und
hat die Krise 2008 stark zu spüren bekommen. Dies zeigt sich
auch an den Bilanzziffern: Wurde 2008 noch eine Bilanzsumme
von 85,3 Milliarden notiert, so reduzierte sich dieser Betrag 2009
auf 76,2 Milliarden Euro. Daraufhin wurden Teile der RZB mit
der Raiffeisen Bank International zusammengeführt. Eigentümer
sind weiters die Raiffeisenlandesbanken sowie jene Aktionäre, die
sich per Börse (Streubesitz) Aktien gekauft haben oder kaufen.

### Einflussreiche Medienmacher

*Als Friedrich Wilhelm Raiffeisen 1862 im deutschen Anhausen
die erste Darlehenskasse im Rahmen seiner Selbsthilfe-Idee für arme
Bauern gründete, konnte er nicht ahnen, dass rund 150 Jahre später der Agrarbereich nur mehr ein relativ kleiner Teil der Raiffeisenorganisation sein würde. Neben verschiedenen Sektoren der Wirtschaft
haben die Giebelkreuzler sich auch die Produktion von Medien und
Öffentlichkeit untertan gemacht.*

Ein wesentlicher Teil der geballten Raiffeisenmacht in Österreich besteht heute in diversen Medienbeteiligungen. Damit wird

Meinung unter die Menschen gebracht und ordentlich Geld verdient. Aktuelles Beispiel: Die Bundesregierung beschließt eine Bankensteuer – der Chef der RZB, Walter Rothensteiner, meint, die Kunden hätten diese Steuer zu begleichen. Die hauseigene Tageszeitung „Kurier" dient als brauchbares Organ und kommentiert am 8. November 2010 im Sinne Rothensteiners: „Die Bankensteuer wird auf alle Fälle in der einen oder anderen Form höhere Kosten für die Kunden bringen."

Hier betrachten wir nur einen Teil des Kuchens – stellvertretend für weitere Aktivitäten des stillen Riesen: Die Medienaktivitäten der Raiffeisen-Holding Niederösterreich-Wien. Kurz gesagt: Für die Nomenklatura genügt ein Anruf, um Neuigkeiten, Positionen oder Äußerungen zu aktuellen Themen unkompliziert über das gesamte Bundesgebiet zu streuen. Nicht nur als Inserenten, sondern auch als Dienstgeber von Chefredakteuren, Herausgebern und Redakteuren treten die Herren aus der Raiffeisenchefetage auf. Nicht nur im Fall der Bankensteuer.

### Sicherung der Meinungsvielfalt?

Ins Gewicht fällt die fette Beteiligung an der Kurier Beteiligungs AG. Gemeinsam mit der RZB und der Uniqa steht eine Mehrheitsbeteiligung in den Büchern der Raiffeisen-Holding Niederösterreich-Wien. Raiffeisen selbst sagt klipp und klar, dass es nicht nur ums Geldverdienen geht: „Für die Raiffeisengruppe geht es bei diesen Engagements darum, den österreichischen Einfluss sowie die Titel- und Meinungsvielfalt zu sichern." Und weiter den „Kurier" betreffend: „Die Kompetenz für Blattlinie und Herausgeberschaft liegt ausschließlich im Bereich der österreichischen Eigentümer." (www.raiffeisen.at) Nun ist es nicht ungewöhnlich in unserem Wirtschaftssystem, dass der Eigentümer eines Mediums in großen Zügen sagt, wo es lang geht. Das Besondere an der Raiffeisenspitze besteht darin, dass sie dezent aus dem Hintergrund agiert und Herausgeber ebenso wie Chefredakteure auswählt, die von sich aus wissen, was sie zu tun haben.

Über zwischengeschaltete Gesellschaften ist die Kurier Zeitungsverlag und Druckerei GmbH an der News-Gruppe mit Titeln wie „News", „Profil", „Format" oder „Trend" beteiligt. Frage an gelernte Österreicherinnen und Österreicher: Weshalb erscheinen in Medien, die mehr oder weniger direkt der Raiffeisengruppe zugeordnet werden können, praktisch keine Texte, die ausreichend über Raiffeisen informieren oder gar die Praktiken des Konzerns kritisch unter die Lupe nehmen?

### Auch im Fernsehbereich aktiv

Raiffeisen kann quasi nicht nur gelesen werden, es gibt die Giebelkreuzler auch zum Schauen: SAT1 Österreich flimmert mit Raiffeisenbeteiligung über die Fernseher. Die Medicur Holding GmbH, eine Raiffeisentochter, ist zu 33,24% an der SAT1 Privatrundfunk und Programmgesellschaft m.b.H. beteiligt. Spärlich aber doch: Auch auf Privatsendern laufen Nachrichtensendungen. Wird beispielsweise irgendwo über das harte Los der Gutsbesitzer als Bezieher von EU-Agrarsubventionen debattiert, darf davon ausgegangen werden, dass die Medienagenten Marke Giebelkreuz dafür sorgen, dass Positionen verlautbart und verbreitet werden, die den Interessen der Großagrarier entsprechen. Weiters wird mitgemischt in der APA Austria Presse reg. Gen.m.b.H., in der „Mediaprint" und im „Krone Hit Radio".

Wer glaubt, der öffentlich-rechtliche Rundfunk Österreichs, ORF, käme ohne Raiffeisen aus, irrt. Raiffeisen ist über die Medicur an der ORS, Österreichische Rundfunksender GmbH & Co KG, beteiligt. 40 Prozent der Gesellschaft, die von über 500 Sendeplätzen aus die Funkwellen in den Äther schickt, befinden sich im Eigentum der „Bauern-Selbsthilfe-Organisation".

### Weg mit Schaden

Auch im Freien gab es bis vor kurzem in Stadt und Dorf vor Raiffeisen kein Entrinnen: Die Epamedia klebte Plakate in die Landschaft. Eigentümer war zu 100 Prozent die bereits erwähnte Medicur Holding GmbH, die wiederum zu 50 Prozent der Raiffeisen-Holding Niederösterreich-Wien, zu 25 Prozent der Uniqa Versicherung und zu 25 Prozent der RZB gehört hat. Als Geschäftsführerin der Epamedia agierte bis zum Verkauf Ende 2012 die frühere ORF-Generalintendantin Monika Lindner. Die Plakat-Pickerei lief in großem Stil: Insgesamt war die Epamedia mit Tochterfirmen in zehn Ländern tätig. Allerdings wurde zuletzt ein Minus in der Höhe von 90 Millionen Euro eingefahren, das zum Teil durch Quersubventionen wieder wettgemacht wurde. Zum Beispiel mit Hilfe einer Plakatkampagne der Raiffeisentochter Agrana, in der die Vorzüge der Marke Wiener Zucker im Vergleich zu künstlichen Süßstoffen flächendeckend in Niederösterreichs Dörfern propagiert wurden. Schließlich ist die Mediendompteuse doch gescheitert. Das Unternehmen wurde an einen slowakischen Investor veräußert.

Ein weiteres wesentliches Medium in Niederösterreich sind die NÖN (Niederösterreichische Nachrichten) als nahezu flächendeckend verbreitete Wochenzeitung. Daran ist die Raiffeisen-Holding Niederösterreich-Wien ebenfalls massiv beteiligt. Ähnlich gelagert ist die Presselandschaft in Oberösterreich. An der Oberösterreichischen Rundschau, ebenfalls eine Wochenzeitung, deren Haupteigentümer in Passau sitzt, ist wiederum die Raiffeisen-Holding Oberösterreich beteiligt.

Die exemplarisch angeführten Medien-Unternehmen stellen lediglich einen Teil des Engagements der Raiffeisen-Holding Niederösterreich-Wien dar, so wie diese nur einen Teil der gesamten österreichischen Raiffeisengruppe repräsentiert. Neben den Medien beschäftigt die Raiffeisen-Holding Niederösterreich-Wien sich mit den Sparten Allfinanz, Industrie, Dienstleistungen und Immobilien.

### Als Geldgeber am Drücker

Die Raiffeisengruppe muss übrigens nicht unbedingt als Eigentümer agieren, um Macht auszuüben. Erstens genügt die Finanzierung von Medienprojekten, um als Kreditgeber ausreichenden Einfluss auf redaktionelle Inhalte auszuüben. Die auf Kreditbasis gegründete und zum Großteil gratis verteilte Tageszeitung „Österreich" scheint ein derartiger Fall zu sein. Zweitens ist die Bedeutung von Raiffeisen als mit Abstand größter Anzeigenkunde der Print- und elektronischen Medien nicht zu unterschätzen. Ein Faktum, dem in „vorauseilendem Gehorsam" in den Chefredaktionen Rechnung getragen wird. Um positiv zu bilanzieren, müssen rund 70 Prozent der Einnahmen einer Tageszeitung aus Inseratenerlösen stammen. Der Verkauf des jeweiligen Blattes reicht bei weitem nicht aus.

## Kleinbauern als Feigenblatt

*Das große Geheimnis weshalb Reiche immer reicher werden, besteht im einfachen Trick, dass sie von den Finanzämtern auf entsprechender gesetzlicher Grundlage besonders steuerschonend behandelt werden. Das trifft insbesondere auf die Landes- und Zentralbanken der Raiffeisenorganisation zu, wie Hans Weiss im „Schwarzbuch Landwirtschaft – Die Machenschaften der Agrarpolitik" haargenau nachgewiesen hat.*

Die Publikation von Weiss wäre keine schlechte Pflichtlektüre für die Kollegen der aktuellen Medien, die durchwegs in der Hand von Privatunternehmern sind oder – wie der ORF – aus Parteizentralen gesteuert werden. Im „Schwarzbuch Landwirtschaft" zeigt ein wirklich unabhängiger Autor, worin substanzielle Recherche besteht und wo es in einem der wichtigsten Wirtschaftssektoren des Landes krankt.

In acht Kapiteln wird der Agrarsektor nach allen Regeln der Kunst tranchiert und seine Steuer-„Gene" zu Tage gefördert: Es ist die schier unauflösliche Verquickung von Großbauern und Großagrariern mit der Dreieinigkeit von ÖVP-Bauernbund, Landwirtschaftskammern und Raiffeisen, die dafür sorgt, dass die Landwirtschaft in Österreich eigenen Gesetzen gehorcht, die mit den im Parlament beschlossenen Rahmenbedingungen herzlich wenig zu tun haben. Begünstigt wird diese Ausnahmesituation durch die Tatsache, dass die „Strippenzieher" durchwegs aus der ÖVP stammen und da und dort aufgrund von Mehrfachfunktionen sich selbst beauftragen.

### Echte Bauern als Verschubmasse

Die Masse der Kleinbauern, die weiter dem ungebrochenen Bauernsterben (allein zwischen 1995 und 2007 betrug das Minus 21,8 Prozent oder pro Tag 12 Betriebsschließungen) ausgesetzt sind, dienen bloß als Verschubmasse, um dafür zu sorgen, dass vor allem dort Tauben zufliegen, wo sich bereits welche aufhalten. Weiss schreibt, dass derzeit rund 160.000 Agrarbetriebe existieren; davon werden 100.000 im Nebenerwerb geführt.

Wörtlich heißt es weiter: „Jahr für Jahr zeigt sich, dass etwa vier Fünftel aller Subventionen der Raiffeisendominierten Lebensmittelindustrie, Agrarfabriken, Großbauern, Adeligen, Reichen und Agrarfunktionären zugute kommen. Lediglich ein Fünftel geht an die kleinen Bauern." (S. 32) 2008 handelte es sich um den stolzen Betrag von 2,213 Milliarden Euro von der EU sowie von Bund und Ländern.

Wer hätte gedacht, dass Personen wie Dietrich Mateschitz (Red Bull), Ferdinand Piëch (VW-Porsche) oder Siegfried Wolf (früher Magna, jetzt in Russland aktiv) zehntausende Euro aus der Agrarförderung – zum Teil „zur Sicherung des Lebensunterhalts" – zufließen, ohne dass sie diese Transferzahlungen zurückweisen? Stark im Nehmen sind laut Weiss' Dokumentation Reiche aller Art (darunter neben allen Raiffeisenfirmen, die im Nahrungsmittelbereich aktiv sind, Unternehmerfamilien wie Kahane, Rauch oder Rupp) nach dem alten römischen Prinzip: Geld stinkt nicht!

### Drunter und drüber im „Feinkostladen"

Dem Autor gelingt es, jede Menge von Ungereimtheiten in der gesamten heimischen Agrarpolitik dingfest zu machen. Das reicht von der Denaturierung der Produktion, geht über die Aneignung der Allmende (dem öffentlichen Eigentum in Landgemeinden) durch Agrargemeinschaften (in Tirol wurde ein Fünftel der Landesfläche auf diese Weise verschoben) oder der Monopolisierung der Zuckerproduktion durch Raiffeisen und endet bei der Tatsache, dass die meisten Gütesiegel für die Lebensmittelkennzeichnung eine Irreführung der Konsumenten darstellen.

Das 2011 veröffentliche Buch beruht im Wesentlichen auf Zahlen aus dem Jahr 2008. Dennoch liefert es einen erstaunlich präzisen Beitrag zu einem Thema, das uns allen derzeit auf den Nägeln brennen sollte. Die Tatsache, dass den europäischen Staaten (samt Österreich) das Geld auszugehen scheint, weil sie die Banken und den Euro stabilisieren mussten und müssen. Deshalb wird massiv in die Sozial- und Bildungstöpfe gegriffen und die Forderung „Wir zahlen nicht für eure Krise" zu Makulatur. Weiss liefert insofern einen unschätzbar wertvollen Beitrag zu dieser Diskussion, indem er nachweist, weshalb die Steuertöpfe leer sind.

Das ist der Fall, weil die großen Unternehmen im Allgemeinen und die Finanzinstitute im Besonderen fast keine Steuern mehr zahlen. Weiss schreibt unter Berufung auf die Arbeiterkam-

mer: „Die Gewinne der 580 größten österreichischen Kapitalgesellschaften sind im Zeitraum 2005 bis 2007 um 38 Prozent
gestiegen und der Steuersatz ist von 21 auf siebzehn Prozent gefallen. Noch drastischer ist die Entwicklung bei den österreichischen
Banken. Deren Gewinne sind im Durchschnitt um rund 24 Prozent gestiegen und der Steuersatz ist um vier Prozent gefallen – auf
ein Tief von nur noch sieben Prozent." (S. 111)

*Bluten für Raiffeisen*

Den Vogel abgeschossen hat in diesem Punkt laut Weiss die
Raiffeisenorganisation. Sie vereint eine ganze Reihe von Staats-
meistern im Wettbewerb der Steuerminimierer und/oder -vermei-
der. Der Autor schreibt: „In den Jahren 2006 bis 2008 verbuchten
alle österreichischen Raiffeisen-Landesbanken (ohne RZB und RI)
zusammen Gewinne in der Höhe von rund 1,9 Milliarden Euro.
Dafür bezahlten sie Steuern in der Höhe von rund neunzehn Millionen Euro. Das ergibt einen Steuersatz von exakt einem Prozent." (S. 109)

In dem Zusammenhang weist Weiss die Raiffeisenlandesbank Niederösterreich-Wien als Champion der Steuervermeidung
aus. Sie schaffte es, in dem genannten Zeitraum bei einem Gewinn
von 739 Millionen Euro keinen Groschen Steuer zu zahlen; vielmehr erhielt sie eine Gutschrift (Negativsteuer) über 21,6 Millionen Euro! Unter diesen Umständen ist es weiter kein Wunder,
dass der Staat am Hungertuch nagt und die Kleinbauern und die
Mehrheit der Steuerzahler für Raiffeisen bluten müssen. (Hans
Weiss, „Schwarzbuch Landwirtschaft – Die Machenschaften der
Agrarpolitik", Deuticke Verlag, Wien 2010)

### Österreich isst Raiffeisen

*Wenn an dem Kalauer etwas dran ist, dass der Mensch ist, was er
isst, dann steckt in jeder Österreicherin, in jedem Österreicher Raiffeisen. Niemand kommt in diesem Land in der Nahrungsaufnahme um
Produkte aus dem Reich des Giebelkreuzes herum.*

Zu allgegenwärtig ist die Präsenz der Genossenschaft und
ihrer Tochterunternehmen in der agrarischen Produktion, im
Großhandel und der industriellen Verarbeitung von Nahrungs-

mitteln, als dass man überleben könnte, ohne an dem Konzern anzustreifen.

Zwar lebt der Mensch nicht von Brot allein; aber es hat weiterhin einen zentralen Stellenwert in der Ernährung der meisten Individuen. In der unmittelbaren Versorgung mit Brot und Gebäck durch Bäckereigewerbe und Industrie spielt Raiffeisen, vom einschlägigen Umsatz in den Endverbrauchermärkten der Lagerhauskette abgesehen, keine Rolle. Dafür hat der Konzern nahezu ein Monopol beim Aufkauf der Getreideernten und ihrer Verarbeitung in den Mühlen des Landes. Auf seiner Homepage trumpft der Raiffeisenverband damit auf, dass die Raiffeisenlagerhausgruppe für die „Übernahme und Verwertung von zwei Dritteln der Getreideernte und anderer Feldfrüchte" sorgt.

Was unter Übernahme zu verstehen ist, liegt auf der Hand: Es geht um den Ankauf der Ernte von möglichst vielen Körndlbauern. Sie verfügen im Gegensatz zu den Milchbauern, bei denen zahlenmäßig nach wie vor Kleinbetriebe mit ihrer Sorge um den fallenden Erzeugermilchpreis dominieren, in der Regel über größere Betriebe mit ausreichender Stehkraft, um sich nicht mit Haut und Haar dem Genossenschaftsverbund auszuliefern, der sich der „Übernahme von 95 Prozent der in Österreich angelieferten Milch" rühmt.

### Starke Stellung im Mühlenbereich

Damit die Bäume nicht in den Himmel wachsen und die Körndlbauern nicht zu viel fremdgehen, hat Raiffeisen jedoch darauf geachtet, möglichst viele Mühlen zu beherrschen, die das Getreide zu brauchbaren Rohstoffen (diverse Mehlsorten, Gries usw.) für Nahrungsmittelgewerbe und -industrie verarbeiten. Die Mühleninteressen von Raiffeisen sind weitgehend in der Leipnik-Lundenburger Beteiligungs AG (LLI) gebündelt, an der allein die Raiffeisen-Holding Niederösterreich-Wien eine Beteiligung von 56,8 Prozent hält.

Auf der bis vor kurzem schlecht gepflegten Homepage, in der auf eine angealterte Bilanz Bezug genommen wurde, reihte der Konzern sich im Mühlenbereich unter die „Top Five der Welt" (mittlerweile Nummer 4) ein und bezeichnete sich als Marktführer in Europa. Zur heimischen Präsenz hieß es wörtlich: „In Österreich betreibt die LLI Euromills mit der ‚Ersten Wiener Walz-mühle' in Schwechat die größte Mühle des Landes. Sie verfügt über eine tägliche Verarbeitungskapazität von 450 Tonnen Wei-zen, 110 Tonnen Roggen und 130 Tonnen Hartweizen (Durum). Die seit 1771 bestehende Farina-Mühle in Graz wurde von der LLI im Jahr 2000 übernommen. Die von der ebenfalls im Jahr 2000 akquirierten Tochtergesellschaft Schmid-Mühle Betriebs GmbH (nunmehr Rannersdorfer Bio Mühlen GmbH) geführte Bio-Mühle Rannersdorf hat sich bereits vor mehr als 25 Jahren auf die Verarbeitung von Biogetreide spezialisiert. Im Rahmen eines 50/50-Joint Ventures mit der Tiroler Rauch-Mühle wird die ‚Fritsch & Rauch Mühle' in Salzburg bedient. In Summe wird mit den genannten Produktionsstandorten ein Marktanteil von rund 26 Prozent erreicht und damit die führende Stellung in Österreich eingenommen."

### Nur mehr ein Zuckerbaron

Führende Stellung ist gut; totale Marktbeherrschung ist bes-ser! – Auch damit kann die LLI dienen. Und zwar über eine Min-derheitsbeteiligung an der Agrana, die über diverse Töchter zu 100 Prozent in der Hand von Raiffeisen ist und (neben der Produk-tion von Stärke- und Fruchtsaftkonzentrat) die gesamte heimische Zuckerindustrie beherrscht. In den 1970er- und 1980er-Jahren wurden die Industriellen der Branche in der KPÖ-Tageszeitung „Volksstimme" als Zuckerbarone bezeichnet – offenbar wegen ihrer feudalen Macht gegenüber den Rübenbauern und den Absprachen im Fall von Preiserhöhungen.

Unterdessen existiert mit Generalanwalt Christian Konrad bzw. seinem Nachfolger und RZB-Chef Walter Rothensteiner nur mehr ein Exemplar dieser Spezies: Die gesamte Erzeugung von Zucker in Österreich wurde in der Hand der Agrana konzentriert und die Zahl der Produktionsstätten von sieben auf zwei reduziert. Angefangen von den Kontrakten mit den Rübenbauern über das Ausmaß des Rübenanbaus über die Zucht der Zuckerrübensamen bis zur Portionsverpackung von Zucker hält die Agrana alles in einer Hand, was mit diesem Geschäftsfeld zusammenhängt.

Die europäische Zuckerindustrie dürfte es an sich gar nicht geben. Da Zucker in anderen Regionen der Welt aus Zuckerrohr statt aus Zuckerrüben wesentlich ökonomischer erzeugt werden kann, ist sie nur mit Hilfe eines extremen Marktschutzes überlebensfähig. Dieser Schutz vor Importen aus dem Ausland richtet sich vor allem gegen unterentwickelte Länder etwa in der Karibik, die quasi zum Ausgleich immer weniger Entwicklungshilfe erhalten. Die europäische Zuckerindustrie ist eng verflochten und gibt den Rübenbauern als agrarische Produzenten den Takt bzw. Anbauquoten vor, seit die EU nicht mehr Subventionen für Exporte locker macht. Mit ihnen konnten früher sogar die Preise billiger produzierender Konkurrenten am Weltmarkt unterboten werden. Konrad nimmt (derzeit noch) nicht nur Aufsichtsratsspitze in der Agrana wahr, sondern sitzt überdies im Aufsichtsgremium der deutschen Südzucker und der französischen Saint Louis Sucre, den beiden größten Zuckerproduzenten in Europa.

Abgesehen von der Milchverwertung, die im nächsten Abschnitt behandelt wird, existiert ein breites Netz von Unternehmensbeteiligungen, das die Raiffeisenkernbereiche – speziell Landesbanken und Zentralbank – im Nahrungsmittelbereich aufgebaut haben. Hans Weiss schreibt im „Schwarzbuch Landwirtschaft", dass die einzelnen Landesbanken „weltweit an mehr als tausend" oder in manchen Fällen „an rund tausend Firmen" beteiligt sind. Das Eigentum der Giebelkreuzler beschränkt sich nicht bloß auf Renommierprojekte wie das Looshaus am Wiener Michaeler Platz oder eine mittlerweile mehr als 50-prozentige Beteiligung am Baukonzern Strabag SE, der wie Raiffeisen seit dem Fall des Eisernen Vorhangs im europäischen Osten besonders aktiv ist.

### Vom Gulasch bis zum Fisch

Hand aufs Herz! – Hätten Sie gedacht, dass Raiffeisen bei Do & Co, dem Demel-Betreiber und Formel-1-Caterer, bei Inzersdorfer und den Salinen Austria das Sagen hat? – Der Arm des Konzerns reicht überdies in sämtliche Ebenen der österreichischen Gastronomie: Mit Cerny als Fischlieferant, Gourmet Catering-Service für die Betriebskantinen, Kantera als Anbieter von Kärntner Rohrwurst-, Speck- und Nudelspezialitäten, Landhof als bedeutender Wurst- und Schinkenhersteller, Loidl als Salami- und Rohwurstspezialist ... Gebündelt ist ein Teil dieser Aktivitäten in der Vivatis Holding der Raiffeisen-Holding Oberösterreich, die sich „als führenden Hersteller von Nahrungsmitteln in Mitteleuropa" betrachtet. Gleichgültig in welchem Bereich: Das Land Österreich ist Raiffeisen längst zu klein geworden. Der Konzern agiert jenseits der Grenzen und ist in der Expansion der Europäischen Union regelmäßig um eine Nasenlänge voraus.

### Wie kommt die Milch ins Regal?

*Der Raiffeisenkonzern stützt sich neben seinen weit reichenden Beteiligungen in den Bereichen Nahrungsmittelindustrie, Versicherungen und Medien auf die Säulen einer Dreifaltigkeit: Erstens Geld, zweitens den Warenhandel am Land und drittens die Verarbeitung von Agrarprodukten. Die stärkste Position auf all diesen Gebieten nimmt das Giebelkreuz im Molkereiwesen ein.*

Die Raiffeisenmolkereigruppe wird auf der Homepage des Raiffeisenverbands u. a. mit folgenden Basisdaten präsentiert:
–   131 Molkereien und sonstige Milchverwertungsunternehmen
–   Übernahme von 95 Prozent der in Österreich angelieferten Milch
–   99 Prozent Marktanteil bei Frischmilch
–   95 Prozent Marktanteil bei Butter
–   80 Prozent Marktanteil bei Fruchtjoghurt
–   85 Prozent Marktanteil bei Schnittkäse
–   66 Prozent Marktanteil bei Hartkäse
Nach diesen Zahlen nimmt Raiffeisen am Milchsektor eine einzigartige Monopolstellung ein. Diese Position wurde entgegen anders lautenden Befürchtungen durch den EU-Beitritt der Alpenrepublik keineswegs geschmälert. Vielmehr haben die heimischen Molkereien nach wie vor die Nase mit Abstand vorn. Insofern war die Bereitschaft heimischer Großbetriebe verfrüht, sich an der Schwelle zur EU und kurz danach an die Brust ausländischer Milchriesen zu schmeißen. Mit knapper Not hat damals die Niederösterreichische Molkerei (NÖM AG) den Hals aus der Schlinge der italienischen Parmalat-Pleite gezogen, nachdem das Aufgebot unter der Führung des italienischen Partners bereits bestellt war.

*Widerstand unter den Milchbauern*

Die heimischen Milchbauern mit kleinen bis mittleren Betriebsgrößen haben von der einzigartigen Marktstellung von Raiffeisen in der Milchproduktion herzlich wenig. Die in der IG Milch organisierten Widerstandsgeister machten wiederholt mit Protestaktionen darauf aufmerksam, dass der Milchgroschen mit rund 35 Cent immer wieder weit unter dem für ihre Existenz erforderlichen Niveau von 45 Cent liegt. Die Spitzeninstitute der Genossenschaften redeten sich auf den enormen Preisdruck aus, den die Handelsketten wie Billa/Merkur/Penny, Spar oder Hofer ausüben.

Wenn es eine Berechtigung für das ökonomische Machtkonzentrat gibt, das der Milchsektor von Raiffeisen darstellt, kann sie nur in der konsequenten Durchsetzung der Interessen der Genossenschaftsmitglieder bestehen. Dieser Gesichtspunkt wird jedoch nur beschworen, um den Milchbauern im Molkerei-Bereich die Auflösung kleiner und überschaubarer Einheiten zugunsten der Konzentration und Zentralisation der Verarbeitung schmackhaft zu machen. Jüngst hat die Berglandmilch als zweitgrößtes Unternehmen der Branche, die relativ große Tirol Milch und die relativ kleine Stainz Milch geschluckt. In der existenziellen Milchgroschen-Frage verzichtet die Verbandsspitze hingegen darauf, die Muskeln ihrer Marktmacht nicht nur spielen zu lassen sondern auch zu zeigen.

Als Rohstoff stellt Milch die Grundlage dafür dar, dass die Molkereien durch ihre Weiterverarbeitung zu noch hochwertigeren Produkten wie Butter, Käse, Joghurt usw. zusätzliche Erlöse erzielen können. Würden die Genossenschaften im Sinn ihrer Mitglieder funktionieren, müsste ihnen mindestens ein Teil dieser Zusatzerlöse zugute kommen.

*Gut für die Optik*

Der Konzentrationsprozess in der österreichischen Milchwirtschaft wurde anlässlich des EU-Beitritts besonders forciert. Das lässt sich an der Geschichte der Berglandmilch ablesen. Die registrierte Genossenschaft wurde aus dem Zusammenschluss von sechs Molkereien mit 27 Standorten in Oberösterreich, Niederösterreich, Steiermark, Kärnten und Burgenland gebildet. Folgende Betriebe und Niederlassungen kamen dabei unter einen Hut:

– Schärdinger Landmolkerei (Ried im Innkreis, Taufkirchen, Münzkirchen, Geinberg, Peuerbach, Feldkirchen)

– Linzer Molkerei (Milchhof Linz, Bad Leonfelden, Pregarten)

– Milchunion Alpenvorland (Steyr-Garsten, Baumgartenberg, Königswiesen)

– Bäuerlich Milchunion Kärnten (Klagenfurt, Wolfsberg, St. Veit a. d. Glan, Völkermarkt)

– Milchverarbeitung Desserta (Graz, Feldbach, Fürstenfeld, Güssing, Hartberg, Leoben, Voitsberg, Weiz)

Als die Berglandmilch die operative Tätigkeit zum Jahreswechsel 1995/1996 aufnahm, kamen auch die Milchaktivitäten und Marken der AMF (Austria Milch- und Fleischvermarktung reg. Gen. m. b. H.) unter ihre Verantwortung. Dazu zählen bekannte Namen wie Desserta, Alpiland, Agrosserta, Schärdinger, Jogurella, Berghof, Sirius usw. In der Folge wurde auf Teufel komm heraus rationalisiert: Von den 27 Produktionsbetrieben wurden 20 geschlossen. Derzeit wird in den Werken Geinberg, Feldkirchen, Garsten, Aschbach, Voitsberg, Klagenfurt, Wels und Rohrbach produziert. Ein zusätzliches Unternehmen wurde mit dem Rottaler Milchwerk in Bayern gekauft.

### Zwei Riesen im Milchsektor

Obwohl Schärdinger die Renommier- und Traditionsmarke der Berglandmilch ist, tut sich herstellungsmäßig in Schärding längst nichts mehr. Die Marke geht auf die Erfolgsstory der 1900 gegründeten Schärdinger Teebutter-Zentrale zurück, die schließlich österreichweit als Verkaufsgenossenschaft agiert hat. 1990 ging sie im Zuge der EU-Beitrittsvorbereitungen in der AMF auf, um von Berglandmilch wieder wach geküsst zu werden.

Diesem Konzern steht mit der NÖM ein zweiter – für hiesige Verhältnisse – ebenfalls ausgesprochener Riese gegenüber, der vor gar nicht langer Zeit aus einer Existenzkrise gerettet werden musste. Nun blüht das Unternehmen wieder und setzt spektakuläre Auslandsaktivitäten am Milchsektor mit einem fragwürdigen Engagement etwa in England. Dass die beiden Milchkonzerne weiter getrennt marschieren, dürfte mit divergierenden regiona-

len Interessen der Länderorganisationen von Raiffeisen und Eifer-
süchteleien der Spitzenprotagonisten zu tun haben. Außerdem
ist es gut für die Optik: Da ohnehin alles sich in der Hand von
Raiffeisen befindet, macht es eine weiße Pfote, wenn die Monopolstellung der Organisation durch die Vorspiegelung einer Wett-
bewerbssituation zwischen zwei Tochterfirmen verschleiert wird.
Und kleine Genossenschaften haben damit immerhin die Wahl,
ob sie sich im Fall des Falles – wenn es sich geografisch ausgeht –
entweder der Berglandmilch oder der NÖM an die Brust werfen.

### Auf der Westbahn unterwegs

*Der Raiffeisenkonzern stützt seine ökonomische Macht nicht nur
auf eigene Aktivitäten in den Bereichen Finanzwirtschaft, Verarbeitung und Vermarktung von Agrarprodukten, umfassende Belieferung
der Bauern mit Produktionsmitteln und der Landbevölkerung mit
Bedarfsgütern aller Art.*

Er verfügt ferner direkt oder über seine Teilorganisationen
über mehr als 1.000 Beteiligungen, mit deren Hilfe das Giebelkreuz in allen wesentlichen Sektoren der Wirtschaft präsent ist
und/oder am Profit partizipiert.

Das umfassende Beteiligungssystem von Raiffeisen eignet
sich vorzüglich zur Intensivierung der eigenen Geschäfte. Denn
die jeweiligen Partner benötigen Kredite, Versicherungen,
Gebäude, Fahrzeuge usw. – durchwegs Güter und Dienstleistungen, die Raiffeisentöchter im Sortiment haben. Zusätzlich zählt
der Konzern zu den heimischen Oligarchen, wenn man darunter
diejenigen Unternehmer bzw. Unternehmen versteht, die von der
Privatisierung der Verstaatlichten und anderer staatlicher Betriebe
am meisten profitiert haben. Beispielsweise ist es der Raiffeisenlandesbank Oberösterreich gelungen, eine Sperrminorität an der
und die Konsortialführung in der VÖEST sowie zusammen mit
Hannes Androsch die totale Herrschaft über die Salinen Austria
zu ergattern.

Nach der weitgehenden Entstaatlichung der Schwer- und
Elektroindustrie, die für private Großanleger ein gefundenes Fres-
sen war, der Teilprivatisierung von Post und Telekom sowie der
Versenkung/Verschenkung der AUA sind die Bundesbahnen einer

der letzten ganz großen Brocken, der unter weitgehender staatlicher Kontrolle steht, wenn auch die ÖBB als AG konstituiert sind. Da die Bundesbahnen viel zu groß erscheinen, um von einem Privatunternehmen allein gestemmt zu werden, reizt es Anleger, einzelne Gustostücke herauszulösen und sich einzuverleiben.

### Als Fahrdienstleiter unterwegs

In dieser Richtung setzt Raiffeisen nun einen ersten Schritt – zwar nicht direkt, aber über den Umweg über Hans Peter Haselsteiner, dem Chef der Strabag. An dem Baukonzern sind die Giebelkreuzler zu mehr als 50 Prozent beteiligt. Zusammen mit der französischen Staatsbahn und zunächst dem ehemaligen ÖBB-Vorstand Stefan Wehinger, der bald nach dem Start wieder ausgestiegen ist, betreibt der Bau-Tycoon seit Ende des Jahres 2011 mit eigenen Zugsgarnituren den Verkehr auf der Stammstrecke der Westbahn zwischen Wien und Salzburg.

Ein Lokalaugenschein – kurz bevor das Experiment gestartet wurde – an einem späten Freitagnachmittag zwischen Salzburg und Wien ließ erkennen, dass die private „Westbahn" keine schlechte Idee ist. Die ÖBB sorgten an dem Tag wegen starker Verspätung eines Fernzugs aus Basel für eine Überfüllung in sämtlichen Zügen in Richtung Wien, die in diesem Zeitfenster verkehrt haben. Das Gros der Tages- und Wochenpendler unter den Passagieren schien diese Verhältnisse gewohnt zu sein. Jedenfalls wurde ohne großes Murren – allerdings untermalt mit zynischen Kommentaren – hingenommen, dass Reisende gänzlich abgewiesen oder aufgefordert wurden, von Schnell- auf Eil- und von Eil- auf Lokalzüge umzusteigen, weil anders nicht weiterzukommen sei.

Seit 11. Dezember 2011 lässt Haselsteiner die Strecke mit sieben Zugsgarnituren befahren; die Fahrzeit beträgt bei insgesamt sieben Stationen 2 Stunden und 20 Minuten; der Fahrpreis entspricht dem ÖBB-Tarif mit Vorteilscard. Geboten werden ein Bistro und nach Geschlechtern getrennte Toiletten. Bereits im ersten Betriebsjahr rechneten die Neoeisenbahner mit 5 Millionen Passagieren. Bei Gesamtinvestitionen von 120 Millionen Euro wurde die Gewinnzone 2014/15 angepeilt. Alles zusammen ein Musterbeispiel für ein konkurrenzfähiges Angebot, mit dem die ÖBB bisher allerdings mithalten können. Es fragt sich allerdings wie es weitergeht, falls der „Westbahn" zusätzliche Konzessionen für attraktive Strecken erteilt werden.

Man kann davon ausgehen, dass Wehinger die 60 Millionen Euro für seine Beteiligung an dem Unternehmen nicht in der Portokasse hatte. Und Haselsteiner dürfte überhaupt gewohnt sein, kein eigenes Geld aufs Spiel zu setzen, sondern Risiken – wenn schon nicht gänzlich auszulagern – zumindest zu teilen. So gesehen, würde es nicht wundern, wenn die Raiffeisenspitze dieses Politprojekt für neue Wege zur Privatisierung nicht bloß aus der Ferne beobachtet, sondern mit Krediten im Spiel ist.

### Bures' Verzicht auf Verkehrspolitik

Dass es sich dabei um eine aussichtsreiche Option für die Verwertung von überschüssigem Kapital handelt, das vorübergehend nicht in der Produktion angelegt werden kann, liegt insofern auf der Hand, als die Bundesbahnen spätestens seit der Machtübernahme durch die schwarz-blaue Koalition in Österreich ausgeschlachtet wird wie eine Gans, die goldene Eier legt. Mit der Berufung von Mitgliedern der heimischen Bauwirtschaft an die Spitze von Vorstand und Aufsichtsrat der Bundesbahnen hat der Anfang vom Untergang begonnen, dem auch SPÖ-Infrastrukturministerin Doris Bures nichts entgegenzusetzen hat.

Statt in die Optimierung des Schienenverkehrs (Strecke und rollendes Material) zu investieren, um den Wunsch der Fahrgäste zu erfüllen, möglichst rasch von A nach B zu kommen, wurde ein Programm für den Neubau der Bahnhöfe gestartet. Es brachte und bringt nahezu allen Landeshauptstädten überschüssige Einkaufszentren und der Bundeshauptstadt gleich zwei Großbaustellen. – Die enorme Kostenbelastung der ÖBB, um Handelsketten aller Art eine Freude zu bereiten, ist ein Fressen sowohl für die Kredit- als auch die Bauwirtschaft. Schaut man sich um, welche Firmen dabei zum Zug kommen, wird man feststellen: Die Strabag ist immer dabei!

Hier zeigt sich ein seltsamer Zirkel: Die Beträge, die von den ÖBB Strabag-Chef Haselsteiner in den Rachen geworfen werden, nützt dieser konsequent, um dem Auftraggeber mit der „Westbahn" um die Nase zu fahren. Komischerweise scheint bisher niemandem aufgefallen zu sein, dass das ÖBB-Unglück zwar mit der

Berufung von Bau- statt Bahnexperten Martin Huber an die Vorstandsspitze begonnen hat, aber mit der Ernennung von Horst Pöchhacker als Vorsitzendem des Aufsichtsrats und Nachfolger von Eduard Saxinger keineswegs beendet wurde.

Bleibt es beim neoliberalen Kurs in der österreichischen Wirtschafts- und Budgetpolitik, ist abzusehen, dass die ÖBB früher oder später verpflichtet werden, ihren Schuldenberg durch die Einsparung von Transportleistungen und die Privatisierung profitabler Geschäftsfelder abzubauen. Für diesen Fall einer Strategie der ÖBB-Sanierung durch Zusperren scheinen Haselsteiner und Raiffeisen – quasi als schreckliche Zwei – gut gerüstet zu sein.

### Ein Auto ist kein Maiskolben

*Zum Erfolg im Geschäftsleben gehört, nichts auszulassen, was Geld einbringt. Nach diesem Grundsatz sind die Lagerhäuser im Rahmen der Raiffeisenorganisation unterwegs.*

Die Einrichtungen für das Landmaschinen-Service werden etwa genutzt, um auch kommunalen Unternehmen und Privatpersonen Reparaturen anzubieten. Einzelne Standorte verfügen über Autohandelsverträge und agieren als Vertragswerkstätten einzelner Pkw-Marken.

Sind je Proteste der Österreichischen Wirtschaftskammer wegen der „Schmutzkonkurrenz" laut geworden, die Raiffeisen für die heimischen Autohändler und Kfz-Werkstätten darstellt? Wurde seinerzeit bei jedem Kübel Blumen, der in einer Filiale der Konsumgenossenschaft aufgestellt wurde, der Tod des Gärtnergewerbes an die Wand gemalt, schweigen heute Bundesgremium Fahrzeughandel und Bundesinnung der Kfz-Techniker zur Tätigkeit der Lagerhäuser auf ihrem ureigensten Sektor.

Die Raiffeisen Ware Austria AG (RWA) bezeichnet sich als „das Großhandels- und Dienstleistungsunternehmen der Lagerhausgenossenschaften". Sie verkörpert nach Eigendefinition eines der größten Handelsunternehmen Österreichs und ist vor allem im Handel mit Agrarprodukten und landwirtschaftlichen Betriebsmitteln, Baustoffen, dem Baumarktgeschäft und dem Energiehandel tätig. RWA hält Beteiligungen in Österreich sowie in der

CEE-Region (Central and Estern Europe). 2010 erwirtschaftete der RWA-Konzern Umsatzerlöse von knapp zwei Milliarden Euro.

*Vielfältig unterwegs*

Zur RWA gehören neben dem Sitz in Wien Kommissionier- und Ersatzteillager in Traun und Korneuburg sowie Saatgutproduktionsanlagen und Getreidelager in Lannach und Korneuburg. Zu den wesentlichen Inlandsbeteiligungen der RWA zählen Garant, Genol, Frisch & Frost und Ybbstaler. (Der Fruchtsaftproduzent wurde mittlerweile mit der ebenfalls Raiffeisen eigenen Agrana Juice Holding fusioniert.) In Kroatien, Slowenien, Tschechien, der Slowakei und Ungarn ist die RWA vor allem im Agrargeschäft tätig. Seit 1999 nutzen die Lagerhäuser nicht nur Synergien mit der RWA. Über die strategische Allianz mit der deutschen BayWa AG, an der die Leipnig-Lundenburger Beteiligungs AG – wie der Name sagt – zu 12,5 % beteiligt ist, ist die Raiffeisen Waren Organisation europaweit präsent.

Die Lagerhäuser selbst sind wiederum in mehreren Kerngeschäftsfeldern als Handels- und Dienstleistungsunternehmen tätig. Und zwar in den Bereichen Agrar, Technik, Energie, Baustoffe, Bau- und Gartenmarkt sowie Dienstleistungen. Was beispielsweise unter Technik (mit einem Umsatzanteil von zuletzt immerhin 17,7 Prozent) zu verstehen ist, liest sich auf der RWA-Homepage so: „(Das) Lagerhaus vertreibt Land- und Kommunalmaschinen, Ersatzteile, Reifen und Fachbedarf, außerdem Motor- und Gartengeräte. Die Angebote variieren nach Standort und Bedarf. In manchen Regionen betreibt Lagerhaus auch den Handel mit Kraftfahrzeugen. Das Werkstättennetz mit rund 200 Werkstätten in ganz Österreich stellt eine wesentliche Dienstleistung im ländlichen Raum dar."

Genau gezählt handelt es sich um insgesamt 202 Kfz-Fachwerkstätten, in denen zum Großteil neben der Reparatur von Landmaschinen das gesamte Portefeuille einer Kfz-Werkstätte für Pkw angeboten wird. Am dichtesten ist das Netz in Niederösterreich und Oberösterreich – mit 91 bzw. 44 Standorten. Geringer ist die Dichte in der Steiermark, Kärnten, Tirol und dem Burgenland mit 37, 12, 10 bzw. 8 Niederlassungen. Nur Wien und Vorarlberg sind diesbezüglich weiße Flecken. Bei den angebote-

nen Dienstleistungen kennt man keine Zurückhaltung: Sie reichen von der obligatorischen periodischen Überprüfung über den
Glasschaden bis zum Bremsencenter. Viele Standorte fungieren
überdies als Markenpartner von Automobilherstellern.

## Bunte Vertragslandschaft

Abgesehen davon, dass Raiffeisen mit der international agie-
renden Raiffeisen-Leasing sowie der Impuls-Leasing der Raiffeisenbank Oberösterreich über zwei Spezialunternehmen verfügt,
die auch im Kfz-Bereich agieren, nehmen einzelne Standorte das
Neuwagengeschäft sehr ernst. Zum Beispiel bietet das Lagerhaus
St. Pölten Neu- und Gebrauchtwagen von Peugeot und Subaru
an. Das Lagerhaus Bruck an der Leitha vertritt die PSA-Marke
Citroen. Und das Lagerhaus Wiener Becken ist an den Standorten Guntramsdorf, Gramatneusiedl und Ebreichsdorf automobil
aktiv.

In Guntramsdorf werden im Lagerhaus-Autohaus Modelle
von Isuzu und Fiat angeboten. Die Werkstätte wird als Partner von
Fiat und Alfa Romeo ausgewiesen. Die Filialen in Gramatneusiedl
und Ebreichsdorf verfügen über Werkstättenverträge mit Audi
und VW. Die Lagerhaus-Präsenz im Pkw-Geschäft beschränkt
sich nicht aufs „flache Land", sondern erstreckt sich neben Bruck
an der Leitha und St. Pölten auch auf andere Bezirks- und Lan-
deshauptstädte wie Klagenfurt oder Villach, wo die Versorgung
mit normalen Pkw-Markenbetrieben an sich keinerlei Lücken auf-
weist.

Sehen lassen können sich die Kennzahlen der Lagerhäuser:
mit rund 4,3 Milliarden Euro sind sie nach einer Selbsteinschät-
zung ein „bedeutender Wirtschaftsfaktor in Österreich". In den
letzten Jahren wurden regelmäßig Umsatzsteigerungen verbucht.
2008 erwirtschafteten die Lagerhäuser – rund drei Viertel gehören
zum RWA-Verbund – im Vergleich zum Jahr vorher ein Umsatz-
plus von 14 Prozent.

### Es gibt kein sanftes Mochovce

Namenswitze sind verboten, weil keiner etwas dafür kann,
wie er heißt. Unabhängig davon lautet der wohl merkwürdigste
Reim aus der Feder des Dramatikers Karl Schönherr („Der Weibs-

teufel") „Konridl-radl mit die dicken Wadl". Mit hundertpro-
zentiger Sicherheit kann man davon ausgehen, dass der ehemalige Raiffeisengeneralanwalt Dr. Christian Konrad damit nicht
gemeint sein konnte. Als Galionsfigur, die kraft ihrer Stellung bis
vor kurzem für alle Konzernaktivitäten verantwortlich war, agierte
Konrad zumindest in Energiefragen wie ein Hans-Dampf in allen
Gassen.

Es gehört zu den Gebräuchen der römisch-katholischen Kirche, die Wirklichkeit zu vernebeln. Bei Raiffeisen hat man diese
weltanschaulich nahe liegende Strategie – abgesehen von der Dreifaltigkeit von Genossenschaft, Landwirtschaftskammer und Bauernbund – in praktische wirtschaftliche Vorteile umgemünzt. Das
trifft insbesondere auf den Energiesektor zu. Dort macht sich
nicht bloß Raiffeisen-Leasing für die E-Mobilität und Alternativ-
energien stark; der gesamte Konzern versucht den Eindruck zu
erwecken, auf Samtpfoten daherzukommen. Tatsächlich wird kein
Bereich der Energieproduktion ausgelassen – und mag er noch so
gefährlich sein. Das trifft auch auf die Atomenergie zu, obwohl
Raiffeisen in einer Selbstverpflichtung beschwört, diese Kraft-
quelle abzulehnen.

### Klimaschutz als Feigenblatt?

Diese Seite der Konzernaktivitäten wird allerdings nicht an
die große Glocke gehängt. An die Öffentlichkeit tritt man lie-
ber mit der Raiffeisen Klimaschutz-Initiative (RKI), für die Ex-
Landwirtschaftsminister und Ex-EU-Kommissar Franz Fischler
als Vorsitzender gewonnen werden konnte. Anlässlich der Ener-
giespartage sagte das Aushängeschild der RKI im Jahr 2010: „Wir
verbrauchen immer noch zu viel Energie und nutzen diese Energie
nicht effizient genug. Energiesparen muss daher oberste Priorität
im Kampf gegen den Klimawandel haben."

Raiffeisengeneralanwalt Konrad schlug als Initiator der RKI
bei dieser Gelegenheit in dieselbe Kerbe: „Mit bewusstem und
energieeffizientem Handeln kann jeder Mensch nicht nur einen
Beitrag für die Umwelt, das Klima und für die nachhaltige Ener-
gieversorgung leisten, sondern auch die eigene Geldbörse scho-
nen. Wir wollen selbst mit gutem Beispiel vorangehen und unsere
Kunden für das Energiesparen sensibilisieren. Wir sehen Klima-

schutz nicht nur als Frage unserer unternehmerischen Verantwortung, sondern vor allem als Chance für unsere Wirtschaft." In dem
Zusammenhang wurde unterstrichen, dass diese gesamte Raiffeisenorganisation an den Zielen der RKI mitwirkt.

### Beschluss aus dem Jahr 1986

Angesichts dieser Aussagen und der Nuklear-Katastrophe in
Fukushima (März 2011) steht die Tatsache dazu in bizarrem Kon-
trast, dass der Konzern wesentlich weniger nachhaltige Geschäfte
mit der Energieproduktion nicht auslässt. Vor mehr als einem Jahr
ließ Greenpeace folgende Aussendung los:

Wie die Umweltschutzorganisation Greenpeace erfahren hat,
erhielt die Strabag nun definitiv den Zuschlag für den Fertigbau
des slowakischen Atomkraftwerkes Mochovce. „Für eine Handvoll
Silberlinge verkauft Strabag-Chef Haselsteiner Österreichs Anti-
Atompolitik", so die empörte Reaktion von Greenpeace-Sprecher
Jurrien Westerhof. Einer Bekanntgabe des slowakischen Amtes für
öffentliches Vergabewesen zufolge wird die Strabag für die Bauar-
beiten an den Reaktorblöcken 3 und 4 des Kraftwerkes Mochovce
knapp 88 Millionen Euro kassieren – also ein relativ kleiner Auftrag für den heimischen Bauriesen, vergleichbar mit den Kosten
von rund zehn Kilometern Autobahn.

Derzeit sind am AKW-Standort Mochovce zwei Reaktoren des Typs WWER-440/213 in Betrieb, einer veralteten sow-
jetischen Reaktorart aus den frühen 1970er-Jahren. Zwei weitere
Reaktoren desselben Typs sollen jetzt neu gebaut werden entgegen
allen gängigen Sicherheitsnormen, jedoch ohne Containment. „So
würde bereits ein Flugzeugabsturz auf das Kraftwerk mit ziem-
licher Sicherheit eine nukleare Katastrophe auslösen, und das
gerade einmal 150 Kilometer von Wien entfernt", warnt Green-
peace-Experte Westerhof.

Zudem basiert die Entscheidung, das Atomkraftwerk
Mochovce auszubauen, auf einem Beschluss der tschechoslowa-
kischen Regierung aus dem Jahr 1986. Alle Sicherheitsbescheide
und technischen Genehmigungen stammen noch aus dieser Zeit.
Die aktuelle slowakische Regierung und die italienische ENEL
halten allerdings an den Beschlüssen fest, nachdem eine Umweltverträglichkeitsprüfung auf sehr mangelhafte Weise durchgeführt

wurde: So hat man beispielsweise überhaupt keine Alternativen in Betracht gezogen und damit die Entscheidung, das Kraftwerk auszubauen, eigentlich bereits antizipiert. Dagegen zieht Greenpeace nun rechtliche Schritte in Erwägung. Und nicht zuletzt ist auch für den Atommüll keine andere „Lösung" in Sicht, als ihn am Kraftwerksgelände selbst zu lagern.

### Dammbruch zu befürchten

Was hat Raiffeisen damit zu tun, könnte man fragen. Die Antwort liegt insofern auf der Hand, als der Konzern zusammen mit der ebenfalls Raiffeisen eigenen Uniqa Versicherung mit einem Aktienpaket der Strabag SE von insgesamt 43,3 Prozent den mit Abstand größten Einzelaktionär des Bauriesen verkörpert und in dieser Frage bisher die Hände in den Schoß legt.

Greenpeace-Energiesprecher Westerhof befürchtet einen Dammbruch, „wenn die Strabag – mit der Raiffeisengruppe im Rücken – ein Atomkraftwerk zu bauen beginnt." Dadurch würde nicht zuletzt die internationale Verhandlungsposition Österreichs im – jetzt besonders aktuellen – Kampf gegen die Atomkraftnutzung unterminiert. Es wäre kaum eine Überraschung, wenn das Projekt zusätzlich Interessen der Raiffeisen Bank International berührte. Sie spielt in der Finanzierung von Großprojekten in Osteuropa eine führende Rolle.

### Enten schleudern, Fischer ärgern

In der Stadt der Kinderverzahrer und Taubenvergifter haben die Entenvernichter ebenfalls ein leichtes Leben. Was das mit Raiffeisen zu tun hat? – Die Raiffeisenlandesbank Niederösterreich-Wien ist gemeinsam mit der Wien Holding als Hälfteeigentümer der beiden fünfmal täglich zwischen Wien und Bratislava (zum Normalpreis von 29 bzw. 31 Euro) verkehrenden Twin City Liner in letzter Instanz verantwortlich dafür, dass die Schnellkatamarane die Fischbrut an den Gestaden der Donau beeinträchtigen und Wildenten aus dem Donaukanal durch die Luft schleudern.

Angesichts der amtsbekannten Tierliebe der Wienerinnen und Wiener ist es verwunderlich, dass die Boulevardmedien sich dieses Skandals bisher praktisch nicht angenommen haben. Lediglich in der Sauregurkenzeit des Vorjahrs ging „der.Standard.at" in einer Reportage über das Fischen im Donaukanal nebenbei auf das Thema ein. Wörtlich hieß es: „Ein Dorn im Auge ist vielen Fischern der Twin City Liner, der Passagiere von Wien nach Bratislava und retour transportiert. Helmut Belanyecz, Vizepräsident des Kuratoriums für Fischerei und Gewässerschutz, spricht von einem ‚großen Umweltproblem'. Es sei nämlich so, dass die Twin City Liner nicht langsam genug fahren. Die Wellen schlagen ans Ufer und die Fischbrut leide unter dem Wellenschlag (…) ‚Ein Frachtschiff erzeugt deutlich weniger Wellen als ein Ausflugsschiff', erklärt Belanyecz. Es fährt langsamer, um nicht so viel Sprit zu verbrauchen. Beim Twin City Liner hingegen werde auf Action gesetzt. Fischer beklagen die Problematik und viele wollen ihre Fischerhütten in Simmering bereits verkaufen, weil nichts mehr zu fangen sei."

Die beiden 2006 bzw. 2008 in Betrieb genommenen, für je 106 Passagiere und fünf Besatzungsmitglieder ausgelegten Schiffe, stammen aus Norwegen. Sie verfügen jeweils über zwei MTU-Dieselmotoren und Hamilton-Waterjets mit einer Leistung von 1.440 kW bzw. 1960 Pferdestärken. Damit erreichen die Schnellkatamarane eine Spitzengeschwindigkeit von 69 und eine Reisegeschwindigkeit von 60 Stundenkilometern. Da sie offenkundig mit zu hohem Tempo durch den Donaukanal zischen, haben Anrainer wiederholt beklagt, dass fallweise Wasservögel aus ihrem Element geschleudert und durch die Luft an Land katapultiert werden.

### Schlaue schwarz-rote Konstruktion

Dass dagegen niemand einschreitet, mag mit der schlauen Eigentümerkonstruktion zu tun haben. Betrieben wird das Projekt von der Central Danube Region Marketing & Development GmbH. Sie befindet sich jeweils zur Hälfte im Besitz der Raiffeisenlandesbank Niederösterreich-Wien und der Wien Holding, die wiederum von der Gemeinde Wien und der SPÖ-Mehrheit in der Stadtverwaltung beherrscht wird. Als ausführendes Organ agiert die DDSG Blue Danube – ebenfalls ein Unternehmen der Wien Holding. Kein Wunder, dass gegen diese beiden Konzerne kein Kraut gewachsen ist bzw. sie in Wien tun und lassen können, was sie wollen, stehen sie doch unter dem Schutz der Landeshauptleute Michael Häupl und Erwin Pröll.

Kein Gehör verschaffen konnte sich jedenfalls das Kuratorium für Fischerei und Gewässerschutz, das in seinem Internetforum gegen die Twin City Liner aus der Feder des «Donaufisch» schweres Geschütz ins Treffen führt. Der Autor mit dem Pseudonym macht in erster Linie folgende umweltschädigende Faktoren gegen die Schnellkatamarane geltend:

– Starker Lärm- und hohe $CO_2$-Emission

– Starke Bug- und Heckwellen (bis zu drei Mal so hoch wie im normalen Schiffsverkehr)

– Starker Wasserdruck in seichten Uferzonen, starker Wassersog beim Vorbeifahren und starke Wassertrübung in Uferzonen

Weiter wird angemerkt, dass zu den „Geschädigten" des Twin City Liners sämtliche Fische und Ufervögel des Nationalparks Donauauen zählen, weil ihre natürlichen Brutstätten gestört werden. Obwohl dies der Fall ist, haben die Nationalparkleitung sowie Bund, die Länder Wien und Niederösterreich als Gesellschafter sich entschlossen, den Skandal zu verschweigen, obwohl sie laut Österreichischem Nationalparkgesetz 1997 (Artikel III) für die Abwehr von Schäden für die Tier- und Pflanzenwelt verantwortlich sind.

### Umweltverträglichkeit ungeklärt

Die Zulassung der Schiffe erfolgte übrigens nach dem Schifffahrtsgesetz 1997, das im Gegensatz zum § 57a Verkehrsgesetz (Pickerl) keine Umweltverträglichkeitsprüfung vorsieht. Da ÖVP und SPÖ derzeit Herr im Haus Ostösterreich sind, haben die Bewohnerinnen und Bewohner der Region sich längst daran gewöhnt, dass die beiden Parteien und ihre Exponenten agieren, wie es ihnen gefällt.

Es fragt sich jedoch, ob es auf Dauer für Raiffeisen genügt, nach Mariazell zu wallfahren, für den Stephansdom Geld zu sammeln und Schirennfahrer zu sponsern, um in den Augen der Öffentlichkeit eine weiße Weste zu behalten.

## Allenthalben Monopol-Positionen

*Christian Konrad, als Generalanwalt des Raiffeisenverbands bis vor kurzem ranghöchster Giebelkreuzler, hat 2001 den Job als Obmann von „Unser Stephansdom", dem Lobbyverein für die Wiener Kathedrale, hingeschmissen. (Siehe S.162, Das Schmunzeln des Kardinals)*

Ihm ging gegen den Strich, dass Kardinal Christoph Schönborn sich gegen den Plan gestellt hat, zwischen Dom und erzbischöflichem Palais ein 12 Millionen Euro teures Besucherzentrum zu errichten. Das Gros des Betrags wäre auf Baukosten entfallen und damit vermutlich im Rachen der Strabag gelandet. Wenn die Sammelgroschen für den Steffl nicht auf die Mühlen von Raiffeisen geleitet werden, hat ein derartiges Engagement für den Raiffeisenboss offenbar keinen Charme.

Das Autorenduo dieses Buches wurde als Verfasser der Raiffeisenserie in der Wiener Straßenzeitung „Augustin" immer wieder gefragt, was es gegen den Konzern einzuwenden habe. Persönlich lassen uns die Umtriebe des mit Abstand größten österreichischen Mischkonzerns ziemlich kalt. Was Unbehagen verursacht, ist die Zusammenballung von wirtschaftlicher, institutioneller und politischer Macht. Kurz: Es geht um die vom späteren Bundeskanzler und katholischen Arbeitermörder Engelbert Dollfuß konzipierte Dreieinigkeit von Genossenschaft, Landwirtschaftskammern und Bauernpartei (aktuell in Gestalt des ÖVP-Bauernbundes). Dazu kommt der Widerspruch, der zwischen der Berufung auf die Marktwirtschaft und der Raiffeisentendenz zur Bildung von Monopolen besteht.

Wenn schon keine Monopol-, so doch eine Oligopolstellung hat die Raiffeisen Bankengruppe. Mit 553 Banken und 1.738 Bankstellen, einer Bilanzsumme von mehr als 260 Milliarden Schilling im Jahr 2010 ist sie das größte Kreditkonglomerat Österreichs. Auf der Homepage des Verbands heißt es: „Fast jeder zweite Österreicher ist Kunde einer Raiffeisenbank." Damit ist die Reichweite der Giebelkreuzler im Geldsektor größer als die der „Neuen Kronen Zeitung" unter den Tageszeitungsleserinnen und -lesern Österreichs. Allein im Geldsektor werden rund 32.000 Personen im Inland und weitere 60.000 vorwiegend in Zentral- und Osteuropa beschäftigt. Filialen und Repräsentanzen gibt es darüber hinaus in London, Beijing, Singapur, New York, Chicago, Houston und Los Angeles bzw. in Brüssel, Frankfurt, Madrid, Mailand, Paris, Stockholm, Moskau, Ho Chi Minh City, Hongkong, Mumbai und Seoul.

### *Ein Monopol, das sich gewaschen hat*

Neben der Geldsäule fallen der Warenhaus-, der Molkerei- und der Sektor der übrigen bäuerlichen Genossenschaften (von der Viehverwertung bis zur Honiggewinnung) ins Gewicht. Die 130 Molkereigenossenschaften des Konzerns verfügen über ein De-facto-Monopol in der Sammlung und Verarbeitung von Milch. 95 Prozent der aus den bäuerlichen Betrieben angelieferten Milch landen in Raiffeisengenossenschaften, die wiederum für die Verarbeitung von 99 Prozent der ausgelieferten Frischmilch verantwortlich zeichnen. Eine ähnliche Stellung nehmen die Lagerhäuser in der Versorgung der Agrarbetriebe mit Produktionsmitteln (Saatgut, Dünger, Landtechnik) und in der Übernahme der Getreideernte und anderer Feldfrüchte – zwei Drittel des Gesamtaufkommens – ein.

Großes Gewicht haben ferner die Beteiligungen von Raiffeisen an Schlüsselbetrieben zahlreicher Branchen. Im Versicherungswesen verfügt der Konzern nicht nur über eine gleichnamige Gesellschaft, sondern kontrolliert auch die Uniqa sowie die Niederösterreichische und die Oberösterreichische Versicherung. An Beteiligungen in Industrie, Handel und Markenartikel werden folgende Unternehmen angeführt: Die Agrana als Zucker-, Stärke und Fruchtsaft-Monopolist, die Strabag als mit Abstand größter im In- und Ausland tätiger heimischer Baukonzern, der Gemüsekonservenspezialist Efko, die Fertigmenülieferant Gourmet, der Nahrungsmittelproduzent Inzersdorfer, der internationale Mühlenmulti Leipnik-Lundenburger, der Dickmilchhersteller Maresi und die Salinen Österreich mit ihrem weiterhin de facto bestehenden Salz-Monopol. Dazu kommen jede Menge Beteiligungen in Tourismus und Hotellerie sowie im Immobilien- und Leasing-Bereich.

Von besonderer Qualität ist der Einfluss von Raiffeisen auf die Medien. Einerseits beherrscht der Konzern die Tageszeitung „Kurier" und die Verlagsgruppe „News", verfügt über Beteiligun-

gen am Niederösterreichischen Pressehaus der Diözese St. Pölten und am Oberösterreichischen Landesverlag, hat Einfluss auf
diverse Privatradios, die ORS (Österreichische Rundfunksender
GmbH) und Sat.1 Österreich. Andererseits handelt es sich bei
dem Wirtschaftskraken um den mit Abstand gewichtigsten Inserenten der heimischen Medien. Da konventionelle Printmedien
mindestens 70 Prozent ihrer Erlöse aus Werbeeinnahmen erzielen müssen um schwarze Zahlen aufweisen zu können, liegt auf
der Hand, dass dieser Kunde auch in der Berichterstattung der
vermeintlich unabhängigen Zeitungen wie ein rohes Ei behandelt
wird.

### AGs zur Sicherheit

Bemerkenswert ist die Breiten- und Tiefenstaffelung der
gesamten Raiffeisenorganisation. Sie wird einerseits durch die
genossenschaftliche Organisationsform an der Basis gewährleistet,
die eine aktive Rolle der Mitglieder vorsieht. Freilich funktioniert
sie ähnlich wie der demokratische Zentralismus in den Kommunistischen Parteien, wo die Parteitagsdelegierten als höchstes Gremium zwar abgestimmt, aber jeweils nur beschlossen haben, was
die engere Parteiführung vorgegeben hat. (Siehe S.144, Anleihe bei
Lenin?) In ähnlicher Weise hört die Mitbestimmung der GenossenschafterInnen bereits an der Basis auf und verliert sich auf der
Ebene der von Ländern und Bund zur Gänze. Dazu kommt, dass
die Spitzeninstitute – sicherheitshalber – als Aktiengesellschaften
geführt werden. Zwar haben Aktionäre in Aktiengesellschaften die
Chance, gegen Machenschaften der Vorstände und Aufsichtsräte
aufzutreten. In der Praxis werden Kleinaktionäre in den Haupt-
versammlungen der Gesellschaften jedoch abgefertigt wie lästige
Fliegen.

### Was ist ein Bankraub gegen die Gründung einer Bank?

Beim Start der Raiffeisenserie in der Wiener Straßenzeitung
„Augustin" rechneten wir auf Feedback aus der Konzernzentrale
in der Hollandstraße, ernteten jedoch lediglich Schweigen. Als
wirkungsvollstes Mittel der Öffentlichkeitsarbeit von Großkonzernen hat sich das Totschweigen erwiesen. Daher ist es weiter
kein Wunder, dass die Darstellung der offenkundigen Raiffeisen-

herrschaft über wesentliche Teile der österreichischen Wirtschaft – eh schon wissen – kopfnickend zur Kenntnis genommen wurde. Aus dem Häuschen gebracht wurden angesichts der Konzentration von politischer und wirtschaftlicher Macht zwar Leserinnen und Leser, nicht aber die vom System an sich davon Betroffenen (Wirtschaftstreibende und Politiker).

Über mangelnde Zustimmung und Aufforderungen zur Fortsetzung unserer Bemühungen konnten wir uns nicht beklagen. Allen Ernstes zeigten Leserinnen und Leser sich immer wieder erstaunt darüber, dass wir noch nicht umgenietet wurden, weil wir im Fall Raiffeisen der Wahrheit die Ehre geben. Die Geschichte eines Selbsthilfevereins, der nach der Aufhebung der Leibeigenschaft den weitgehend mittellos in die Selbstständigkeit entlassenen Bauern unter die Arme gegriffen hat und es schließlich zum mächtigsten Wirtschaftskonzern des Landes (4 Millionen Kunden, 2,1 Millionen Mitglieder) gebracht hat, ist ein spannender Stoff.

Es ist immer wieder daran zu erinnern, dass Engelbert Dollfuß als Amtsdirektor der Landwirtschaftskammer Niederösterreich Ende der 1920er-Jahre die Weichen für diese sensationelle Entwicklung gestellt hat. Denn er war es, der im Interesse der Großagrarier die enge Kooperation von Landeswirtschaftskammer, Bauernbund und Raiffeisengenossenschaft theoretisch begründet und vorgeschlagen hat. Im Vergleich zum Stellenwert des Generalanwalts von Raiffeisen und Chef des Revisionsverbands Christian Konrad bzw. neuerdings Walter Rothensteiner war der wegen seiner geringen Größe als Millimeter-Metternich verunglimpfte Bundeskanzler und spätere Diktator ein Leichtgewicht. Konrad etwa übte 14 Aufsichtsratsmandate neben seinem Job als Generalanwalt vorwiegend als Vorsitzender aus. Damit spielte er in sämtlichen relevanten Raiffeisengliederungen (Bankengruppe, Lagerhausgruppe, Molkereigruppe und sonstige Genossenschaften von der Viehverwertung bis zur Bienenzucht) und strategischen Beteiligungen (Agrana, Leipnik-Ludendorfer, Kurier Verlag, Strabag usw.) eine führende Rolle. Ähnlich stark ist Rothensteiner in Aufsichtsräten von Giebelkreuzfirmen vertreten.

### Säulen der Organisation

Neben Konrad gehören vor allem die Chefs der größeren Landesbanken bzw. deren Holdings zu den großen Nummern im Konzern. Ohne Anspruch auf Vollständigkeit sind besonders hervorzuheben:

– Ludwig Scharinger in Oberösterreich, der quasi als Oligarch heimischer Provenienz in die VÖEST investiert und zusammen mit Hannes Androsch die Saline Austria, ehemals das Schatzkästlein der Habsburger, übernommen hat, war eine der schillerndsten Figuren in der Raiffeisenspitze. Scharinger wurde im April 2012 von Heinrich Schaller als Chef der Raiffeisenholding Oberösterreich und Vorstandsvorsitzender der Raiffeisenlandesbank Oberösterreich abgelöst. In der Raiffeisenspitze in Wien ist Oberösterreich weiter durch Jakob Auer, Chef des Bauernbundes, Obmann der Raiffeisen-Holding Oberösterreich, Vorstandsmitglied des Österreichischen Raiffeisenverbands und Nationalratsabgeordneter, stark vertreten.

– Erwin Hameseder ist im Mai 2012 als Generaldirektor der Raiffeisen-Holding und Vorstand der Raiffeisenlandesbank Niederösterreich-Wien, die allein nach Eigendarstellung an 740 Unternehmen „in den Segmenten Allfinanz, Industrie, erneuerbare Energien, Medien, Dienstleistungen und Immobilien beteiligt sind", zurückgetreten, um von Konrad das Amt des Obmanns der Raiffeisen-Holding Niederösterreich-Wien zu übernehmen. Als Hameseder-Nachfolger rückt der bisherige Chef des Lagerhauskonzerns Raiffeisen Ware Austria (RWA), Klaus Buchleitner, nach. Die niederösterreichische Raiffeisenorganisation ist mit Abstand stärkste ökonomische Gliederung des Konzerns. Das ist nicht zuletzt auf die enge Zusammenarbeit mit dem Land Wien und der Wien Holding zurückzuführen. Anlässlich der feierlichen Stabübergabe von Konrad an Hameseder bezeichnete Wiens Bürgermeister Michael Häupl (SPÖ) Raiffeisen als „unverzichtbaren Partner" für Investitionen in Wien. Diese hätten in den vergangenen zwei Jahrzehnten deutlich zugenommen. Und Häupls niederösterreichisches Pendant Erwin Pröll (ÖVP) sagte: „Raiffeisen war Partner bei der Internationalisierung der niederösterreichischen Wirtschaft".

– Walter Rothensteiner hat (vor seiner „Vergreisung", Originalzitat Konrad) als Chef der Raiffeisen Zentralbank, die 2011 im ersten Halbjahr mit 488 Millionen Euro den Konzernüberschuss um 21,5 Prozent gegenüber dem Jahr vorher gesteigert hat, im Juli 2012 Konrad als Generalanwalt abgelöst.

– Herbert Stepic bringt als Chef der Raiffeisen Bank International (RBI), die Mittel- und Osteuropa als Heimmarkt betrachtet und der Expansion der Europäischen Union Richtung Osten und Balkan immer einige Schritte voraus war, ebenfalls erhebliches Gewicht auf die Waage: Trotz Staatsschuldenkrise und Stolpersteinen in Ungarn hat die RBI 2011 einen Jahresüberschuss von 986 Millionen Euro erzielen können. Eine krasse Differenz zum satten Verlust der Erste Bank in der Höhe von rund einer Milliarde Euro im selben Zeitraum. Allerdings spricht Stepic neuerdings davon, das die RBI sich aus einzelnen Ostmärkten zurückziehen werde.

### Einsame Beschlüsse

Mit Ausnahme von Scharinger, der in Linz eine Extrawurst zu braten beliebte und im Radius von 500 Kilometern von Linz aus auch im Ausland eigenständig aktiv werden durfte, gehören die genannten Herrn zum inneren Kreis der informellen Konzernführung. Ihre einsamen Beschlüsse sind zwar nicht immer nachvollziehbar, werden aber in der Regel ohne Widerrede exekutiert. Ein Musterbeispiel war die radikale Veränderung der Geschäftsführung der Raiffeisen-Leasing im Sommer 2011. Die seit 2001 von Peter Engert als Sprecher der Geschäftsführung zusammen mit Michael Ohner und Karlheinz Sandler geleitete GmbH verzeichnete an sich einen kontinuierlichen Aufschwung.

Vor diesem Hintergrund überraschte die Meldung, dass die Raiffeisen-Leasing neben einer neuen Struktur auch ein neues Führungsteam erhält. Seit erstem Oktober 2011 leiten Alexander Schmiedecker (bisher Chef der Bawag PSK Leasing) sowie die aus der Raiffeisenbankengruppe stammenden Christoph Hayden und Michael Hackl die Geschäfte der als Holding neu aufgestellten Gesellschaft.

Kuriosum am Rande: In der Branche wird gemunkelt, Engert sei abgelöst worden, weil er sich in puncto E-Mobilität und Alternativenergie zu weit aus dem Fenster gelehnt hätte. Um in dem

Bereich weiter einen Fuß in der Tür zu haben, soll der Ex-Chef von Raiffeisen-Leasing allerdings ermutigt werden, sich mit Finanzhilfe des Konzerns in dieser Sparte selbständig zu machen. Auch „Rücksichtl und Vorsichtl" gehören offensichtlich zum Geschäftsmodell von Raiffeisen.

### Auch Kleinvieh macht Mist

*In der Raiffeisen-Holding Niederösterreich-Wien ist ein wesentlicher Teil des Immobilienbesitzes des Giebelkreuzkonzerns gebunkert. Beispielsweise gehört in Wien das Leopoldstädter Ufer des Franz-Josef-Kais von der Holland- bis zur Jägerstraße bzw. von der Raiffeisenzentrale bis zum Uniqa-Tower zu ihrem Besitzstand. Die Immobiliendivision der Holding interessieren jedoch nicht nur große Fische; vielmehr streitet sie nach dem Motto, wonach auch Kleinvieh Mist macht, auch um den Besitz kleinerer Liegenschaften.*

Die Immobilie Landstraßer Hauptstraße 140–142 in 1030 Wien ist als Stadtvilla in einem 2.000 Quadratmeter großen Parkgrundstück – innerhalb des Gürtels gelegen – ein ausgesprochenes Baujuwel. In ihrer unmittelbaren Nähe ist die Raiffeisenakademie untergebracht. Nach einer Verlassenschaft wurde der Besitz der Villa auf eine Reihe von Erben in neun Neuntel aufgeteilt.

Offenbar weckte diese Zersplitterung die Begehrlichkeit des Grünen Riesen. Im Jahr 1991 gelang es der Raiffeisenlandesbank Niederösterreich-Wien, schrittweise sieben Neuntel der Immobilie zu erwerben. Weitere zwei Neuntel – mit einem im Grundbuch eingetragenen Belastungs- und Veräußerungsverbot – verblieben der Privatperson AJS, die gleichzeitig über gültige Mietverträge für das Dachgeschoss und eine Garconnière in der Villa verfügte und verfügt. Ein Stockwerk der Liegenschaft war dem Vater der Teilbesitzerin zum lebenslangen Fruchtgenuss überlassen worden.

### Haben und Nichthaben

Die RLB Niederösterreich-Wien hatte zwar ein ziemlich einzigartiges Anwesen zu sieben Neuntel erworben, konnte es aber nicht nutzen, weil es zur Gänze rechtsgültig vermietet war und ist bzw. zu zwei Neuntel ihr nicht gehörte und gehört. Mit der Machtvollkommenheit von Großkonzernen suchte die Bank nach juristischen Mitteln, um dieses Dilemma aufzulösen bzw. in den Vollbesitz der Villa zu gelangen. Die Bewohnerinnen und Bewohner des Hauses wurden in den Jahren von 1991 bis 1997 mit einer ersten Serie von Gerichtsverfahren eingedeckt.

Diese Angriffe konnten von der beklagten Partei erfolgreich bekämpft werden, weil sie – wie man sagt – nicht auf der Nudelsuppe daher geschwommen ist. AJS verfügte gemeinsam mit ihrem Mann über ausreichend Stehkraft, Hirnschmalz und Kleingeld, um die Klagen Stück für Stück erfolgreich zu bekämpfen. Größtes Gewicht hatte dabei eine Teilungsklage (aus dem Jahr 1993), mit der die Bank die Übernahme der restlichen zwei Neuntel an der Villa erzwingen wollte.

Der beklagten Partei gelang es, mit einem Gutachten, das dem Begehren der Giebelkreuzler geringe Aussichten bescheinigte, einen Rechtsanwalt zu überreden, für sie das Verfahren auszufechten. Es scheint bezeichnend für die „Kultur" von Christian Konrads „Men in Green", dass dieser Anwalt nach dem für AJS erfolgreich geschlagenem Verfahren seine Vollmacht zurückgelegt hat, weil er von Raiffeisen ein Angebot erhalten hatte, das so gut war, dass er es nicht ausschlagen wollte.

### Immer wieder Nadelstiche

Trotz der Niederlage vor Gericht gab die RLB Niederösterreich-Wien den Mitbesitzerinnen und Mitbesitzern der Villa weiterhin keine Ruhe. Es folgten neuerlich Klagen, zum Teil in Form von Strafanzeigen, die eingestellt wurden, zum Teil als Außerstreitverfahren, in denen es keinen gegenseitigen Kostenersatz gibt. Dabei ging es um Fragen der Hausverwaltung, der Gültigkeit von Mietverträgen usw. Diese Interventionen des Mehrheitseigentümers wurden durchwegs von österreichischen Gerichten zurückgewiesen.

Die RLB Niederösterreich-Wien war sich dennoch nicht zu schade, weiter Unfrieden zu stiften:

– In einer nur teilweise erfolgreichen Nacht- und Nebel-Aktion etwa wurde versucht, die Schlösser an Garten- und den Haustoren zu tauschen. In dem Fall schlug eine Firma von AJS allerdings zurück – mit einer vor Gericht erfolgreichen Besitzstörungsklage.

– In Zusammenhang mit dem Versuch, die Hausagenden von Eigen- auf Fremdverwaltung umzustellen, wurde eine Untersuchung des Geisteszustands des Vaters von AJS beantragt. In der Folge erlitt der alte Herr einen Schlaganfall und wurde zum Pflegefall.

– Schließlich wurde ein aushaftender Betriebsmittelkredit von der Raiffeisenbank Perchtoldsdorf an die RLB Niederösterreich-Wien übertragen und aus heiterem Himmel fällig gestellt. Dafür musste schlagartig die Kleinigkeit von damals 300.000 Schilling aufgebracht werden.

### Zweiter Anlauf mit Expertin

Nach diesem erfolglosen Gerichtskrieg herrschte einige Jahre Ruhe. In der Zwischenzeit übertrug die RLB Niederösterreich-Wien den Besitz an dem Objekt Landstraßer Hauptstraße 140–142 an die Raiffeisen-Holding Niederösterreich-Wien (RHO), die alle Beteiligungen des Konzerns in Wien und Umgebung verwaltet. Dabei hat der Immobilienbereich einen nicht geringen Stellenwert.

Das wird durch die Tatsache unterstrichen, dass Michaela Steinacker auf Vorschlag von Raiffeisengeneralanwalt Christian Konrad neben Erwin Hameseder und Kurt J. Miesenböck Mitte 2008 zur dritten Geschäftsleiterin des Unternehmens bestellt wurde. Mit der Dame gelangen wir in den Bereich des parteipolitischen Netzwerkens. Als Gründungsmitglied der Damen-Verbindung Noricum Nova muss Steinacker der damaligen ÖVP-Umweltministerin Marlies Fleming aufgefallen sein. Jedenfalls holte die Ehrenpatronesse der Noricum Nova Steinacker für zweieinhalb Jahre in ihr Büro. Danach wechselte sie zunächst in die ÖRAG, Immobilientochter der damals schwarzen Creditanstalt, und später in die Bundesimmobiliengesellschaft des Bundes (BIG).

Von dort wurde die anerkannte Expertin von ÖBB-Generaldirektor Martin Huber, vorher Vorstand des Baukonzerns Porr, für den später vom Rechnungshof hinterfragten Ausverkauf von Bahngrundstücken der Bundesbahnen geholt. Ihre Nähe zu Erwin Pröll, Landeshauptmann in Niederösterreich und starker Mann in der ÖVP, wird nicht nur durch die Position ihres Mannes als Leiter der Bauabteilung des Landes, sondern auch durch ihre Berufung zur Aufsichtsrätin der EVN unterstrichen. Die Nähe zur Sonne Niederösterreichs (und dem Wiener Flughafen) teilt sie übrigens mit ihrem Geschäftsführerkollegen Hameseder.

Zurück zur Landstraßer Villa: Die vorübergehende Ruhe wurde plötzlich wieder von der Raiffeisen-Holding Niederösterreich-Wien gestört. Kurz vor 8.45 Uhr sind am 21. November 2008 fünf Männer, ohne zu läuten und ohne sich auszuweisen, überfallsartig in das Haus eingedrungen. Dabei dürften sie nicht damit gerechnet haben, dass das Haus mit Video überwacht wird und ihre Aktion auf dem Überwachungsmonitor zu sehen war. Das machte es dem Mann von AJS, einem ehemaligen Mitglied des Jagdkommandos des Bundesheeres, möglich, ihnen rechtzeitig entgegenzutreten und die Raiffeisenboten aus dem Haus und vom Grundstück zu komplimentieren. Rechtlich war dagegen nicht mehr als eine Besitzstörungsklage herauszuholen.

### Zweite Serie von Klagen

Der Überfall bildete darüber hinaus den Auftakt zu einer zweiten Serie von Klagen, die von der RHO in sieben Portionen verabreicht wurde. Neuerlich mit null Erfolg. Höhepunkt dieses Fehlverhaltens war ein mehr als unanständiges Angebot, das die RHO AJS zur Übernahme ihres Zwei-Neuntel-Anteils an der Villa gemacht hat. Als Grundlage für die Berechnung wurde der Verkaufspreis aus dem Jahr 1991 ohne jeden Zuschlag genommen und keine Abgeltung für die intakten Miet- und Nutzungsrechte geboten. Für diesen Bettel hätte AJS gern die sieben Neuntel der RHO selbst übernommen. – AJS und ihrem Mann gingen die Augen erst so richtig auf, als den beiden die Folge der Augustin-Serie über den profitablen Verkauf der Eigentumswohnung von Erwin Pröll an die Uniqa in die Hände fiel. Der niederösterreichische Landeshauptmann konnte sich über eine Wertsteigerung seiner Wiener Wohnung um das 4,65-fache freuen. (Siehe S.178, Pröll, Raiffeisen & Wohnen in Wien)

### Treibt Ethanol den Zuckerpreis in die Höhe?

*Im Bereich der Agrarprodukte ist Raiffeisen überall präsent. Konnte man in den 1980er-Jahren noch von mehreren heimischen Zuckerbaronen sprechen, so ist mit der Agrana (Produktionsstandorte in Leobersdorf und Tulln) nur noch ein Monopol übrig geblieben. Es wird verkörpert vom ehemaligen Generalanwalt Christian Konrad, der als Aufsichtsratspräsident des Zuckermonopols agiert.*

Zur Vereinfachung des Informationsflusses sitzt er zusätzlich in den Aufsichtsgremien der deutschen Südzucker und der französischen Saint Louis Sucre, den beiden Top-Playern auf dem EU-Zuckermarkt. Am 6. September 2011 hat Agrana lapidar mitgeteilt, per 1.Oktober eine Erhöhung des Zuckerpreises um 20 Prozent vorzunehmen. Seltsamer- oder begreiflicherweise hat das in der an sich zur Skandalisierung neigenden heimischen Presse keinen Sturm der Entrüstung ausgelöst. Das dürfte mit der Machtstellung der Raiffeisengruppe zu tun haben, die über diverse Töchter (darunter die von Ex-Vizekanzler Josef Pröll geleitete Leipnik-Lundenburger Industriebeteiligungen AG) zu 100 Prozent die Agrana beherrscht. Als Eigentümer, Kreditgeber und Top-Inserent hat der Giebelkreuz-Konzern Tagespresse und Fernsehen weitgehend in der Hand.

Lediglich im „standard online" fand sich folgender kritischer Einwurf zu dem Thema aus der Feder von Markus Meister von der entwicklungspolitischen NGO Welthaus Graz: „Dieser geplante Preisanstieg kann nur auf zwei Faktoren zurückgeführt werden. Einerseits auf die Markt- und damit Machtposition von Agrana. Der Zuckermonopolist beherrscht 90 Prozent des österreichischen Markts und kann auf stolze 130 Millionen Euro Gewinn aus den letzten drei Jahren zurückblicken. Andererseits ist diese Preiserhöhung Folge der Verknappung des Angebots. Johann Marihart, Chef des Zuckerkonzerns, weist dabei auf die Verwendung von Zuckerrohr für die Ethanolproduktion hin. Diese treibe den Preis in die Höhe."

Weiter schreibt Meister: „Interessant ist dabei die Doppelrolle von Agrana selbst. Dieser weltweit agierende Konzern, mit besten Kontakten in die österreichische Politik, ist eine treibende Kraft bei der Produktion von Ethanol. Im Agrana Ethanolwerk in Pischelsdorf (Niederösterreich) wird vorwiegend Weizen ,verspritet', aber es ist nahezu unerheblich, welche Lebensmittel für die Produktion von Agrartreibstoffen verwendet werden, weil die Verknappung eines bestimmten Agrarprodukts den Preis anderer Grundnahrungsmittel wie Mais oder Zucker beeinflusst."

### EU-konforme Sonderstellung

Im Fall des europäischen, auf nationale De-facto-Monopole aufgeteilten Zuckermarkts greift der Verweis auf die forcierte Ethanolproduktion zu kurz. Die seit 1. Juli 2006 in Kraft befindliche Zuckermarktordnung der EU (mit einer Laufzeit bis 2015) sieht als Kompensation für eine Einschränkung der Produktion für Zuckerrübenbauern und Zuckerindustrie Ausgleichzahlungen in der Höhe von 6 Milliarden Euro vor. Im Gegenzug bleibt ein vom Weltmarkt abgekoppelter innereuropäischer Zuckermarkt bestehen – bei gleichzeitiger Einschränkung der bis 2006 stark subventionierten Exporte in den Weltmarkt.

Damit haben wir es in Österreich jedenfalls mit einem voll geschützten und gestützten Markt zu tun, der von einem einzigen Monopolisten beherrscht wird. Agrana ist es in den vergangenen Jahrzehnten gelungen, die Produktion von ursprünglich acht auf zwei Standorte zu konzentrieren und die Tätigkeit der Rübenbauern durch die Vergabe von Quoten in der Tendenz total zu kontrollieren. Die gesamte Produktion und Vermarktung des Zuckers geht in Österreich völlig losgelöst vom Weltmarkt über die Bühne. Dieser wird vor allem von armen Ländern aus der Karibik und Afrika mit meist extrem niedrigen Produktionskosten beschickt.

Wenn der Weltmarktpreis aufgrund der steigenden Nachfrage (etwa explodierende Getränke- und Ethanolproduktion) steigt, berührt das die Agrana im selben Ausmaß wie Normalbürger das Schnarchen von Agranavorstandsvorsitzendem Johann Marihart. In ihrem geschützten Schrebergarten wird die nationale Zuckerindustrie von der Entwicklung des Weltmarktpreises nicht im Geringsten berührt. Daher erscheint die im Oktober 2011 verfügte Preissteigerung durch nichts gerechtfertigt. Gleichzeitig fragt sich, wem der zusätzliche Ertrag zugute kommt, der mit diesem Schritt erwirtschaftet wird. Den Rübenbauern wohl kaum, die

nach der Zuckermarktordnung der EU bei fixierten Preisen rück-
läufige Quoten verkraften müssen.

### Geschlossenes System

Produktion und Vermarktung von Zucker findet in Österreich in einem geschlossenen Bereich statt. Selbst das Saatgut
müssen die Bauern vom Rübensamen-Institut beziehen – einer
100-prozentigen Tochter der Agrana. Natürlich sind 30-fach
überzogene Beraterhonorare und Inseratserien von Ministerien in
Boulevardzeitungen dazu angetan, die Erregung statt Veränderung
zu schüren und „Wutbürger" zu produzieren.

Die veritablen Skandale bestehen jedoch in der vermeintlich rechtskonformen Bereicherung, die im Fall der Agrana auf
der fälschlichen Berufung auf den Weltmarkt beruht. Die exorbi-
tante Preissteigerung ist nicht folgenlos geblieben: Da es kaum ein
industriell erzeugtes Nahrungsmittel gibt, in dem Zucker keine
Rolle spielt, wird die Inflation angeheizt. Entsprechend massiv hat
sich mittlerweile die Teuerung nach oben entwickelt, ohne dass
einer der Gründe dafür an die große Glocke gehängt wird.

### Bitterer Zucker? – Urteilen Sie selbst!

Angesichts der Pensionierung von Generalanwalt Christian
Konrad wurde dem Raiffeisenkonzern in der Öffentlichkeit größere Aufmerksamkeit geschenkt. Am 4. Mai 2012 hat der Sen-
der Ö1 im Wirtschaftsmagazin „Saldo" einen Beitrag von Paul
Schiefer ausgestrahlt, in dem wir als Autoren der einschlägigen
„Augustin"-Serie zu Wort gekommen sind. Eine unserer Äußerungen zum Zuckerpreisdiktat hat die Agrana AG (Raiffeisentochter mit Zuckermonopol in Österreich) bestritten. – Urteilen Sie
selbst:

In der Ö1 Sendung hieß es: „Nicht nur bei Milch sondern
auch im Bereich Zucker vermuten die ‚Augustin'-Reporter, dass
Raiffeisen seine marktbeherrschende Stellung ausnützt. Über die
Agrana AG kontrolliert Raiffeisen den österreichischen Zuckermarkt. Im Vorjahr sei der Preis um 20 Prozent erhöht worden."

Weiter wurden wir wörtlich folgendermaßen zitiert: „Die
Preiserhöhung im vergangenen Jahr war durch nichts gerechtfertigt." Der EU-Zuckermarkt sei vom Weltmarkt total abgeschottet.

Als „Gegenschuss" montierte Schiefer folgende Passage in den Beitrag: „Die Agrana selbst sagt auf Anfrage, die gestiegenen Zuckerpreise hätten sehr wohl mit dem Weltmarkt zu tun. Durch die
Zuckermarktreform werde in Europa weniger Zucker hergestellt,
als verbraucht wird. Der Rest müsse importiert werden. Und das
habe zu höheren Preisen geführt."

### Züge der Reform

Auf einen Nenner gebracht: Ohnehin alles paletti! – Folgt
man dieser Logik, lügt der „Augustin". Oder doch nicht? – Die
Reform des EU-Zuckermarkts, die seit Juli 2006 in Kraft trat, in
der Periode 2009/2010 voll wirksam wurde und bis Ende 2015
gelten soll, hat dazu geführt, dass rund 15 Prozent des Zuckerbe-
darfs in der Europäischen Gemeinschaft durch Importe gedeckt
werden müssen.

Ob dieser geringe Anteil des Weltmarktzuckers Einfluss auf
die Preisgestaltung in den EU-Staaten hat, bleibe dahingestellt.
Franz Fischler ist in seiner Zeit als Agrarkommissar davon ausgegangen, dass der gestützte EU-Zucker zwei bis drei Mal so teuer
wie Rohrzucker ist. Obwohl der Weltmarktpreis sich seither an
das EU-Niveau angenähert hat, ist das noch lange kein Grund,
die Verbraucherpreise für Zucker in die Höhe zu schnalzen, wie
das per 1. Oktober 2011 hierzulande passiert ist. Zumal nach Darstellung von „Brot für die Welt" von der EU „eine Senkung der
Zuckerpreise in vier Schritten um insgesamt 36% von 631 Euro je
Tonne auf 404 Euro im Jahr 2009/10" beschlossen wurde. Diese
Verbilligung ist allerdings bei den Endverbrauchern nie angekommen.

Der Rationalisierungserfolg sah demnach so aus: Im Mai
2010 hatten bereits 130.000 Landwirte und mehr als 20.000 Raf-
finerieangestellte den Wirtschaftszweig verlassen. ... Zwischen
2005/06 und 2009/10 wurden insgesamt 83 Fabriken geschlossen – neben 68 Betriebsaufgaben zwischen 2000 und 2005. Die
Zahl der Rübenbauern ging EU-weit von 300.000 auf 170.000
zurück, während die Anbaufläche um 0,5 Millionen auf 1,5 Millionen Hektar schrumpfte.

Laut Oberösterreichs Landwirtschaftskammer-Vizepräsident
Franz Reisecker (Aussendung vom 13. April 2011) ist „Öster-

reich in der Lage, mit der eigenen Zuckerproduktion den Binnenverbrauch abzudecken." Also erübrigen sich für Österreich Importe vom Weltmarkt. Weiter sagte Reisecker: „Aufgrund der EU-Zuckermarktreform ist beispielsweise in Ungarn die Zuckerproduktion auf rund 30 Prozent des Verbrauchs gefallen. Der Preis für die ungarischen Konsumenten stieg innerhalb kurzer Zeit auf rund 1,50 Euro je Kilo Zucker, während dieser in Österreich deutlich unter einem Euro kostet."

### Veränderte Ausgangslage

Diese Preisangabe war seinerzeit korrekt. Die Lage hat sich jedoch per 1. Oktober 2001 schlagartig geändert. Ein Rundgang durch diverse Supermärkte brachte am 14. Mai 2012 folgendes Ergebnis: Pro Kilo wurde für Fein- und Kristall- (1,19 Euro) bzw. Würfelzucker- (1,39 Euro) und pro halbes Kilo Staubzucker (89 Cent) von Billa, Hofer, Spar und Zielpunkt gleichermaßen verrechnet. Handelt es sich dabei um einen Kartellpreis? Einziger Ausreißer – nach oben – war ein Greißler in Wien-Wieden, der für Kristallzucker 1,90 Euro und für Würfelzucker 2 Euro verlangte.

In Deutschland kam Anfang Oktober 2011 ebenfalls Bewegung in den Zuckerpreis. Am 4. 10. des Vorjahres meldete die „Berliner Morgenpost": „Im deutschen Lebensmittelhandel rollt ein Preissteigerungswelle. Nachdem der führende Diskonter Aldi Süd den Preis für das Kilogrammpäckchen in der vergangenen Woche um fast ein Drittel von 65 auf 85 Cent erhöht hat, drehen auch andere große Lebensmittelhändler kräftig an der Preisschraube."

Am 22. 12. 2011 berichtete das „Handelsblatt": „Höhere Zuckerpreise lassen beim europäischen Branchenführer Südzucker die Kassen klingeln." Und am 16. 5. 2012 schrieb „Die Presse" unter dem Titel „Agrana mit Rekordjahr": „Eine Zuckerknappheit in der EU und damit verbundene höhere Preise bescherten dem ... Zuckerkonzern einen Gewinnsprung von 79 Prozent. ... Im Zuckersegment schnellte das operative Ergebnis von 33,8 Millionen im Jahr davor auf nun 112,3 Millionen Euro."

Nimmt man alles nur in allem, erscheint die Berufung der Agrana auf den Weltmarkt als Augenauswischerei und nicht als stichhaltiges Argument.

## Auf einem Pulverfass?

Die Turbulenzen um Euro und Eurozone werden in Österreich weitgehend so dargestellt, als sei das heimische Bankwesen davon kaum berührt. Dass das Euro-Rettungspaket den Kreditinstituten eine kräftige Erhöhung der Eigenmittel eingetragen hat, wird zumindest von Raiffeisen auf die leichte Schulter genommen, obwohl allein die Raiffeisen Zentralbank (RZB) für diesen Zweck 2,3 Milliarden Euro aufstellen muss. Grundsätzlich fragt sich, wie sicher das heimische Finanzsystem inmitten der Euro-Turbulenzen ist.

Generaldirektor Walter Rothensteiner argumentierte in dieser Frage, dass die europäische Bankenaufsicht eine Milliarde privates Partizipationskapital der RZB irrtümlich nicht anerkannt habe. Unabhängig davon sei der Geldsektor der Giebelkreuzler ohnehin in der Lage gewesen, die Erhöhung der Eigenmittelquote aus eigener Kraft zu erfüllen. Für den Zweck wurden offenbar Reserven locker gemacht, die bisher an der Finanz vorbeigeschleust und Steuer schonend gebunkert worden sind. Es sei daran erinnert, dass der Geldsektor von Raiffeisen etwa im Jahr 2008 die Last einer Gewinnsteuer von lediglich nur einem Prozent zu tragen hatte.

Man kann davon ausgehen, dass der Raiffeisenbankensektor aufgrund des Stufenaufbaus von den zahllosen lokalen Instituten über die acht Landesbanken bis zur Raiffeisen Zentralbank mit der Raiffeisen Bank International als Tochter – wie man am Land sagt – „ein Bund Hadern" ist. Eng verbunden ist dieses Konglomerat mit einem Netz von Versicherungen, das von der Uniqa angeführt wird. Das bisher als unerheblich bezeichnete Engagement der Raiffeisengruppe etwa in Griechenland sieht vor dem Hintergrund folgender Meldung aus dem Jahr 2012 plötzlich anders aus: „Die börsennotierte Uniqa Versicherung schreibt im dritten Quartal alle ihre griechischen Staatspapiere auf Marktwerte ab und erwartet für das Gesamtjahr daher einen EGT-Verlust (Ergebnis der gewöhnlichen Geschäftstätigkeit) zwischen 250 und 300 Millionen Euro, teilte das Unternehmen mit. Die für das Jahresergebnis bisher angekündigte ‚schwarze Null' sei nicht zu halten. Für 2011 wird eine Aussetzung der Dividende vorgeschlagen."

Weiter hieß es im „Standard": „Weil noch nicht alle Details zum Schuldenschnitt für Griechenland feststehen und die Unsicherheiten mit der Ankündigung des Referendums wieder gewachsen seien, habe die Uniqa beschlossen, alle griechischen Staatsanleihen nicht nur auf den in Brüssel fixierten ‚Haircut-Wert' von 50 Prozent des Nominales, sondern auf den Marktwert zum 30. 9. 2011 von durchschnittlich rund 35 Prozent des Nominales abzuschreiben. Aus dieser Neubewertung entstünden für das Geschäftsjahr 2011 voraussichtlich Einmalaufwendungen zwischen 250 und 300 Mio. Euro auf Konzernebene."

Das erinnert an den Coup von Erste-Generaldirektor Andreas Treichl, der einen erwarteten Überschuss im Jahr 2011 von 800 Millionen Euro binnen Monatsfrist in ein Minus von 700 Millionen Euro umgehext hat. In dem Fall war nicht Griechenland, sondern die Abschreibung der in den Oststaaten überaus reichlich vergebenen Fremdwährungskredite (praktisch ihre Rückstufung auf Makulatur) ausschlaggebend. Nach einem Bericht der „Frankfurter Allgemeinen Zeitung" sitzen sämtliche in Osteuropa engagierten österreichischen Banken auf einem Pulverfass. Verantwortlich dafür ist die Tatsache, dass es sich bei der Hälfte ihrer in der Region aushaftenden Darlehen um Fremdwährungskredite handelt. Was sich in den vergangenen Zeiten eines starken Euros und vergleichsweise schwachen Franken und Yen in der Finanzierung alpenrepublikanischer Eigentumswohnungen und Eigenheime bewährt hat, wurde nach der Destabilisierung der Devisenmärkte zu einem ausgesprochenen Desaster.

Es ist den angeblich so besonders dienstleistungsorientierten Instituten vom Schlage Erste und Raiffeisen entweder nicht aufgefallen oder war ihnen gleichgültig, dass ihre Kunden aufgrund dieser Entwicklung zahlungsunfähig wurden. Mit oder ohne staatliche Hilfe (einerseits Ungarn, andererseits die übrigen Oststaaten) sind den Banken diese spekulativen Geschäfte auf den Kopf gefallen. Man kann davon ausgehen, dass die Raiffeisen Bank International eine ähnliche Rechnung präsentiert bekam wie das Spitzeninstitut der österreichischen Sparkassen. Beide haben die Funktion, mehr oder weniger im Auftrag der biederen und ortsgebundenen Institute am Spekulationskuchen der internationalen Märkte mitzunaschen. Was natürlich ins Auge gehen kann.

Allerdings existieren in den engeren Reihen der Giebelkreuzler warnende Stimmen vor derartigen Praktiken. 2007 veröffentlichte Manfred Holztrattner, ehemaliger Generaldirektor der Raiffeisenlandesbank Salzburg, ein Buch mit dem Titel „Macht ohne Moral". In einem Bericht über einen Auftritt des Autors in der Wirtschaftskammer Salzburg hieß es: „Windige Firmen, Spekulantentum, Leerverkäufe und Bankmanager, die sich schamlos bedienen und dabei in keinster Weise von der Politik gehindert werden, DDr. Holztrattner hat genau das beschrieben, was jetzt die Finanzkrise verursacht."

Holztrattner geht in dem Buch auch auf das Unwesen der russischen Oligarchen ein, die mit Blutgeld operieren und notfalls umnieten lassen, wer sich ihnen in den Weg stellt. Vor diesem Hintergrund berührt ein Kredit über rund 400 Millionen Euro eigenartig, den Raiffeisen (mit der staatlichen Finanzhilfe von rund 1,7 Milliarden im Rücken) dem russischen Oligarchen Oleg Deripaska gewährt hat. Laut „Presse" wurde das Darlehen für folgenden Zweck gegeben: „Die Strabag-Rückkehr des russischen Milliardärs Oleg Deripaska erfolgt in zwei Schritten: Zunächst kauft die zum Deripaska-Imperium gehörende Rasperia Trading Ltd. laut Unternehmensmitteilung nur 17 Prozent der Anteile an dem österreichischen Baukonzern um rund 373 Millionen Euro zurück. 25 Prozent hatte der Investor an die Haselsteiner Gruppe und die Raiffeisen/Uniqa Gruppe übertragen. Für die restlichen 8 Prozent aus seinem früheren Paket hat Deripaska eine Optionsverlängerung bis 15. Juli 2014 erhalten." So viel zum Thema Macht und Moral.

### Fällt der Milchgroschen?

„Milchgroschen" wird der Produzentenmilchpreis genannt, der von den Molkereien an die Milchbäuerinnen und -bauern bezahlt wird. Von seiner Höhe hängt die Existenz der kleinen und mittleren Milchbauern und -bäuerinnen ab, deren Zahl zwar weiterhin zurückgeht, aber immer noch beträchtlich ist. Die einschlägigen Genossenschaften wurden ursprünglich gegründet, um den Milchproduzentinnen und Milchproduzenten ein Einkommen zu sichern, mit dem sie auskommen bzw. zumindest ihre Produktionskosten decken können.

Raiffeisen hat auf dieser Grundlage einen Siegeszug angetreten, der dem Konzern mit einem Anteil von 95 Prozent im Aufkauf der Rohmilch eine marktbeherrschende Rolle eingetragen und die gesamte Gruppe an die Spitze der österreichischen Wirtschaft geführt hat. Dort angelangt, interessieren die führenden Exponenten der Gruppe sich allerdings weniger für das Schicksal der kleinen und mittleren Bäuerinnen und Bauern, sondern für Geschäfte im großen Stil auf dem Geld-, Immobilien- und Industriesektor.

Mit den genossenschaftlichen Basisorganisationen im Rücken geigen sie mittels Aktiengesellschaften und Beteiligungen in Branchen aller Art groß auf. Und verzocken, wie etwa die Entwicklung der Raiffeisen Bank International (RBI) in Ungarn bewiesen hat, das Geld der heimischen Genossenschafterinnen und Genossenschafter sowie Steuerzahlerinnen und Steuerzahler. Aufgrund unzureichend abgesicherter Kreditvergaben vorwiegend in Fremdwährung entstand 2011 ein Abschreibebedarf in der Höhe von mehr als 2.000 Millionen Euro.

### Unter den Produktionskosten

Zum Ausgleich nagen die mittleren und kleinen Milchbäuerinnen und -bauern seit geraumer Zeit gewissermaßen am Hungertuch. Sie sind jedenfalls mit einem Erzeugermilchpreis konfrontiert, der weit davon entfernt ist, die Produktionskosten zu decken. Zuletzt lag der Milchgroschen, den die Molkereien gezahlt haben, bei 35,7 Cent pro Kilo. Erna Feldhofer, geschäftsführende Obfrau der IG Milch (eine Bauernvereinigung, die für faire Milchpreise kämpft) sagte, dass die Gestehungskosten für kleine und mittlere Bäuerinnen und Bauern pro Liter Milch gegenwärtig bei mindestens 47 Cent liegen.

Klar, dass für die Sammlung der Rohmilch und ihre Verarbeitung in Trinkmilch und die breite Palette von weiteren Molkereiprodukten und für die Logistik zur Belieferung des Einzelhandels und der Supermarktketten weitere Kosten anfallen. Die Differenz zwischen Milchgroschen und Endverbraucherpreisen, die in Supermärkten je nach Marke und Qualität derzeit zwischen 87 Cent und 1,19 Euro betragen, ist nicht von schlechten Eltern.

Nach Umfragen zeigen die Konsumenten sich durchaus bereit, für heimische Qualität notfalls mehr zu zahlen.

Die marktbeherrschenden Handelsketten nützen möglichst niedrige Milchpreise als Magnet, um Publikum anzulocken. Mit der einzigartigen Marktmacht, über die Raiffeisen verfügt, könnte dieser Praxis ein Riegel vorgeschoben werden. Rewe, Spar & Co. kontern erwartungsgemäß mit der durchsichtigen Drohung von Billigimporten. Auf der Strecke bleiben die Milchbäuerinnen und -bauern, denen weisgemacht wird, dass „am Markt" nicht mehr zu holen sei.

### Am kürzeren Ast

Erna Feldhofer erklärte im Gespräch, dass die Milchbäuerinnen und -bauern am kürzeren Ast sitzen, weil mehr Produktionskontingente vergeben werden, als von den Molkereien unbedingt gebraucht werden, um ihre Produktionsanlagen voll auszulasten. Diese tendenzielle Überproduktion erlaubt es den Aufkäufern, die Preise zu drücken. Dabei ist interessant, dass jene Molkereien, die von Deutschland das österreichische Rohmilchangebot anzapfen und insgesamt rund 5 Prozent der Gesamtliefermenge übernehmen, den höchsten Milchgroschen zahlen, während die heimischen Molkereien deutlich weniger bieten.

In der offiziellen Statistik werden folgende Akteure auf diesem Markt angeführt: Die drei deutschen Molkereien Bergader, Berchtesgadener Land und Jäger sowie die heimischen Spieler. Im Wesentlichen handelt es sich dabei um die Mitglieder des Raiffeisenteams OM (Obersteirische Molkerei), Gmunden, Ennstal Milch, NÖM, Woerle, Alpenmilch Salzburg, Kärntner Milch, Bergland Milch, Stainzer Milch, Tirol Milch, Pinzgauer Milch und Käsehof. Da diese Molkereien bzw. Milchsammelstellen im Großen und Ganzen über eine regionale Monopolstellung verfügen, sind die einzelnen Lieferanten ihnen mehr oder weniger auf Gedeih und Verderb ausgeliefert.

### Selbstorganisation als Ausweg

Die in der IG Milch organisierten Bäuerinnen und Bauern wollen sich dieses Diktat nicht gefallen lassen und haben sich zur Initiative Freie Milch Austria zusammengeschlossen. Die zum

Zeitpunkt unserer Recherche 587 Mitglieder liefern ihre Milch der neuen Organisation, die wiederum die Rohmilch (derzeit immerhin 77 Millionen Liter pro Jahr) zu Bestpreisen weiter vermarktet. Das Beispiel zeigt, dass in der Landwirtschaft die an sich sinnvolle genossenschaftliche Zusammenarbeit neu entwickelt werden muss, damit die Basismitglieder auf einen grünen Zweig kommen. Ausschlaggebend für die Fehlentwicklung ist die Entfremdung der Raiffeisenorganisation von der kollektiven Vertretung der unmittelbaren Mitgliederinteressen.

Je weiter der Milchgroschen hinter die Produktionskosten zurückfällt, desto eher müsste bei den Milchproduzenten der Groschen fallen: Es liegt auch an ihnen, die dafür verantwortlichen Strukturen gründlich zu ändern oder neu zu gestalten. Um die Marktmacht von Raiffeisen für die Interessen der Milchbäuerinnen und -bauern wirkungsvoll einzusetzen, ist massiver Druck der Betroffenen erforderlich.

### Esel auf dem Eis

*Im großen Geschrei der Medien über die Herabstufung der österreichischen Bonität durch Standard & Poor's ist seinerzeit ziemlich untergegangen, dass das Ostengagement der heimischen Banken – mit der Raiffeisen Bank International an der Spitze – für diese Entwicklung mit verantwortlich war.*

Das ist das Ergebnis, wenn die von der genossenschaftlichen Basisorganisation über Aktiengesellschaften abgekoppelten Spitzen des Konzerns es vorziehen, ins Kasino (sprich: auf internationale Finanzmärkte) zu gehen, statt mit viel Kleinarbeit dafür zu sorgen, dass die bäuerlichen Klein- und Mittelbetriebe beim Verkauf ihrer Produkte an die diversen Genossenschaften auf ihre Gestehungskosten kommen.

Wenn es dem Esel zu gut geht, heißt es, begibt er sich aufs Eis zum Tanzen. Den Raiffeisengeldsektor zog es in dem Fall gegen Osten. Die Raiffeisen Zentralbank (RZB) bzw. ihr Teil Raiffeisen Bank International (RBI) gilt als Pionier in der Erschließung der Ostmärkte nach dem Fall des Eisernen Vorhangs. Laut „Presse", die bei der Angabe der RBI-Märkte in Zentral- und Osteuropa zwischen 17 und 18 Ländern schwankt, verfügt das Institut dort über 3.000 Geschäftsstellen mit 60.000 Mitarbeitern und 13,5 Millionen Kunden.

Das Engagement der heimischen Banken in dem Hoffnungsgebiet, das bis vor kurzem satte Gewinne abgeworfen hat, wird auf 300 Milliarden Euro geschätzt. Rechnet man das um auf den alten Schilling, ergibt sich eine Summe, die jenseits jeder Vorstellungskraft liegt. Der Löwenanteil davon fällt auf die Raiffeisengruppe als Nummer 1 unter den heimischen Banken im Geschäft im CEE-Raum (für Central and East Europe).

Die Wahrnehmung der Chancen im Osten hat den österreichischen Geldsektor übrigens weitgehend vor der Pleite mit den berüchtigten Paketen von unzureichend abgesicherten Immobilienkrediten aus den USA bewahrt. Nicht weil Raiffeisen & Co. das Manöver durchschaut hätten, sondern weil sie dasselbe System in Ländern wie Ungarn selbst angewandt haben. Mittlerweile ist der TV-Werbespot der Giebelkreuzler berühmt, in dem eine Bankberaterin von den Einkommensverhältnissen der Kreditwerber nicht das Geringste wissen will und nur bla-bla-bla sagt, wenn diese ihre Bonität nachweisen wollen.

### Subprime und Fremdwährungen

Zwei Faktoren haben die österreichischen Banken im Osten gewissermaßen aufs Glatteis getrieben:

– Einerseits die massive Vergabe von Krediten für Häuser oder Wohnungen bzw. Leasingverträgen für Kraftfahrzeuge ohne ausreichende Sicherheiten der Schuldner. Das ist eine Eins-zu-eins-Parallele zu den Subprime-Papieren der US-Banken, die übrigens in großem Umfang bei deutschen Landesbanken gelandet sind.

– Andererseits die Vergabe von Darlehen ebenfalls für Wohnungen und Eigenheime in Fremdwährungen (in Ungarn etwa statt in Forint in Schweizer Franken oder japanischen Yen). Laut „Frankfurter Allgemeine Zeitung" basiert die Hälfte der im Osten aushaftenden Kredite der österreichischen Banken auf derartigen Fremdwährungsverträgen.

Damit ist eine explosive Mischung entstanden: Die auch im Osten akute Wirtschaftskrise beeinträchtigt die Zahlungsfähigkeit der Bankkunden. Durch die Notierung ihrer Schulden in den wertmäßig gegenüber den Heimwährungen stark gestiegenen

Kursen von Franken und Yen tut sich eine zusätzliche Finanzierungslücke auf, die von den Betroffenen nicht mehr bewältigt werden kann. In Ungarn hat die Regierung dafür gesorgt, dass die Banken zwei Drittel der Kosten für dabei fällige Umschuldungen selbst tragen müssen.

### Reichen die Reserven?

Eine Folge dieser Entwicklung meldete „Der Standard" in der Weihnachtsausgabe 2011 mit der Schlagzeile „RBI (Raiffeisen Bank International) schießt 350 Millionen in Ungarn nach". In dem dazugehörigen Bericht hieß es: „Die RBI hat in den ersten neun Monaten des Jahres 286 Millionen Euro Verlust geschrieben. Als Reaktion will die RBI ein Sparprogramm umsetzen: Elf Prozent der 3.188 Mitarbeiter und zehn Prozent der 141 Filialen sollen in den kommenden Monaten abgebaut bzw. zugesperrt werden."

Der eigentliche Hammer besteht jedoch in der generellen Unsicherheit der Geldgeschäfte österreichischer Banken im Osten. In Verbindung mit den neuen Kapitalvorschriften der EU (bis Juni 2012 musste die Kernkapitalquote auf 9 Prozent angehoben werden) und den Auflagen der Nationalbank für die Ostaktivitäten der heimischen Banken müssen Raiffeisen & Co. deutlich mehr Eigenmittel aufbringen. Verblüfft stellte RBI-Chef Herbert Stepic laut „Presse" fest: „Plötzlich ist Raiffeisen das österreichische Institut mit dem höchsten Kapitalbedarf." Weiter hieß es: „In Summe soll der Raiffeisenkonzern, Mutterkonzern der börsennotierten RBI, 2,5 Milliarden Euro auftreiben." – Mehr als die Regierung für das Jahr 2012 an Budgeteinsparungen geplant hat!

Zuletzt wurde ein Plan vorgelegt, nach dem der Konzern diese Auflage aus eigener Kraft (durch Mobilisierung von Reserven der RZB und der Landesbanken) bewältigen kann. Was aber, wenn es im Osten weiter bergab geht? – Die Auguren haben zu Recht befürchtet, dass sich das negativ auf die Bewertung der Republik durch die berüchtigten Rating-Agenturen auswirken wird. Mit dem gegenwärtig in seiner Bedeutung heruntergespielten Verlust der Tripple A-Bewertung Österreichs durch Standard & Poor's haben alle heimischen Steuerzahlerinnen und Steuerzahler möglicherweise den Scherm auf.

## Causa Buwog: Da fehlt ein Name!

Wer zahlt, schafft an! In der Wiener Straßenzeitung „Augustin" wurden die Zusammenhänge zwischen dem Medienengagement der Raiffeisengruppe und dem Erscheinungsbild der österreichischen Presselandschaft bereits wiederholt thematisiert. Die Causa Buwog liefert einen konkreten Beleg dafür, dass es kein Wunder ist, wie Printmedien in Österreich mit in den Fall involvierten Institutionen oder Personen umgehen.

Am 15. Juni 2004 belebte die österreichische schwarz-blaue Bundesregierung den Immobilienmarkt: Die republikeigene Buwog und weitere kleinere Wohnbaugesellschaften werden verkauft. 62.500 Mietwohnungen, in denen 170.000 Menschen leben, 5,1 Mio Quadratmeter unbebautes Land, 400 Gewerbeimmobilien und 23.000 Parkplätze wechseln den Besitzer. Die Geschichte ist hinlänglich bekannt: Der damalige Finanzminister Karl-Heinz Grasser dealt „supersauber" mit einem Konsortium unter Führung der Immofinanz, die das Bieterrennen mit hauchdünnem Vorsprung gewinnt. Dieser hauchdünne Vorsprung sollte in der Folge Österreichs Gerichte noch jahrelang beschäftigen, nicht nur zivilrechtlich, auch das Strafgesetzbuch liegt auf dem Tisch. Doch darum geht es hier nicht, vielmehr interessiert die Rolle österreichischer Medien.

### Die im Dunkeln sieht man nicht

Im September 2009 fliegt auf, dass die Immofinanz im Zusammenhang mit dem Kauf der Immobilien als Konsortialführer 9,61 Millionen Euronen zusätzlich zum Kaufpreis fließen ließ. In dem Zusammenhang werden die Namen Hochegger, Maischberger und Plech einer größeren Öffentlichkeit bekannt. Weniger bekannt, jedoch nicht geheim sind die Namen der neben der Immofinanz im Konsortium sitzenden Gesellschaften: Raiffeisenlandesbank Oberösterreich (RLB Oberösterreich), Wiener Städtische Versicherungs AG/Vienna Insurance Group, Oberösterreichische Landesbank und Oberösterreichische Versicherung.

Im Allgemeinen werden Öffentlichkeitsarbeiter dafür bezahlt, dass Personen und/oder Organisationen prominent und mit gutem Licht beleuchtet in der Zeitung stehen. Das muss aber nicht immer so sein: Manche Öffentlichkeitsarbeiter werden dafür angeheuert, dass sie Personen oder Firmen in der Berichterstattung nicht zum Thema werden lassen. Den für die Raiffeisengruppe tätigen PR-Beratern ist zu gratulieren: Ihnen gelang es, das Giebelkreuz aus der Berichterstattung zur Causa Buwog herauszuhalten. Wer will schon in einem Atemzug mit den Machenschaften von Ex-Finanzminister Grasser in dieser Angelegenheit genannt werden?

Die Austria Presseagentur verfügt über diverse Datenbanken. Besonders interessant ist die „apa defacto". In dieser Datenbank werden die Elaborate sämtlicher österreichischer Printmedien im Volltext gespeichert. Diese Ansammlung von Artikeln ist ein hervorragendes Werkzeug, um nachzulesen, wer wie oft zu welchem Thema in der österreichischen Berichterstattung vorkommt. Im September 2009 wird die 9,61 Mio-Zahlung bekannt. Wird die apa-Datenbank im Zeitraum September 2009 bis 20. Februar 2012 nach diversen Stichwörtern befragt, ergibt sich für die Bauernselbsthilfe-Organisation ein höchst erfreuliches Bild: Im genannten Zeitraum erschienen in Österreichs Printmedien (Tageszeitungen, Wochenzeitungen, Magazine) insgesamt 4.501 Veröffentlichungen mit den Stichwörtern „Grasser" + „Buwog". Wird die Datenbank nach den Stichwörtern „Buwog" + „Raiffeisen" oder „Buwog" + „RLB Oberösterreich" oder „Buwog" + „Scharinger" (Ludwig Scharinger war damals Generaldirektor der RLB Oberösterreich Holding) befragt, so weist sie 418 Veröffentlichungen aus. Das heißt: zwischen „Buwog" + „Grasser" und „Buwog" + „Raiffeisen/RLB Oberösterreich/Scharinger" besteht ein Verhältnis 11:1. Werden im Zusammenhang mit der grauslichen Geschichte Grasser und die Buwog elfmal genannt, so wird Raiffeisen den Leserinnen und Lesern nur einmal präsentiert.

### Eindeutige Ergebnisse

Betrachten wir das Flaggschiff der Raiffeisen Medien-Gruppe, den Wiener „Kurier" von September 2009 bis Februar 2012: 484 Veröffentlichungen weisen die Stichworte „Buwog" + „Grasser" auf, 176 Artikel sagen etwas über die „Immofinanz". „Raiffeisen/RLB Oberösterreich/Scharinger" werden in ganzen 29 (zwanzig und neun) Meldungen genannt. Spätestens jetzt sollten alle Giebelkreuzler beginnen, für einen fetten Bonus zugunsten des Arrangeurs dieser Zahlen zu sammeln.

Österreichs Tageszeitungen insgesamt zeigen (im oben genannten Zeitraum) folgendes Bild: 1.250 Artikel mit den Stichwörtern „Buwog + Immofinanz", 3.739 Veröffentlichungen die „Buwog" + „Grasser" betreffen und 260 Texte, in denen die Suchwörter „Buwog" + „Raiffeisen/ RLB Oberösterreich/Scharinger vorkommen.

Der Wiener Medienwissenschafter Univ. Prof. Fritz Hausjell kommentierte diese Zahlen (s.o.) folgendermaßen: „Dass die das Bieterkonsortium anführende Immofinanz sowie der politisch verantwortliche Minister Grasser in Zusammenhang mit der Buwog-Causa bisher am häufigsten in den österreichischen Printmedien thematisiert wurden, ist schlüssig. Zumindest eigentümlich ist aber die vergleichsweise sehr seltene mediale Thematisierung von Raiffeisen. Das sollte dem heimischen Journalismus zu denken geben. Denn es sind nur wenige Blätter, die die Rolle von Raiffeisen in der Buwog-Affäre bisher deutlich über dem sehr geringen Durchschnitt zum Thema gemacht haben: die ‚Oberösterreichischen Nachrichten' und das Magazin ‚Format', einigermaßen überdurchschnittlich berichteten auch noch das ‚profil' und ‚Der Standard'."

Es liegt auf der Hand, dass der Medieneigentümer/Kreditgeber/Inseratenkunde vorgibt, welche Linie eine Zeitung einschlägt: Illusionen über die Pressefreiheit braucht man sich nicht zu machen. Es schadet keinesfalls, diesen Umstand in Erinnerung zu rufen und im Hinterkopf zu bewahren.

### Wo Gott in Linz wohnt

Es gehört zu den Besonderheiten eines Konzerns wie Raiffeisen, der an sich auf basisdemokratischer Grundlage steht, und über keine Eigentümer letzter Instanz verfügt, dass einzelne Personen in Schlüsselpositionen geraten, die sie zu persönlicher Machtausübung nützen. Zu dieser besonderen Spezies gehört bzw. gehörte Ludwig Scharinger, der Jahrzehnte an der Spitze der Raiffeisenorganisation in Oberösterreich gestanden ist. Im April 2012 wurde er in den Ruhestand versetzt.

Der Linzer Leo Furtlehner, Sekretär des Bundesvorstands der KPÖ, hat in fünfzehnjähriger Raiffeisenbeobachtung und publizistischer Begleitung eine Fülle von einzigartigem Material gesammelt, das die beherrschende Rolle der Raiffeisenlandesbank Oberösterreich in Wirtschaft und Politik Oberösterreichs unterstreicht. Die folgenden Zahlen über die Geschäftsgebarung der Raiffeisenlandesbank Oberösterreich und der Raiffeisen-Holding Oberösterreich sind Momentaufnahmen; man kann davon ausgehen, dass sie inzwischen weiter gewachsen sind.

Im Mittelpunkt sämtlicher Aktivitäten der RLB Oberösterreich steht Vorstandsvorsitzender Ludwig Scharinger. Er wurde 1985 zum Generaldirektor ernannt und hat sein Amt Anfang April 2012 an Heinrich Schaller als Nachfolger übergeben. Hier Infos aus Furtlehners „Schatzkästlein" im Ticker-Stil:

– „Ich weiß, wo Gott in Linz wohnt. Wenn ich zum Fenster raus schau, sehe ich den Dom, den Pöstlingberg und den Raiffeisenwürfel." Franz Hiesl, ehemaliger Landeshauptmann-Stellvertreter (SPÖ).

– „Leisten Sie sich das einmal – vom Scharinger eingeladen, und nicht hingehen!" Josef Pühringer, aktueller Landeshauptmann (ÖVP).

– 2006, als Scharinger das 20-jährige Jubiläum als Generaldirektor bzw. Vorstandsvorsitzender feierte, verfügte er über 34 Funktionen als Vorstand, Aufsichtsrat oder Geschäftsführer. Seither wurde die Zahl derartiger Funktionen gesetzlich eingeschränkt.

*Hauptgeschäftsbereiche der RLB Oberösterreich*

– Bankengeschäft, das auf 806.000 Kunden beruht (neben Oberösterreich auch in Bayern und Tschechien sowie über eine Beteiligung an der Hypo Salzburg sowie einer Expositur in Wien in Salzburg und Wien aktiv)

– Dienstleistungen vor allem auf dem Gebiet von Immobilien und mehr als 300 Public-Private-Partnership-Projekten (PPP) nach dem Prinzip, dass Private das Geld für Infrastrukturprojekte vorstrecken und die öffentliche Hand Bau- und Finanzierungskosten blecht

– Beteiligungen im Jahr 2006 an 394 Unternehmungen; 134 davon waren Tochtergesellschaften

– Der Geschäftsradius der RLB Oberösterreich wurde 2004 von 300 auf 500 Kilometer im Umkreis ausgedehnt.

Beispiele für Aktivitäten der RLB Oberösterreich

– Über Beteiligungen an der WAG (Wohnungsanlagen GmbH) und der Linzer Eisenbahnerwohngesellschaft EBS sowie der Giwog (Gemeinnützige Industriewohnungsgesellschaft), GWB (Gesellschaft für Wohnungsbau) und den Wohnungsfreunden verfügt die Bank über rund 150.000 Wohnungen. Aufgrund der Beteiligung am Buwog-Deal ist die Zahl weiter gewachsen.

– Immobilienbesitz bzw. -beteiligungen zum Teil auf PPP-Basis: Linzer Design Center, Umfahrung Ebelsberg, Therme Geinberg, Landesdienstleistungszentrum, Büroturm am Hauptbahnhof (gemeinsam mit ÖBB und Porr sowie Pensionsversicherungsanstalt und Finanzlandesdirektion als Mieter, die statt vorher 7,77 nun 16,27 Euro/m² Miete zahlen), UKH, Softwarepark Hagenberg usw.

– Beteiligungen an Wirtschaftsbetrieben: Größter Einzelaktionär an der VOEST und Energie AG; zusammen mit Hannes Androsch Eigentümer der Salinen AG und (über diese Schiene) des Dachstein Tourismus und vorübergehend des Flugzeugkomponentenwerks FACC, das mittlerweile an China verkauft wurde. 42 Prozent Beteiligung am Wochenzeitungsring „Oberösterreichische Rundschau" mit Sitz in Passau sowie am Landesverlag.

– Jede zweite Unternehmensförderung wird über die RLB Oberösterreich abgewickelt: 2007 waren das 2.538 Anträge mit einem Fördernutzen von 37,2 Millionen Euro und einem Investitionsvolumen von 558 Millionen Euro.

*Eine Perle als Tochter*

Die Vivatis Holding befindet sich zu 100 Prozent im Besitz der Raiffeisenlandesbank Oberösterreich und betreibt die beiden Sparten Lebensmittel und Dienstleistungen. Der Umsatz betrug im Jahr 2011 808 Millionen Euro; 2012 waren 874 Millionen Euro geplant. Gleichzeitig ist die Zahl der Mitarbeiter von 2.703 auf 2.799 gestiegen.

Das Vivatis Nahrungsmittelimperium umfasst folgende Einzelfirmen:

– Cernys: Fisch und Meerestiere

– Gourmet: Fertigmenüs für Firmen, Kindergärten, Schulen, Private usw., Nr. 1 in Österreich

– Kanerta: Kärntner Rohwurst, Speck und Nudeln

- Landhof: Wurst und Schinken, Nr. 1 in Österreich
- Maresi: Mit den Marken Maresi, Inzersdorfer, Knabber Nossi, Leichte Muh, Shan´shi, Himmeltau, Siggi, Bonelli
- R&S Gourmet Express: Fisch und Meerestiere, Fleisch, Geflügel, Wild; Obst, Gemüse, Pilze, Kräuter, Salate; Essig und Öl, Teigwaren; Champagner
- Senna: Margarine, Öle, Fette; Mayo, Ketchup, Senf, Dressings; Backzubehör; Antipasti; Reis; Fertiggerichte
- Tiefkühlkost Weinbergmaier: Hausmannskost für Österreich, Deutschland, Schweiz und Südtirol
- Dazu kommt das Vivatis Dienstleistungsimperium mit folgenden Einzelfirmen:
- Daily: Tiefkühllogistik
- Exima: Agromarketing; internationaler Warenausgleich vor allem bei Butter, Milchpulvern und Milchkonzentrat
- FWT: Fleisch- und Wurstwaren-Trading; vorwiegend Vertrieb von Weißfleisch aus Ungarn im EU-Raum; Marktführer in Deutschland und Österreich
- Tierkörperverwertung in Steiermark und Burgenland

### Scharingers Persönlichkeitsprofil

Ludwig Scharinger wurde 1942 in Arnreit in Oberösterreich geboren, absolvierte die höhere Bundeslehr- und Forschungsanstalt Francisco Josephinum in Wieselburg und studierte Betriebs- und Sozialwirtschaft an der Universität Linz. Er trägt die Spitznamen «König Ludwig» und «Luigi Moneti» und ist sowohl Universitätsrat als auch Lektor der Kepler-Universität Linz.

### „Weh dem, der lügt!"

An den Titel des Lustspiels Grillparzers erinnern folgende Aussagen von Raiffeisen-Ex-Generalanwalt Christian Konrad, der die Zehn Gebote als ausreichend für die Sicherung der Moral in Politik und Wirtschaft hält, in einem Interview mit dem „Standard" vom 23./24. Juni 2012:

Standard: Ich habe Ihnen den Augustin mitgebracht. Sie fahren nie U-Bahn, kommen nicht an den Obdachlosen vorbei, die ihre Zeitung verkaufen. ...

Konrad: Ich habe den Augustin jahrelang gekauft, weil mir die
    Verkäufer leid tun.
Standard: Da haben Sie meinen.
Konrad: Ich will ihn nicht.
Standard: Weil Augustin Raiffeisen-kritische Artikel veröffentlicht?
Konrad: Die falsch sind.
Standard: Wenn das so ist, reagieren Sie darauf?
Konrad: Nein.

### Ein treuer Diener seines Herrn

Ein Sommer-Thema des Jahres 2012 war die Debatte über
die Einführung von Biosprit bzw. den Bioethanoltreibstoff E10.
In ihr agierte Landwirtschafts- und Umweltminister Nikolaus Berlakovich als einsamer Fels in der Brandung. Konsequent trat das
im Bauernbund verankerte Kabinettsmitglied für das vermeintlich
umweltfreundliche Vorhaben ein – und ließ sich von allen anderen Parteien und der veröffentlichten Meinung dafür prügeln, bis
die Europäische Union in der Frage einen Rückzieher machte und
auch Berlakovich das Handtuch warf. Unter den Tisch fiel dabei,
dass der Minister die Rolle als „Steher" vor allem im Interesse von
Raiffeisen gespielt hat. Denn der Zucker-, Fruchtsaft- und Stärke-
Hersteller Agrana – zu hundert Prozent im Besitz des Raiffeisen-
konglomerats – hat sich in Österreich vorausschauend längst ein
Monopol auf die Bioethanol-Fertigung gesichert.

Es ist immer wieder lehrreich, den Ablauf von Medienkam-
pagnen insbesondere zur Sommerzeit zu verfolgen, wenn Meldungen rar sind bzw. die Saure-Gurken-Zeit ausgebrochen ist. Meist
taucht dann ein Thema in der internationalen Vogelperspektive
auf, das von der heimischen Presse auf die hiesige Froschper-
spektive herunter gebrochen wird. So geschehen in der Bio-Sprit-
Debatte. Sie begann mit Schlagzeilen wie „FAO für Drosselung
bei Agrosprit" („Der Standard") oder „Hohe Getreidepreise heizen
Biospritkritik an" („Die Presse").

Das von der Ernährungsorganisation der UNO aufgewor-
fene Problem, wonach die steigende Bioethanol-Produktion und
die Waren-Termin-Spekulation auf Getreide den Hunger auf der
Welt weiter verschärft, war auch für heimische Politiker ein gefundenes Fressen. Von dem Problem sind derzeit rund 925 Millionen

Menschen direkt betroffen. „Der Standard" berichtete unter der Schlagzeile „Breite Politikerfront ist gegen Biosprit E10". Experten sind übrigens der Meinung, dass der Treibstoff überhaupt erst dann wirklich interessant wird und als Alternative betrachtet werden kann, wenn die zweite Ausbaustufe dieser Technik mit Stroh und Holzabfällen als Rohstoff erreicht wird.

### Alle gegen einen

In einer Zusammenfassung der Debatte hieß es: „SPÖ, Grüne, FPÖ und BZÖ sind gegen eine Einführung im Herbst, die ÖVP ist dafür. Kirche hat Angst um Lebensmittelpreise, AK sieht Millionenkosten." Dabei haben alle Beteiligten so getan, als seien die Weichen für die verpflichtende Beimischung von Bioethanol zum Benzin nach einer Richtlinie der Europäischen Union nicht schon längst gestellt. Danach soll – zur Entlastung von Umwelt und Ölimporten – spätestens bis zum Jahr 2020 dem Benzin ein 10-prozentiger Anteil von Bioethanol beigemischt werden. In Österreich übrigens sind im Sprit für Otto-Motoren schon jetzt fünf Prozent Biosprit enthalten.

Dieser Zusatz soll ab 1. Oktober auf einen Anteil von 10 Prozent gesteigert werden. Da dies für ältere Automobile kritisch werden kann, wurde vereinbart, den Biosprit E10 als eigene Kategorie auszuweisen und an eigenen Zapfsäulen anzubieten. Nur die einschlägige Verordnung des Verkehrsministeriums war noch ausständig. In Deutschland, wo das bereits früher der Fall war, erreicht das Produkt derzeit einen enttäuschenden Marktanteil von rund 15 Prozent.

In Österreich liegt dem E10-Plan eine sozialpartnerschaftliche Vereinbarung zwischen Erdöl- und Agrarwirtschaft zugrunde, die bereits Josef Pröll als Vorgänger von Berlakovich erzielt hat. In ihr ist die Befreiung des Biosprits von der Mineralölsteuer festgeschrieben, die den Treibstoff in der Tendenz um eine Spur günstiger als die anderen Ottokraftstoffe machen soll. Die Mineralölsteuerbefreiung ist jedoch die Grundvoraussetzung, um den Biosprit E10 überhaupt zu einem konkurrenzfähigen Preis anbieten zu können. Zusätzlich wird das Produkt dadurch subventioniert, dass der Anbau der erforderlichen Rohstoffe – in Österreich und Umgebung sind es Weizen und Zuckerrüben – gefördert wird.

*Agrana verfügt über Biosprit-Monopol*

Damit sind wir an der Adresse des heimischen Zuckermonopols Agrana angekommen. „Die Presse" schrieb: „Zwei Drittel der 500.000 Tonnen Getreide pro Jahr, die für eine Vollversorgung des Landes mit E10 notwendig sind, kommen schon heute aus Österreich und werden von der Agrana im Ethanolwerk im niederösterreichischen Pischelsdorf verarbeitet. Das restliche Drittel importiert die Agrana aus dem benachbarten Ausland. Im Gegenzug muss Österreich weniger Sojakraftfutter aus Brasilien importieren, da dies bei der Ethanolproduktion als ‚Abfall' anfällt." Resümierend heißt es weiter: „Um E10 an den Kunden zu bringen, muss der Sprit gleich dreimal gefördert werden – bei der Herstellung, der Produktion und schlussendlich beim Verkauf."

Der Raiffeisenkonzern ist in der Entwicklung der Umwandlung von agrarischen Rohstoffen in Energieträger eine Reihe von Risken eingegangen, die sich wie eine Biospritanlage in Enns als Flop erwiesen haben. Umso wichtiger ist für den Konzern, dass die Investitionen in Pischelsdorf sich – wie vereinbart – langsam aber sicher amortisieren bzw. zu rechnen beginnen. Das ist vermutlich der Hauptgrund, weshalb Berlakovich – trotz des Umfragetiefs seiner Partei – anlässlich der Einführung eines Kraftstoffes eine negative Presse riskiert hat. Als Vertrauensmann der Agrarier in der Regierung kann er es sich nicht leisten, auf die alten Vereinbarungen einfach zu vergessen.

### Im Klub der Landräuber

Von Grund und Boden heißt es, dass sie der Prototyp einer nur begrenzt verfügbaren Ressource sind. Für die Landwirtschaft handelt es sich um ein unerlässliches Produktionsmittel. Schließlich müssen selbst künstliche Kulturen irgendwo draufstehen. Für einen Konzern wie Raiffeisen, der aus der Landwirtschaft kommt, ist die Frage von Grund und Boden essenziell. Es fragt sich daher, wie die Giebelkreuzler in dem immer stärker umkämpften Bereich agieren.

Angesichts der krisenhaften Entwicklung in der Welt, der neben allen möglichen Katastrophen ein Ernährungsengpass droht, gibt es zwei globale Tendenzen in der Bodenfrage. Einerseits spielt auf lokaler und regionaler Ebene der Kampf um so genannte Commons und die Ernährungsautonomie eine zunehmende Rolle. Dazu zählen Aktivitäten wie Landbesetzungen durch Landlose in Brasilien oder durch von Enteignung bedrohten Bauern in Indien ebenso wie Garden Guerilla (in der Stadt selbst gezogenes Gemüse) oder die Zusammenarbeit zwischen agrarischen Produzenten und städtischen Verbrauchern.

In der Wiener Kulturinitiative „Aktionsradius Wien" hat Ilja Trojanow im Oktober 2012 einen Abend der „Schule der intellektuellen Selbstverteidigung" dem Thema „Die Welt als Allmende" gewidmet. Auf die Frage, was Allmende sei, sagte er: „Die Welt gehört Dir!" und im Programm wurde folgende Erklärung geliefert: „Die Diggers, eine soziale Bewegung, die Mitte des 17. Jahrhunderts in England entstand, beseitigten die Zäune und Mauern, die in der Anfangszeit des Kapitalismus entstanden waren. Man könnte sie als Vorläufer der heutigen Commons-Bewegung bezeichnen. Commons sind Ressourcen, um die sich die Menschen gemeinsam kümmern. Das kann etwas Materielles wie der Wald oder die Wasserversorgung sein, aber auch etwas Immaterielles wie Forschungsergebnisse. Wäre der Planet unser Gemeingut, was würde das für die Ölförderung, die Goldminen, die AKWs und die Kernwaffen bedeuten?"

Die Frage unterstreicht, dass es sich bei dieser Bewegung um einen gefährlichen Unruhestifter handelt. Man kann getrost davon ausgehen, dass die Konrads, Auers, Rothensteiners, Hameseders in der Raiffeisenführung an derartigem Gelichter nicht einmal anstreifen wollen, obwohl die Anfänge von Raiffeisen mit dem Genossenschaftsgedanken im Zentrum stark an eine Variante von Commons erinnern. Da das unmittelbare Geschäft mit den Bauern für den Geldsektor des Konzerns allerdings längst zu einer vernachlässigbaren Größe geworden ist, liegen die Interessen der Raiffeisen Zentralbank (RZB) nicht in der Vergesellschaftung sondern der Privatisierung von Grund und Boden.

### Land unter den Nagel gerissen

Bekanntlich ist der neueste Hit auf diesem Gebiet der Ankauf von riesigen Agrarflächen – ausgerechnet im in regelmäßigen Abständen von Hungersnöten geplagten Afrika. Das wird neudeutsch Land Grabbing genannt, was so viel heißt, wie sich Land unter den Nagel zu reißen. Vor kurzem hat ATTAC in einer Pressekonferenz enthüllt – gestützt auf einem Forschungsbericht, der für „The Friends of the Earth" verfasst wurde –, dass „österreichische Banken auf Hunger wetten".

Anne von Schalk, Kampagnenleiterin für Finanzmärkte der „Friends of the Earth", sagte: „Raiffeisen hat sich entgegen vollmundiger Ankündigungen noch immer nicht komplett aus der Spekulation mit Lebensmitteln zurückgezogen. Unsere Untersuchungen zeigen, dass die Unternehmensgruppe in Konzerne investiert oder an sie Kredite vergibt, die in Land Grabbing verwickelt sind. Raiffeisen unterstützt zahlreiche Unternehmen, die nachgewiesenermaßen Probleme in lokalen Gemeinschaften verursachen und des Landraubs beschuldigt werden. Wir fordern Raiffeisen auf, Landraub nicht weiter zu unterstützen."

Aus der zitierten Untersuchung gehen folgende Fakten hervor:

– Die Raiffeisen Bank International (RBI) mit RZB als „Mutter" und einer Reihe von „Töchtern" ist an der Spekulation mit „Soft Commodities" (Nahrungsmittelspekulation) ebenso beteiligt wie an der direkten und indirekten Finanzierung von Unternehmen, die in groß angelegte Akquisitionen von Land oder Land Grabbing verwickelt sind.

– RBI und Konsorten sind ferner mit dem Marketing und Verkauf einer Reihe von Investmentprodukten befasst, die in der einen oder anderen Weise auf der Spekulation mit Nahrungsmitteln beruhen.

– Die Raiffeisengruppe vergibt darüber hinaus Darlehen an große Agrar-, Forst- und Gruben-Gesellschaften, die mit umfangreichem Ankauf von Grund und Boden befasst sind und in manchen Fällen des Landraubs bezichtigt werden. Eine Reihe der von Raiffeisentöchtern vergebenen Kredite konnte identifiziert werden – mit einer Gesamtsumme von rund 289,2 Millionen Euro.

### Knigge für Konzerne

In der Zusammenfassung des Berichts wird festgestellt, dass die RZB und die ganze Raiffeisengruppe, sich zu einem „Code of Conduct" – eine Art Knigge für Konzerne – bekennen. Die Einhaltung der darin beschworenen ethischen Grundsätze dürfte auf

die reale Geschäftsführung allerdings kaum einen Einfluss haben.
Ist auch gleichgültig, weil die aktuelle Presse unseres Landes derar-
tige Themen ohnehin nicht interessieren. Das bewies die absolute
Null-Berichterstattung der Tageszeitungen und des ORF über die
Attac-Pressekonferenz, wonach „österreichische Banken auf Hun-
ger wetten".

### Raiffeisenlandraub, die Zweite

Friedhofsstille herrscht in Österreich über die Beteiligung
der Raiffeisengeldsparte an Nahrungsmittelspekulation und Landraub. Ein Forschungsbericht mit dem englischen Titel „Raiffeisen
involvement in land grab and food speculation", der dieses Thema
anspricht und im Auftrag der „Friends of the Earth Europe" erstellt
wurde, wird trotz seiner Veröffentlichung von den herrschenden
Medien behandelt, als wäre er in einem Panzerschrank versteckt.
Ein weiterer Beweis dafür, dass allzu große Zusammenballung von
Macht der Demokratie im Allgemeinen und der demokratischen
Öffentlichkeit im Besonderen nicht gut tut.

Man könnte gegen den Vorwurf, Raiffeisen sei in Nahrungsmittelspekulation und Landraub involviert, einwenden, der Konzern sei über jeden Verdacht erhaben, weil ein Code of Conduct
als Unternehmensknigge dafür sorgt, dass nur saubere Geschäfte
abgewickelt werden. Dazu sagte allerdings Claus Raidl, Präsident
der Österreichischen Nationalbank und ehemaliger Chef des Böh-
ler-Uddeholm-Konzerns, vor kurzem in einer Veranstaltung der
„Kleinen Zeitung" (14. 11. 2012, Seite 29): „Es gebe keine allgemeine Unternehmensethik, an der man sich bei Entscheidungen
orientieren kann. Einzig eine ‚Individualethik' der handelnden
Personen diene neben Gesetzen (‚Sie spiegeln die Normen einer
Gesellschaft.') als moralisches Rüstzeug. Ein Unternehmenskodex
mit kollektiven Verhaltensregeln hilft laut Raidl ‚nichts'."

Noch einmal zurück zu Nahrungsmittelspekulation und
Landraub, die mit Beteiligung der Giebelkreuzler vor sich gehen.
Im „Raiffeisenbriefing" der „Friends of the Earth" heißt es: „Der
Trend zur verstärkten Finanzierung der Nahrungsmittelspekulation
in den vergangenen Jahren hat die Nahrungsmittelpreise am Weltmarkt gesteigert, ohne dass dies mit Angebot und Nachfrage zusammenhängt." Dem Bericht nach vertreiben zahlreiche Finanzinstitute

in der EU Investmentprodukte, die auf Nahrungsmittelspekulation basieren. Gleichzeitig wurden in den letzten Jahren große Mengen Agrarland in Staaten mit mittlerem und niedrigem Einkommen aufgekauft – mit negativen Auswirkungen auf Gemeinden, Menschenrechte und die Umwelt. Banken erleichtern direkt oder indirekt diese Geschäfte – durch Bereitstellung von Krediten, Investitionen oder Beteiligung in oder an Agrar-Fonds.

Weiter wird ausgeführt: „Ziel dieses Berichts ist, die Beteiligung der österreichischen Bankengruppe (Raiffeisen Bank International, ihre Mutter Raiffeisen Zentralbank und deren Töchter) an Nahrungsmittelspekulation sowie an der direkten und indirekten Finanzierung von Landraub zu erforschen." Folgende harte Fakten konnten ermittelt werden:

### Maßgeschneiderte Spekulation

„Die Raiffeisen Bank International betont auf der Website, dass sie maßgeschneiderte Lösungen anbietet, um die Kosten der Beschaffung von Nahrungsmitteln zu limitieren oder den Verkauf von Nahrungsmitteln abzusichern. Spezielle Swaps und Optionen für verschiedene Märkte – für Nahrungsmittel wie Zucker, Weizen und Mais – werden genannt."

„Die Raiffeisen Centrobank (RCB) offeriert eine Reihe verschiedener Zertifikate, die mit Agrarprodukten verbunden sind. Sie erlauben die Beteiligung an der Wertentwicklung eines Warentermingeschäfts oder eines Warenindex." Bei diesen Geschäften sind abenteuerliche Spekulationen auf steigende und sinkende Preise ebenso wie die volle Kapitalabsicherung am Ende des Anlagezyklus möglich.

RCB wird ferner als institutioneller Großinvestor in den 2006 aufgelegten Ceres AgriGrowth Investment Fund bezeichnet, der in Bulgarien von einer privaten Gesellschaft zur Kapitalbeteiligung aufgelegt wurde. Ceres ist mit mehr als 20.000 Hektar einer der größten Grundstückbesitzer in Bulgarien und bestrebt, den Ankauf von Agrarflächen auf ausgewählte Gebiete zu konzentrieren.

Mit von der Partie ist auch Raiffeisen Capital Management (RCM) seit 2009 mit einem eigenen Raiffeisen Active Commodities Fund, der für private und institutionelle Anleger gedacht ist

und für den eine Behaltefrist von mindestens acht Jahren emp-
fohlen wird. Per 31. Jänner 2012 waren immerhin 44,4 Millionen Euro in den Fonds angelegt. Für Investoren, die mindestens
75.000 Euro loswerden wollen, bietet RCM überdies den VIP-
classic mit unterschiedlicher Zusammensetzung – Nahrungsmittel
nicht ausgeschlossen.

### Zwei Arten der Beteiligung

Neben der Spekulation mit Nahrungsmitteln lässt Raiffeisen die Gewinnchancen nicht aus, die der Landraub weltweit
bietet. In dem Bereich wurden zwei Beteiligungsformen unter-
sucht. Einerseits Darlehen und Kredite von Raiffeiseninstituten
für Gesellschaften, die in dem Geschäft tätig sind, und andererseits die Übernahme von Aktien dieser Firmen. Der Aktienbesitz
beläuft sich nach den Recherchen im Auftrag der „Friends of the
Earth" auf verhältnismäßig bescheidene sieben Millionen Euro.
Im Vergleich dazu kann sich der Anteil an Krediten für Gesellschaften, die auf Landkauf spezialisiert sind, mit 289,2 Millionen Euro sehen lassen. Wobei auch hier ohnehin der Wille fürs
Werk gilt.

Falls der Raiffeisenverband tatsächlich eine interne Kontroll-
funktion hat: Hier existiert ein weites Feld, in dem die Einhaltung
des Codes of Conduct zu prüfen wäre. Aber wie sagt Raidl? – Ein
Unternehmensknigge „hilft nichts!"

### Raiffeisenlandraub, die Dritte

Die mittlerweile gängige neokolonialistische Methode durch
Landkauf im großen Stil der bodenständigen landwirtschaftlichen Bevölkerung in armen Staaten die Lebensgrundlage zu entziehen, dient der Bereicherung von Reichen, die mit ihrem Geld
nichts anzufangen wissen. Dass an dieser skandalösen Vorgangsweise Raiffeisen direkt und indirekt beteiligt ist, stinkt zum Himmel. Daher soll hier detailliert dargestellt werden, worum es bei
Landraub geht.

Die Literaturzeitschrift „kolik" (Nr. 57) hat die National-
feiertagsrede der Schriftstellerin Margit Schreiner aus dem Jahr
2012 dokumentiert, in der sie neben anderen Phänomenen der

Finanzmarkt- und Schuldenkrise auch auf das Thema Landraub – äußerst gut vorbereitet – zu sprechen kam.

Nach der Frage „Wir kommt man, außer durch Wetten auf den Bankrott anderer, noch zu Geld?" erklärte sie: „Zum Beispiel durch ‚Land Grabbing'. Da werden riesige Flächen Land zu Spottpreisen in hungergeplagten Ländern gekauft. Statt dort Lebensmittel zu produzieren, werden dort z. B. Ölpflanzen angebaut, um sie zu exportieren und daraus Biosprit zu machen. Ohnehin wertvolles Wasser wird verbraucht.

Nach dem weltweiten Lebensmittelpreisanstieg 2007 ist die Nachfrage nach landwirtschaftlichen Flächen in Entwicklungsländern stark gestiegen, wenn nicht explodiert. Die Online-Datenbank erfasste 1.200 Käufe seit 2000. Insgesamt machen sie 83 Millionen Hektar weltweit aus, 1,7 Prozent der weltweiten Agrarfläche – eine Fläche doppelt so groß wie Deutschland.

Außerdem verkaufen Regierungen oft Flächen, die gar nicht brach liegen, sondern bereits von Kleinbauern genutzt werden, was unweigerlich zu Konflikten führt. Gleichzeitig wird nur ein Bruchteil des gekauften Landes auch tatsächlich von den Investoren genutzt: 27 Prozent der erworbenen Flächen wurden nach dem Deal auch bearbeitet."

### Betroffene kaum oder gar nicht entschädigt

Das beliebteste Ziel ist Afrika: Hier wurden laut Untersuchung insgesamt 56,2 Millionen Hektar Land verkauft, was etwa der Fläche Kenias entspricht. Die meisten Investoren, von denen man sicher weiß, kommen aus China, den USA, Malaysia und Großbritannien, die größten Einzelkäufer sind der indische Staat (4,8 Millionen Hektar) und die chinesische Telekommunikationsfirma ZTE International (2,8 Millionen Hektar).

Angebaut werden auf den Flächen etwa zu zwei Drittel Lebensmittel, der Rest entfällt auf Nutzpflanzen, etwa Gummiplantagen, oder Pflanzen, die sowohl gegessen als auch zu Sprit verarbeitet werden können. Die Erträge des Anbaus werden fast immer exportiert, meist in jene Länder, aus denen die Investoren kommen.

Besonders betroffen sind sehr arme Länder wie Äthiopien oder der Sudan. 66 Prozent der Deals betrafen Staaten, die anfällig sind für Lebensmittelknappheit. Einen Höhepunkt erreichten die Verkäufe 2009, seither sind sie zurückgegangen. Dass das Phänomen verschwinden wird, glauben die Wissenschafter nicht: Weil in vielen Gegenden Wasser und Energie immer knapper werden, wird es für die betroffenen Länder auch langfristig attraktiv sein, ihre Landwirtschaft auszulagern.

Abschließend schreibt Schreiner: Auch Österreich ist in der Datenbank vertreten: Das Unternehmen Petropalm Corp kaufte laut „Land Matrix" in Äthiopien 50.000 Hektar (eine Fläche, etwas größer als Wien), um Ölpflanzen anzubauen. Und MCB Agricole erstand in der Ukraine mehr als 91.000 Hektar für den Anbau von Mais, Raps und Weizen.

Das Engagement von Raiffeisen auf diesem Sektor war zum Zeitpunkt der Recherchen, die von der Autorin ausgeführt wurden, offenkundig noch nicht bekannt.

### „Bereinigung" im Geldsektor

Die Tendenz zur Zentralisation und Konzentration der Wirtschaft ist eine der charakteristischen Eigenschaften des Kapitalismus. Davon, dass sie das Genossenschaftswesen ebenfalls erfasst, kann der Milchsektor ein Lied singen. Ihn hat es am Vorabend des EU-Beitritts von Österreich erwischt. Im Geldsektor von Raiffeisen, könnte man glauben, besteht dafür aufgrund der ohnehin vorhandenen dreistufigen Struktur – Ortsbanken, Landesbanken und Zentralbank – keine Notwendigkeit. Doch weit gefehlt: Dieser Bereich verfügt über Reserven, die die Begehrlichkeit von Walter Rothensteiner als Chef der RZB (Raiffeisen Zentralbank) und Nachfolger Christian Konrads als Generalanwalt geweckt haben. Im Konzentrationstrend liegt übrigens auch der Getreidehandel.

Im Zuge der neuen Bankvorschriften, die unter der Flagge von Basel III segeln, sind die Geldinstitute angehalten, ihre Eigenkapitaldecke zu stärken. Angesichts der nach wie vor krisengebeutelten Finanzmärkte und der verschuldeten Staatshaushalte ist Erfindungsreichtum gefragt, um diesen Anforderungen zu genügen. Der Chef der RZB ist auf die Idee gekommen, sein Institut einfach dadurch zu stärken, dass er die Spezialunternehmen für Sonderaufgaben im Geldbereich wie Leasing oder Bausparen zur

Gänze unter die Fittiche der Zentralbank nimmt, an denen sie bisher lediglich Minderheitsbeteiligungen gehalten hat.

### Liste der Unternehmen

Konkret will die RZB sich folgende Gesellschaften – zwischen von 51 und 100 Prozent – einverleiben:

– Raiffeisen Bausparkasse (derzeit halten acht Landesbanken 63 Prozent und die RZB 37 Prozent),

– Raiffeisen-Leasing Management (derzeit 25 Prozent indirekt über die RZB-Sektorbeteiligung, 25 Prozent Raiffeisen Bank International und 50 Prozent sieben Landesbanken),

– Raiffeisen Kapitalgesellschaft (derzeit RZB 50 Prozent),

– Valida Pensionskasse (derzeit RZB rund 25 Prozent),

– Wohnbaubank (derzeit RZB 25 Prozent),

– Factorbank (derzeit RZB 40 Prozent) und

– e-force – Internet- und Datendienstleister (derzeit RZB rund 20 Prozent).

Die Raiffeisen Versicherung ist als Tochter der Uniqa von der Umgruppierung bestenfalls am Rande betroffen.

Im Sektor soll nach einer Exklusivmeldung des „Standard" grundsätzlich beschlossen worden sein, dass die RZB in allen angeführten Unternehmen die Mehrheit übernimmt – entweder durch die Übertragung sämtlicher Anteile oder Teilen davon. Im Gegenzug könnten die Landesbanken ihre Beteiligung an der Zentralbank erhöhen, ohne dass Geld fließen müsste. Wie es heißt, steht die Bewertung der einzelnen Gesellschaften noch aus. Der Umbau soll jedenfalls bereits heuer im ersten Halbjahr über die Bühne gehen.

### Der wahre Grund

Vordergründig wird die Transaktion mit zentraler Steuerung, Straffung der Tätigkeit und Kostensenkung argumentiert. Ausschlaggebend dürfte jedoch sein, dass die Übernahme der Mehrheit eine Konsolidierung der Gesellschaften möglich macht und die RZB sich das Eigenkapital der Tochtergesellschaften unter den Nagel reißen kann. Dieses Arrangement macht offenkundig, dass bei Raiffeisen konsequent und laufend die dezentralen Funktionen geschwächt und die Macht der Zentrale gestärkt wird. Die wichtigsten Entscheidungen werden ausgerechnet dort getroffen, wo der Einfluss der Genossenschafterinnen und Genossenschafter gegen Null tendiert.

In Zusammenhang mit dieser Entwicklung wurde übrigens Licht ins Dunkel des überraschenden Wechsels im Spitzenmanagement von Raiffeisen-Leasing vor rund einem Jahr gebracht. Und zwar wurde das Anziehen der Zügel in den Tochter- und Hilfsgesellschaften vor allem damit begründet, dass die RZB immer dann einspringen bzw. blechen muss, wenn in einem Unternehmen etwas schief geht. Konkret wurde in dem Zusammenhang darauf verwiesen, dass die Leasing Tochter vor einem Jahr in Italien schwere Verluste gemacht hat. Damals wurde die Geschäftsführung der GmbH wie aus heiterem Himmel ausgetauscht, ohne dass in der Öffentlichkeit der Grund der Maßnahmen bekannt wurde. Erst jetzt kam Licht in die Affäre.

### Konzentration auch bei Getreide

Licht in die vielseitigen Verflechtungen des Konzerns und die Konzentrationsprozesse im Getreidehandel brachte die Jahresschlussveranstaltung der RWA (Raiffeisen Ware Austria, an der die deutsche BayWa zu 50 Prozent beteiligt ist). Der BayWa Vorstandsvorsitzende Klaus Josef Lutz erklärte bei dieser Gelegenheit als stolzer Mitbesitzer der Handelssparte von Raiffeisen: „Mit dem Kauf des niederländischen Händlers Cefetra und der Mehrheitsbeteiligung an der norddeutschen Bohnhorst verdoppelte die BayWa ihren Umsatz mit Feldfrüchten, Obst, Saatgut und Dünger auf rund 10 Milliarden Euro."

Die steigende Konzentration des Agrarhandels weltweit habe die BayWa veranlasst, sich im Getreidegeschäft stärker zu internationalisieren. Zusammen brächten es das Unternehmen und die beiden künftigen neuen Töchter auf ein Handelsvolumen von insgesamt rund 30 Millionen Tonnen – fünfmal so viel wie die BayWa bisher alleine umgeschlagen hatte. – Dimensionen, die zwar über das heimische Vorstellungsvermögen hinausgehen, in die aber die RWA über die BayWa einbezogen ist.

### „Haben Herrschaften schon gewählt?"

Zum Abschluss dieser Strecke ist Entspannung angesagt. Hier geht es um keine Geschichte über Blutgeld, das in afrikanischen Minen mit Giebelkreuzbeteiligung erwirtschaftet wird, keine Frage an den Raiffeisenfunktionär Sepp Pröll, warum er einst Ernst Strasser als Delegationsleiter ins EU-Parlament geschickt hat, keine Debatte, weshalb der Zuckerpreis der Raiffeisentochter Agrana steigt und der Zucker-Weltmarktpreis sinkt. Vielmehr haben wir die Raiffeisenenkeltochter Café Demel besucht.

Was hat der italienische Anarchist Liugi Lucheni, der im Dezember 1898 in Genf Kaiserin Elisabeths Leben per Stich mit seiner Feile beendete, 2013 mit einem Kaffeehaus am Wiener Kohlmarkt zu tun? Viel und auch nichts. Die Kellnerinnen, im Demeljargon Demelinerinnen genannt, tragen seit dem Mord an der Kaiserin Trauer, der Gast sieht schwarze Blusen und gleichfarbige Schürzen. Bis heute. Das feine Kaffeehaus mit seinen Salons in bestem Rokoko-Stil kann so nicht nur allerfeinste Konditoreiwaren feilbieten, die Trauerkleider der Demelinerinnen dienen offensichtlich auch als Einstieg in eine Kaiser-Disney World.

„K. u. K. Hofzuckerbäcker Ch. Demel's Söhne GmbH". Wer denkt da an die einstige Bauernselbsthilfeorganisation? Die Firma mit dem Verweis auf das untergegangene Kaiserreich im Namen steht im Eigentum des Do & Co Gastronomiekonzerns, der wiederum die Raiffeisenholding Niederösterreich-Wien als 20-prozentigen Eigentümer in seinen Büchern vermerkt hat. Gäste der weltbekannten Zuckerbäckerei sind zu 90% Touristen, vornehmlich US-Amerikaner, Russen, Japaner und Italiener. Einer der Vorbesitzer war Udo Proksch, der in den 1980er-Jahren oberhalb des Kaffeehauses seinen „Club 45" installierte, eine Art sozialdemokratischer CV, und als verurteilter Mörder sein Leben in Graz-Karlau aushauchte.

Wer Freude an antiquierter Sprache hat, begebe sich zum Kohlmarkt 14 und lausche dem Personal: Den Kellnerinnen wird vom Management eingetrichtert, Gäste in der 3. Person anzusprechen. „Haben Herrschaften schon gewählt?" oder „Haben noch einen Wunsch?" Wir fragen die Kellnerin, weshalb sie so außergewöhnlich spricht. „Das wurde mir gleich bei der Einstellung gelernt, das kommt noch von der Königszeit", sagt die freundliche Demelinerin, deren Namen wir zwar am Schild an der Bluse lesen konnten, ihn aber hier besser beiseitelassen. „Aber hier bei uns war doch ein Kaiser und kein König?" „Alle, die Kaiser, die Könige und die Prinzessinnen hat man so angeredet, wegen der Höflichkeit."

An den Salons ist nichts von der Raiffeisenwelt zu bemerken. Kein rurales Ambiente, nirgendwo taucht das Giebelkreuzlogo auf. Sehr zu empfehlen ist die Doboschtorte mit hauchdünner Karamelglasur, ein Gedicht!

Die Kellnerin bringt unaufgefordert frisches Wasser, stellt die Gläser auf den Tisch und verlässt uns mit einem „Danke", das von einem Lächeln begleitet wird. Klar, da können sich Gäste wohlfühlen und es gelingt leicht in die heile Welt der Monarchie abzuheben. Wir bitten um die Rechnung und landen wieder in der Realität, die beinhart ist, denn wir fragen die Kellnerin (und schämen uns, weil wir Angst haben, sie fühle sich gequält und unser Herz auf Seite der Werktätigen schlägt und nicht auf jener der Kaiser und Könige): „Sie haben das Kaiserreich erwähnt, seit wann ist Österreich eigentlich Republik?" „Das können Sie sicher auf unserer Homepage lesen, da steht die ganze Geschichte vom Demel." „Aber die Republik hat doch nichts mit dem Demel zu tun." „Ich frage meine Kollegin." Die Kollegin kommt, ebenfalls sehr freundlich und apart, bietet Hilfe an: „Das mit der Republik weiß ich nicht, aber ich kann meinen Freund anrufen." Sie zückt ihr i-phone, wechselt von der 3. Person in das gebräuchliche „Du" und fragt ihren Liebsten um die Sache mit dieser Republik. Der weiß das, sagt die Schwarzbeschürzte.

Bei der Antwort vergehen die Faschingsgefühle, die uns seit dem Betreten des Etablissements nicht mehr losgelassen hatten: „Österreich ist seit 1938 Republik und der erste Bundespräsident war Kurt Schuschnigg."

# So funktioniert es – die Beispiele

*Das Genossenschaftswesen unter dem Label Raiffeisen konnte sich nur deshalb so erfolgreich entwickeln, weil es auf einer einzigartigen Kombination von Wirtschaft, Politik und Interessenvertretung beruht. Dieser Zusammenhang und Aspekte des Geldsektors, um den sich auch unter dem Giebelkreuz die Welt dreht, stehen im Mittelpunkt dieser Darstellung von einschlägigen Auffälligkeiten, die exemplarisch zeigen wie das System Raiffeisen auf unterschiedlichen Ebenen, in unterschiedlichen Branchen an unterschiedlichen Orten funktioniert.*

### Das „Immer und überall"-Prinzip

Bundesregierung, Nationalrat, Bundesrat, Landtage in Österreich: Keines dieser Gremien kann offensichtlich auf Mitglieder mit einem Naheverhältnis zum «Stillen Riesen» verzichten. Dies scheint der Kern der Machtfülle der Gruppe zu sein: Gesetzesvorhaben, die Raiffeisen betreffen können, gesteuert werden.

Das Herangehen der Protagonisten der Raiffeisengruppe an Politik und politische Entscheidungsprozesse hat System: Zuerst Karriere innerhalb der Raiffeisengruppe oder zumindest eine Funktion in der „Bauern-Selbsthilfe-Organisation", dann ein Mandat im Gemeinderat oder als Bürgermeister, in Landtag oder Landesregierung, im Parlament oder im Ministerrat. Diese Dialektik gilt wohlgemerkt ausschließlich für Mitglieder der ÖVP. Dabei stellt sich die Frage: Ob die ÖVP sich die Raiffeisengruppe hält, um die Parteiarbeit zu finanzieren, oder die Giebelkreuzler von Raiffeisen eine politische Partei alimentieren, um ihre diversen Interessen optimal durchzusetzen? – Stimmt vielleicht beides? (Die Geschichte mit dem „freien Mandat", das Abgeordnete ausschließlich ihrem Gewissen verpflichtet und sonst niemandem, soll beiseite bleiben; sie wäre zwar schön, steht aber derzeit, sorry, in Parlament und Landtagen nicht am Programm!)

Ein Musterbeispiel ist der Nationalratsabgeordnete und Vizepräsident der steirischen Landwirtschaftskammer Fritz Grillitsch. Bis 2011 Obmann des österreichischen Bauernbundes und Klubobmann-Stellvertreter der ÖVP-Fraktion im Nationalrat musste er diese Funktionen abgeben, nachdem er Buchautor Tilo Sarrazin („Deutschland schafft sich ab") zu einem Vortrag nach Graz eingeladen hatte. Seine Karriere begann Grillitsch als Revisionsassistent des Raiffeisenverbandes.

### Mehr Häuptlinge als Indianer

Ein weiteres Musterbeispiel ist die Verankerung von Raiffeisen in Niederösterreich: Die niederösterreichische Volkspartei stellt derzeit 11 Abgeordnete im Nationalrat. Sechs davon sind Mitglieder des Bauernbundes und wurden von dieser ÖVP-Teilorganisation erfolgreich auf die Kandidatenliste der niederösterreichischen Volkspartei gehievt. Dazu ist zunächst den Agrariern zu gratulieren, denn die Berufsgruppe der in der Landwirtschaft Tätigen ist bedeutend kleiner als der Mandatsanteil der Bauern innerhalb der niederösterreichischen ÖVP-Abgeordneten im Nationalrat. Es wird zwar kein Bauernbundmandatar behaupten, er handle als politischer Mandatar im Auftrag der Raiffeisengruppe; fest steht aber, dass die Raiffeisengruppe etwa über das Sponsoring des Club Niederösterreich wesentlicher Sponsor des Bauernbundes und der ÖVP in Niederösterreich ist.

Zumindest zwei der Bauernbund-Abgeordneten aus Niederösterreich sind stolze Träger weiterer wichtiger Funktionen: Der Abgeordnete zum Nationalrat Karl Donabauer erledigt nebenberuflich die Obmannschaft der Sozialversicherung der Bauern und sitzt im Vorstand des Raiffeisenverbands als höchstem Gremium der Genossenschaft. Und der Abgeordnete zum Nationalrat Hermann Schultes präsidiert nebenberuflich die Landwirtschaftskammer Niederösterreich und sitzt im Exekutivkomitee der IFAB (International Federation of Agricultural Producers), einer Vereinigung, die nicht unbedingt als Raiffeisenfern gilt. Auch hier ist das Prinzip der Kombination Kammerfunktionär – Raiffeisen – Mandatar zu beobachten.

Ein anderes Beispiel aus der Steiermark: Wilfried Thoma ist Präsident des Aufsichtsrates der Raiffeisenlandesbank Steiermark.

Weil Bank mit Geld zu tun hat, ist er überdies Kassier des Bauernbundes Steiermark der ÖVP. Zum Drüberstreuen ist Thoma Vorstandsmitglied im Raiffeisenverband.

In Oberösterreich funktioniert das System in gleicher Weise: Der Abgeordnete zum Nationalrat Jakob Auer beschließt im Nationalrat Gesetze. Kann aber wesentlich mehr: Er war Obmann der Raiffeisenlandesbank Oberösterreich von 2000 bis 2004. Seit ihrer Umwandlung in eine Aktiengesellschaft im Jahr 2004 fungiert er als Aufsichtsratspräsident der Raiffeisenlandesbank Oberösterreich. In dieser Funktion und als Genossenschaftsanwalt des Raiffeisenverbandes Oberösterreich sitzt er überdies im Vorstand des Raiffeisenverbands.

### Anleihe bei Lenin?

Weil wir uns hier mit dem System Raiffeisen beschäftigen ein gedanklicher Ausflug in die Sphären des untergegangenen Sozialismus: Im Statut des „Bundes der Kommunisten" ist 1847 erstmals die Rede vom demokratischen Zentralismus. Damals entstand dieses Organisationsprinzip, das gewährleisten sollte, dass einheitliches Handeln aller Mitglieder und die Durchführung der von den leitenden Organen gefassten Beschlüsse außer Frage stehen. Lenin hat den demokratischen Zentralismus weiterentwickelt. Theoretisch sollte er so funktionieren: Leitung der Partei von einem gewählten Zentrum aus, periodische Wahl aller leitenden Parteiorgane von unten nach oben, Rechenschaftspflicht der Parteiorgane gegenüber den Organisationen, die sie gewählt haben. Ähnlich wählen die örtlichen Genossenschaften von Raiffeisen die Landesleitungen, die Landesleitungen die Zentrale in Wien. Das demokratische Paradies ist garantiert. – Wenn dem nur so wäre! In Moskau hätte der mächtige, ehemalige Raiffeisengeneralanwalt Christian Konrad erfahren können, dass ein Mangel an Demokratie auf die Dauer nicht gut gehen kann.

### Beispiel Parlament: Die Politmacht von Raiffeisen im ÖVP-Klub

*Das Erfolgsrezept von Raiffeisen – längst das mit Abstand größte und mächtigste Wirtschaftskonglomerat des Landes – geht auf Dr. Engelbert Dollfuß zurück. Bevor dieser zum Arbeitermörder (Februar 1934) und zum Opfer von Nazi-Putschisten (Juli 1934) wurde, war er unter anderem Amtsdirektor der niederösterreichischen Landwirt-schaftskammer. Seine konstruktivste Zeit, denn hier entwickelte Doll-fuß das Raiffeisenmodell, das die Verzahnung von wirtschaftlichem, ständischem/sozialpartnerschaftlichem und politischem Einfluss vor-sieht. Zu einem erfolgreichen Milliardengeschäft wurde die Dreifal-tigkeit von Giebelkreuz, Landwirtschaftskammern und Bauernbund allerdings erst in der 2. Republik.*

Wie das praktisch über die Bühne geht, muss man sich im Detail ansehen. Denn das Modell funktioniert nicht bloß durch das Einvernehmen von Kalibern wie dem ehemaligen Generalan-walt Christian Konrad, Gerhard Wlodkowski, Chef der Landwirt-schaftskammern, und Jakob Auer, Chef des Bauernbundes. Bei der Verzahnung der zahllosen Hamster-Räder kommt es darauf an, dass auf allen Ebenen alles wie geschmiert läuft.

Dazu trägt das spezifische Lobbying bei, das es Raiffei-sen erlaubt, im politischen Sektor (sprich: in Bundesregierung und Nationalrat) mit dem Bauernbund der ÖVP einen direkten Ansprechpartner vor den Karren spannen zu können. Der Anteil der bäuerlichen Bevölkerung beträgt in Österreich derzeit rund 2 Prozent bei weiter sinkender Tendenz. Im Parlamentsklub der Volkspartei sind die Agrarier vergleichsweise überproportional ver-treten. Von den derzeit 51 Nationalratsmandaten der ÖVP werden 13 Mandate von Mitgliedern des Bauernbundes eingenommen; von den 27 Mitgliedern der ÖVP im Bundesrat besetzt sieben der Bauernbund; und von den sechs Sitzen der ÖVP im Europäischen Parlament wird einer von einer Bauernbündlerin wahrgenommen.

Geht man davon aus, dass Österreich in der EU mangels Masse wenig zu melden hat und der mit Abschaffungsforderungen konfrontierte Bundesrat ein besseres Salzamt darstellt, dann hat die Präsenz des Bauernbundes im Nationalrat für Raiffeisen das größte Gewicht. Konkret werden die Bauernbundsitze – Ladies first – von Anna Höllerer sowie Jakob Auer, Karl Donabauer, Franz Eßl, Franz Glaser, Franz Grillitsch, Johann Höfinger, Erwin Hornek, Peter Mayer, Nikolaus Prinz, Johannes Schmuckenschla-ger und Hermann Schultes eingenommen.

Diese Liste enthält nicht die ganze Wahrheit über die gebün-delte Politmacht von Raiffeisen im ÖVP-Klub. Zum Fähnlein der

Aufrechten zur Vertretung der Interessen der Großagrarier gehört als Generalsekretär des Raiffeisenverbandes auch Ferdinand Maier, der allerdings auf einem Mandat des Wirtschaftsbundes in der gesetzgebenden Körperschaft saß. Das ist recht und billig, weil die Performance von Raiffeisen trotz einiger umstrittener Bereiche doch der gesamten österreichischen Wirtschaft frommt. Von ihr wissen wir, dass es nicht zwangsläufig allen gut geht, wenn sie aufblüht, genauso wie die kleinen und mittleren Milchbäuerinnen und Milchbauern sich von der Monopolstellung der Raiffeisen-Molkereigenossenschaften nichts abschneiden können, so lang sie einen unzureichenden „Milchschilling" erhalten.

Dabei ist die im Nationalrat vertretene Verhandlungsmacht der Agrarier nicht von schlechten Eltern: Jakob Auer (Jg. 1948) ist seit 1983 Nationalrat sowie in Personalunion Chef des Bauernbundes und Aufsichtsratsvorsitzender der RLB Oberösterreich. Nachdem die Präsidenten der Sozialpartnerverbände aus Gründen der Unvereinbarkeit nicht mehr im Parlament sitzen, nehmen ihre Stellvertreter diese Funktion wahr. Die Österreichischen Landwirtschaftskammern entsenden mit Franz Eßl (Jg. 1957, seit 2002 Abgeordneter zum Nationalrat) und Hermann Schultes (Jg. 1953, seit 2009 Abgeordneter zum Nationalrat) gleich zwei von drei ihrer Vizepräsidenten ins Parlament. Eßl agierte u. a. bis 2009 als Obmann-Stellvertreter der Salzburger Agrar-Marketing GmbH. Schultes ist als Vorstandsmitglied der Raiffeisen-Holding Niederösterreich-Wien und der Raiffeisen-Revision Niederösterreich auf den Bettel nicht angewiesen, der in seinen Augen ein Abgeordnetenbezug vermutlich darstellt.

Aus einer zentralen Position im Reich des grünen Riesen kommt auch Karl Donabauer (Jg. 1945, seit 1994 im Nationalrat). Er fungierte von 1985 bis 1995 als Aufsichtsratsvorsitzender der Raiffeisen-Holding Niederösterreich-Wien, als sie noch nicht als AG sondern als Genossenschaft firmierte. Der langjährige Bürgermeister der Gemeinde Dunkelsteiner Wald war vorübergehend auch Vizepräsident der Landwirtschaftskammer Niederösterreich. Schrittweise hochgedient dürfte sich der Güssinger Franz Glaser haben. Seine Karriere verlief über folgende Stationen: Bezirksparteisekretär der ÖVP in Güssing (1977–1990), Landtagsabgeordneter (1991–2002) und seit 2002 Nationalrat.

Der abgehalfterte Bauernbundpräsident Franz Grillitsch hat, bevor er wie seine Kollegen aktiver Landwirt wurde, die Berufslaufbahn als Revisionsassistent beim Raiffeisenverband gestartet. Vom Kammerrat stieg er zum Vizepräsidenten der Landwirtschaftskammer Steiermark auf, um 2002 in den Nationalrat einzuziehen. Bevor er Chef des Bauernbundes wurde, standen ihm viele Posten offen – wie der Vorsitz im ÖVP-Agrarklub und der stellvertretende Vorsitz im ÖVP-Parlamentsclub.

Die Kombination Bauernbund, Landwirtschaftskammer und Raiffeisen scheint ein nahezu unfehlbares Erfolgsrezept zu sein. Sie kennzeichnet das Gros der Lebensläufe der restlichen Mandatarinnen und Mandatare der ÖVP im Nationalrat aus dem Bauernbund. Über eine Giebelkreuz-Tangente verfügen Johann Höfinger (Jg. 1969, seit 2006 im NR) als Vorstandsmitglied der Raiffeisenbank Langenlebarn-Tulln, Bundesbäuerin Anna Höllerer (seit 2002 im NR) als Angestellte der Raiffeisen-Holding Niederösterreich-Wien oder Erwin Hornek (Jg. 1959, seit 1999 im NR) als Aufsichtsrat der Raiffeisenbank Waidhofen an der Thaya.

Diese Beispiele zeigen zur Genüge, wie der Hase im Reich von Raffeisen, Landwirtschaftskammern und Bauernbund der ÖVP läuft.

## Bundesrat: 7 von 27 VP-Mandaten für den Bauernbund

*Auch im Bundesrat funktioniert die Achse Raiffeisen – Landwirtschaftskammern – ÖVP-Bauernbund. Sie sichert vor allem einen unmittelbaren Einfluss auf die Exekutive und Legislative in Bund und Ländern. Dazu kommt die Installation von Vertrauenspersonen in verantwortlichen Positionen der Verwaltung.*

Wie die informellen Kanäle zwischen Raiffeisen Zentralbank (RZB) und Finanzministerium funktioniert, hat eines Tages „Die Presse" aufgezeigt. Vermutlich vom „Augustin" angeregt, hat das Blatt des Styria Verlags ein wenig Raiffeisenwatch betrieben. Das liest sich so: „Wenn es um wichtige Themen im Bankenbereich geht, verließ sich Finanzministerin Maria Fekter (ÖVP) auf die Expertise von Michael Höllerer. Dieser ist im Kabinett für die Bereiche ‚Finanzmärkte, Kapitalmarkt, Beteiligungen und Internationale Finanzinstitutionen' zuständig." Laut „Die Presse" hatte der Mann seine Finger in den Fällen Volksbanken und Hypo Alpe-Adria im Spiel und fungiert „als Bindeglied zwischen Fekters Kabinett und den Finanzkonzernen".

Weiter heißt es wörtlich: „Laut ‚Presse'-Informationen wird der Experte im Sommer zu Raiffeisen wechseln. ... Er soll die ‚rechte Hand' von RZB-Chef Walter Rothensteiner werden. Genau genommen kehrt Höllerer zu den Giebelkreuzern zurück. Er arbeitete bereits in der Vergangenheit in der RZB als Vorstandssekretär. Ende 2008 holte ihn der damalige Finanzminister Josef Pröll (ÖVP, jetzt für Raiffeisen tätig; und zwar in der Leipnik-Lundenburger Investment AG – Anm. LH/CS) ins Kabinett. Höllerers Nominierung sorgte für Kritik. Der grüne Finanzsprecher Werner Kogler sah darin eine ‚Unvereinbarkeit' und ‚schiefe Optik', denn die RZB beantragte 2009 Staatshilfe."

Entschuldigend heißt es in dem Blatt weiter: „Die RZB stellte jeden Zusammenhang zwischen Höllerer und der Unterstützung in Abrede. Die Gespräche über die Milliardenhilfe führte Höllerers Ex-Chef Rothensteiner direkt mit Minister Pröll ‚auf Augenhöhe', wie ein RZB-Sprecher 2009 versicherte."

### Spitzenbeamte im Offside

In Gestalt von Herrn Höllerer begegnet uns eine Spezies, die typisch für die Vermengung von Wirtschaftsinteressen, Standesvertretung und Politik in Österreich ist. Es gehört zur politischen Unkultur der Kabinettmitglieder aller Couleurs, unter Umgehung der Spitzenbeamten und des gesamten Beamtenapparats ihre Büros mit eigenen Beraterstäben zu füllen, die sich aus Personen mit speziellen Anliegen zusammensetzen. Klar, diese helfen ihren Sonderinteressen zum Durchbruch und nicht den gültigen Gesetzen.

Das ist eine wichtige Netzwerk-Methode im Bereich der Regierung, sofern nicht ohnehin politische Spitzenpositionen direkt besetzt werden, wie das unter den Bauernbündlern Wilhelm Molterer und Josef Pröll als Vizekanzler der Fall war und im Bereich der Landeshauptleute, Agrarlandesräte usw. zum guten Ton gehört. In der aktuellen Legislative, die bis Herbst 2013 gewählt ist, erscheint Raiffeisen durch die Einheit mit Landwirtschaftskammer und Bauernbund fest verankert. Wie dieses Kräftedreieck im Nationalrat vertreten ist, wurde bereits weiter oben ausgeführt: Von den 51 Mandaten der ÖVP werden 13 Sitze von Mitgliedern des Bauernbundes besetzt. An ihrer Spitze steht Jakob Auer als frischgebackener Bundesobmann des Bauernbundes und Aufsichtsratsvorsitzender der Raiffeisen-Holding Oberösterreich.

Der Bundesrat wird zwar immer wieder als Verschubmasse für eine Demokratiereform hingestellt, dennoch trägt er weiterhin wesentlich zur Gesetzgebung bei. Die zweite Kammer verfügt über 62 Sitze; von ihnen nehmen die SPÖ 22, die ÖVP 27, die FPÖ 7 und Fraktionslose oder andere Fraktionen 6 Mandate ein. Von den 27 Mandaten der ÖVP besetzt der Bauernbund 7 und zwar mit folgenden Personen: Martina Diesner-Wals (*1968 Waidhofen an der Thaya, selbstständige Landwirtschaftsmeisterin), Friedrich Hensler (*1949 in Wien, verankert im Bezirk Bruck an der Leitha, Landwirt), Christian Jachs (*1966 in Linz, Bürgermeister von Freistadt), Georg Keuschnigg (*1954 in St. Johann, u. a. Journalist und Leiter des Agrarverlags), Martin Preineder (*1962, Wiener Neustadt, Landwirt), Friedrich Reisinger (*1962 in Mürzzuschlag, Landwirt) und Ferdinand Tiefnig (*1965 in Ostermiething bei Braunau, Landwirt).

### Fest geschmiedete Dreieinigkeit

Alle angeführten Personen sind nicht nur im Bauernbund fest verankert. Darüber hinaus üben sie Funktionen in der Landwirtschaftskammer aus und/oder sind im Bereich von Raiffeisen (Genossenschaftswesen, Maschinenringe, Agrarverlag usw.) aktiv. Allerdings fallen unterdessen wichtige Entscheidungen, von denen die Landwirtschaft betroffen ist, auf EU-Ebene. Dort ist der Bauernbund nicht gerade überrepräsentiert: Mit einem von ganzen sechs Mandaten der ÖVP im Europaparlament ist in Strassburg und Brüssel wenig Staat zu machen. Raiffeisen dürfte in der belgischen Metropole daher auf gewöhnliches Lobbying angewiesen sein.

### Beispiel Landesregierungen: Mechanik der gegenseitigen Förderung

*Über Lobbyismus wird immer wieder viel geredet. Wie die Verbindungen zwischen Raiffeisen und Parlament funktionieren, wurde bereits dargestellt. Mindestens genauso wichtig ist die Achse Landesregierungen/Landtage und Raiffeisen. Ein Streifzug durch die österreichischen Bundesländer zeigt: Das Giebelkreuz sitzt überall.*

Niederösterreichs Landeshauptmann Erwin Pröll wird nachgesagt, er sei noch heute schwer verschnupft, weil der ehemalige Raiffeisenboss Christian Konrad 2010 eine Kandidatur Prölls für die Präsidentschaftswahl kritisch beleuchtet habe. Es hatte wohl mit den realen Machtverhältnissen zu tun, dass Pröll schließlich nicht kandidierte. Dem Geschäft in Niederösterreich hat Konrads Machtwort jedenfalls nicht geschadet, und der Raiffeisenpressedienst freut sich über die Zusammenarbeit mit der niederösterreichischen Landesregierung, beispielsweise beim Energiesparen: „Der Raiffeisen EnergieSparTag feiert Jubiläum. Bereits zum fünften Mal fand die Aktion heuer am 4. Februar in enger Kooperation mit dem Land Niederösterreich in den Raiffeisenbanken statt. Erstmals tragen alle niederösterreichischen Raiffeisenbanken diesen speziellen Tag mit. Der niederösterreichische Landesrat für Umwelt, Landwirtschaft und Energie, Dr. Stephan Pernkopf, und Mag. Erwin Hameseder, Generaldirektor der Raiffeisenlandesbank Niederösterreich-Wien, präsentierten die Aktivitäten des heurigen EnergieSparTags in der Raiffeisenbank Krems." Ein exemplarisches Beispiel, für Raiffeisen sind die Sparten Finanzierung, Versicherung und Ware (Lagerhaus) abgedeckt.

Auch in Oberösterreich bewährt sich die Achse Landesregierung – Giebelkreuz. Es ist nicht so, dass ein Landesrat oder eine Landesrätin hinausposaunt, sein/ihr wichtigstes Ziel sei es, Raiffeisen zu dienen und zu stärken. Die Chose läuft subtil, dafür aber im täglichen Geschäft. Beispiel: Gesundheitsminister Alois Stöger trat mit dem Plan an die Öffentlichkeit, Gesundheits- und Ernährungssicherheitsbeiträge einzuheben, um Gelder für die AGES (Österreichische Agentur für Gesundheits- und Ernährungssicherheit GmbH) zu lukrieren. Das beträfe selbstverständlich auch die Lagerhauskette von Raiffeisen. Da trat der zuständige oberösterreichische Agrarlandesrat Max Hiegelsberger auf den Plan und sagte laut „Nein!".

Auf www.lagerhaus.at liest sich das dann so: „Auch Oberösterreichs Agrarlandesrat Max Hiegelsberger wehrt sich gegen die Pläne von Gesundheitsminister Alois Stöger, sogenannte Gesundheits- und Ernährungssicherungsbeiträge einzuheben, um die AGES zu finanzieren. Diese Beiträge sollen, wie berichtet, von der Landwirtschaft, aber auch von verarbeitenden Betrieben, Handel und der Gastronomie kassiert werden. Kritik daran haben unter anderem bereits Landwirtschaftskammer-Präsident Gerhard Wlodkowski, Bundesminister Nikolaus Berlakovich und Bauernbundpräsident Fritz Grillitsch geübt."

Weiter im Text: „Für die Landwirtschaft würde das eine immense zusätzliche Belastung bedeuten. Nicht nur, dass mit dem aktuellen Budget der Zuschuss zur Unfallversicherung gestrichen wird, eine Beitragserhöhung der Pensionsversicherung ansteht und die Einsparungen bei der Familienbeihilfe kinderreiche Bauernfamilien besonders stark treffen, soll die Landwirtschaft jetzt auch die Rechnung des Gesundheitsministeriums zahlen", kritisiert der Landesrat. Obwohl der Agrar-Landesrat die betroffene Lagerhaus-Kette mit keinem Wort erwähnt, profitiert die Giebelkreuz-Teilorganisation trotzdem von den Bemühungen des Mitgliedes der Landesregierung.

Anderes Bundesland, anderes Beispiel – und gleiche Mechanik der gegenseitigen Förderung: Im Salzburger Obertrum wird ein neues Lagerhaus errichtet. Keine sensationelle Angelegenheit, aber ein Pflichttermin für den damals zuständigen Agrar-Landesrat Sepp Eisl, der bei der Eröffnung eine Standard-Rede hält, die von www.raiffeisen.at dem geneigten Publikum vermittelt wird: „Die eminente Bedeutung von regionaler Verankerung und Verantwortung hob Landesrat Sepp Eisl hervor: ‚Nur gemeinsam, und zwar mit solidem Wirtschaften, nicht mit Spekulation, kann die Krise bewältigt werden. Am besten dafür geeignet sind genossenschaftliche Einrichtungen wie z. B. die Lagerhausorganisation'." Der Landesrat muss das Wort Raiffeisen nicht einmal in den Mund nehmen – es genügt der Code-Begriff „genossenschaftliche Einrichtungen".

Ein Tiroler Beispiel: In Tirol agierte ÖVP-Landesrat und Landeshauptmann-Stellvertreter Anton Steixner. Steixner ist auch

Obmann des Tiroler Bauernbundes. Als im Herbst 2010 Auszahlungen der AMA (Agrar Marketing Austria) an landwirtschaftliche Betriebe verzögert wurden, war Steixner zur Stelle, um den Bauern zu helfen. Mit den Raiffeisenbanken wurde eine Überbrückungsfinanzierung auf die Beine gestellt, die a) den ÖVP-Agrarlandesrat als Retter der in Not geratenen Bauern aussehen lässt, b) den Raiffeisensektor als einzige mögliche Bankverbindung für Bauern suggeriert und c) den beteiligten Raiffeisenkassen ein risikofreies Einkommen in Form von vom Land garantierten Zinszahlungen verschafft. In der „Bauernzeitung" wurde dann Landesrat und Giebelkreuz wie folgt abgefeiert: „LHStv. Steixner und RLB-Vorstand Schmid haben Hilfe für Bauern ausverhandelt. Zirka 400 Tiroler Landwirtschaftsbetriebe haben im heurigen Jahr aufgrund noch offener Kontrollerfordernisse der Agrarmarkt Austria (AMA) keine oder nur teilweise Leistungsabgeltungen erhalten. ‚Dadurch kommt es zu schwerwiegenden Liquiditätsengpässen bei zahlreichen Bauern, die große Zahlungen oft auf die Monate November und Dezember abgestimmt haben', so LHStv. Bauernbundobmann Anton Steixner. Er hat deshalb gemeinsam mit RLB-Vorstandsvorsitzendem Dr. Hannes Schmid diesbezüglich ein Modell einer Überbrückungshilfe für die geschädigten Bauern ausverhandelt, dem die Obmänner der einzelnen Raiffeisenbanken bereits ihre Zustimmung gaben. ‚Wir wollen die betroffenen Bauern, die treue Kunden unserer Raiffeisenbanken sind, nicht im Stich lassen', betont Schmid."

### Beispiel Steuergesetzgebung: Fit & fett durch Osterweiterung

*Zentral-, Osteuropa und Asien: An keinem Bankplatz fehlt das Giebelkreuz. Die Raiffeisen Bank International AG ist stolz auf eine einmalige Erfolgsgeschichte. Die wenigsten österreichischen Steuerzahler wissen, dass sie bei dieser Erfolgsgeschichte kräftig mithelfen dürfen. Stichwort „Gruppenbesteuerung" – ein konkretes Beispiel dafür, wie sich Abstimmungsverhalten von Raiffeisenmandataren im Parlament positiv auf die Finanzen des Konzerns auswirken kann.*

Der Reihe nach: Die Raiffeisen Bank International verfügt nach eigenen Angaben in Zentral- und Osteuropa mit ihren lokalen Tochterbanken über 3.000 Geschäftsstellen in 17 Märkten,

in denen 15 Millionen Kunden von 56.000 Mitarbeitern betreut
werden. Raiffeisen und Töchter stehen für das Kommerz- und Pri-
vatkundengeschäft sowie Investmentbanking zur Verfügung. Auch
in Asien, beispielsweise in China, Singapur, Hongkong, Indien
oder Kasachstan sind die Banker, die von der Scholle kommen,
zugange. Überall dort gibt es Repräsentanzen.

Seit dem Zusammenbruch der sozialistischen Systeme im
Osten 1989 herrschte für westliche Banken in Zentral- und Osteuropa Goldgräberstimmung. Der Wiener Ökonom Hannes Hofbauer beschreibt den Zustand exemplarisch an Hand der Situation
in Belgrad im Herbst 2000: „Die Raiffeisen Zentralbank fasste
bereits drei Wochen nach der sogenannten ‚Bulldozer Revolution‘
vom Oktober 2000 den Plan, in Serbien ein Filialnetz zu gründen.
Im Juli 2001 war man bereits dort, kurz darauf, am 1. Jänner 2002,
wurde per staatlichem Dekret den vier größten serbischen Banken
im Land die Lizenz entzogen. Die mit gleichem Stichtag stattfin-
dende Euro-Umstellung trieb zig-, ja hunderttausende Serben in
die Banken, um die unter dem Kopfpolster gehorteten DM in die
neue europäische Leitwährung zu tauschen. In wenigen Monaten
beherrschte die Raiffeisen Zentralbank (RZB) 20 Prozent des Pri-
vatkundenmarktes, schnell waren Filialen überall im Lande errichtet. Von Goldgräberstimmung zu reden, war nachgerade untertrie-
ben; die Raiffeisen Zentralbank musste nicht einmal nach Gold
graben, die Menschen kamen, standen Schlange und brachten das
Geld vorbei.“ (Hannes Hofbauer in „Wirtschafts- und Finanzkri-
sen im Kapitalismus, Historische und aktuelle Aspekte“, Alfred
Klar Gesellschaft, Wien 2010)

Was hat dies mit den österreichischen Steuerzahlern zu tun? –
Während der wenig segensreichen Regierungszeit von ÖVP/
FPÖ bzw. ÖVP/BZÖ in der ersten Dekade des neuen Jahrtau-
sends wurde im österreichischen Nationalrat die Idee der Gruppenbesteuerung zum gültigen Gesetz erhoben. Auch die Raiffeisen nahen Abgeordneten/Lobbyisten/Agenten stimmten mit und
schon war ein Gesetz gültig, das dem Hause Giebelkreuz bares
Geld in Form ersparter Steuerleistung in die Kassen spülen sollte:
Im Rahmen der Gruppenbesteuerung lindern die Ausgaben ausländischer Tochterfirmen die Steuerlast inländischer Eigentümer.
Beispiel: Die Firma XY verbucht in Österreich einen Gewinn von

beispielsweise einer Million Euro, den sie versteuern sollte. Gleichzeitig investiert die Firma XY in eine Tochterfirma im Ausland ebenfalls eine Million Euro, die sie für dortige Aufwendungen braucht. Vor dem österreichischen Finanzamt heben die beiden Beträge einander auf und die Steuerlast schmilzt gegen null.

Diese Gesetzeslage bewirkt, dass der österreichische Steuerzahler durch Steuerausfälle im Inland die Raiffeisenexpansion im Osten de facto finanzieren darf. – Wer jetzt glaubt, diese Situation wäre nach dem Regierungswechsel 2007 korrigiert worden, irrt natürlich. Aber das ist eine andere Geschichte. Jedenfalls befindet Raiffeisen sich aufgrund dieses Status quo in einer äußerst günstigen Situation.

### Die Mindestrentnerin muss zahlen!

Die seit 2008 akute Wirtschaftskrise hat auch im Osten tiefe Spuren hinterlassen. Österreichische Banken, insbesondere die Raiffeisengruppe – sowohl RZB, als auch Raiffeisen International – engagierten sich deutlich stärker im Osten als beispielsweise deutsche oder französische Institute. Österreichs Banken haben insgesamt rund 300 Milliarden Euro an Krediten in der Region vergeben. Damit die Ziffer anschaulich wird: Das österreichische Bruttoinlandsprodukt von 2008 (sprich der Wert aller in Österreich produzierten Güter) betrug 280 Milliarden.

Konservative Schätzungen gehen davon aus, dass rund 20 Prozent der verliehenen Gelder uneinbringlich sind. Das wären stolze 60 Milliarden Euro. Wieder kommt der österreichische Steuerzahler ins Spiel: Die SPÖ/ÖVP-Bundesregierung beschloss im Dezember 2008 eine staatlich garantierte Ausfallshaftung in der Höhe von 100 Milliarden Euro und zusätzlich einen 15-Milliarden-Euro-Fonds zur Stärkung des Eigenkapitals der heimischen Großbanken.

Im Klartext, der nicht nur Raiffeisen, sondern auch andere Institute betrifft: Funktioniert ein Kreditgeschäft, zahlt der Kreditnehmer tüchtig Zinsen; die Bank freut sich und die Dividenden für die Aktionäre und die Boni für die Banker sprudeln. Funktioniert das Geschäft nicht, kommt kein Kapital zurück und werden keine Zinsen bezahlt, dürfen die Steuerzahler, beispielsweise ein Notstandshilfebezieher oder eine Ausgleichszulagebezieherin, die für ihre Lebensmittel beim Diskonter Mehrwertsteuer bezahlen, mit ihren Steuerleistungen einspringen. Ein großartiges System für Geldtempelbesitzer und Kuponschneider, weil auch bei Ausfällen die Dividenden und Boni sprudeln.

### Beispiel Mandatar: Ist Ferry Maier doppelt gemoppelt?

Pro Gruppenbesteuerung hat im Parlament der Abgeordnete Ferry Maier gestimmt, der auch in anderen Bereichen tätig ist. Jedenfalls Raiffeisen pur: „Absolute Marktorientierung" – unter diese Losung haben Raiffeisenmanager das Immobiliengeschäft des Konzerns gestellt. Angestrebt werden offenkundig hohe Gewinne aus dem Geschäft mit Wohnen als menschlichem Grundbedürfnis. Die grundlegenden Bedingungen für den Wohnungsmarkt in Österreich werden wiederum im Parlament ausgehandelt und gestaltet. Dort sitzen bekanntlich der Raiffeisengruppe verbundene Mandatare wie Maier bis vor kurzem, die allerdings so tun, als gelte für sie ebenfalls die Idee des „freien Mandats".

Zuerst zur Theorie: Der Begriff „freies Mandat" bedeutet, dass ein Abgeordneter ausschließlich seinem Gewissen verpflichtet ist, also keine Aufträge von Wählern, Parteien oder Fraktionen auszuführen hat. Eine edle Sache. Allerdings gibt es Interessen.

Nun zur Praxis: Beispielsweise war Ferry Maier bis vor kurzem Abgeordneter im Nationalrat. Betrachtet man seine Tätigkeitsliste und Funktionen außerhalb des Parlaments, muss man ihn bewundern, denn mit dem Rattenschwanz an Funktionen, die er wahrnimmt, ist es ein wahres Kunststück, einem „freien Mandat" gerecht zu werden. Maier fungiert oder fungierte als Generalsekretär des Raiffeisenverbandes, Geschäftsführer der Medicur, Mitglied der Geschäftsführung der Epamedia, Mitglied des Aufsichtsrates der Kurier AG, Bezirksparteiobmann der ÖVP Floridsdorf und Landesparteiobmannstellvertreter der ÖVP Wien.

Sein „freies Mandat" verwirklichte Maier im Plenum des Nationalrates und in folgenden Ausschüssen: Hauptausschuss, Budgetausschuss, Industrieausschuss, Wirtschaftsausschuss, Finanzausschuss. Damit mischte er in allen Schlüsselstellen der parlamentarischen Willensbildung mit – jedenfalls war er überall dort dabei, wo es um den Nervus Rerum, also die wirkliche Kohle ging. Für den Fall, dass er das „freie Mandat" wirklich ernst nimmt, müsste Maier an diesen Schaltstellen der Macht die Interessen von Raiffeisen als seinem Hauptbrötchengeber hintanstellen und sich an seinem Gewissen orientieren. Das würde auch auf Vorlagen zutreffen, die die Immobilienbranche in Österreich betreffen. Allerdings ist es fraglich, ob er über eine von seinem Beruf abweichende Privatmeinung verfügt.

### Nur mit Familienmitgliedern

Ein wesentliches Vehikel für Raiffeisen, um mit Immobilien Cash zu machen, ist die Raiffeisen Immobilien Kapitalanlage-Gesellschaft m. b. H., eine hundertprozentige Tochter der Raiffeisenkapitalanlage-Gesellschaft m. b. H. Mit Hilfe der Firma dürfen nicht nur Multimillionäre in Fonds investieren, auch Mindestrentner können sich an der wunderbaren Geldvermehrung aus dem Titel Immobilien beteiligen. „Bereits mit kleinen Beträgen (ab 30 Euro monatlich) können Anlegerinnen und Anleger von den Vorteilen von Immobilieninvestments in den Wachstumszentren Europas profitieren. Das professionelle Management des Raiffeisenimmobilienfonds übernimmt alle mit der Immobilie in Zusammenhang stehenden Agenden wie Fondsmanagement (Investmentstrategie und Auswahl der Märkte), Investment-Management (Kauf und Verkauf von Objekten) sowie Asset-Management (Vermietung, Mieterbetreuung, etc.).“

Die Fondsfirma ist nicht die einzige Aktivität der Raiffeisengruppe im Sektor Immobilien. Da gibt es die Raiffeisen evolution project development GmbH; eine Firma, die aus einer Allianz „dreier Key Player der europäischen Immobilienwirtschaft" entstanden ist. Weiter heißt es auf der zitierten Website: „Entstanden aus den Projektentwicklern der Raiffeisengruppe und dem Geschäftsbereich Projektentwicklung Österreich und Osteuropa der Strabag SE, strebt Raiffeisen evolution eine Führungsposition in Europa an." Alles bleibt in der Familie: Die Raiffeisengruppe ist einer der Hauptaktionäre der Strabag SE. Die Immobilienmanager der Giebelkreuzler haben Großes vor: „Mittelpunkt der Aktivitäten von Raiffeisen evolution ist Zentral- und Osteuropa. Als einer der Marktführer in Österreich ist es erklärtes Ziel der Gruppe, diese Rolle in Zukunft in der gesamten Ausdehnung des Zielmarktes einzunehmen. Das Unternehmen ist heute neben dem Hauptsitz in Wien mit eigenen Niederlassungen in Ungarn, Polen, der Tschechischen Republik, der Slowakei, in Serbien, Rumänien, Bulgarien, Russland und in der Ukraine vertreten" (ebenfalls Website der Raiffeisen evolution). Schon bisher waren die Macher der „evolution" nicht faul: Seit Gründung der Gesellschaft im Jahr 2003 wurden 720.000 Quadratmeter Nutzfläche errichtet. Weitere 950.000 Quadratmeter sind in Bau oder in Entwicklung.

Zurück zur Geschichte mit dem freien Mandat: Gesellschafter der Raiffeisen evolution sind zu 40 Prozent die RZB, zu je 20 Prozent die Uniqa Versicherungs AG, die Strabag SE und die Raiffeisen-Holding. (Wie die wiederum untereinander verwandt sind, lassen wir vorerst beiseite). Der „evolution"-Miteigentümer Raiffeisen-Holding ist wiederum 50 Prozent-Gesellschafter der Medicur-Holding, in deren Geschäftsführung der erwähnte Ferry Maier sitzt. Der ehemalige Abgeordnete Ferry Maier durfte sich also vor jeder Abstimmung, beispielsweise eine Gesetzgebung den Immobilienbereich betreffend, überlegen, wie er sein freies Mandat ausübt. Berücksichtigt er die Interessen des Eigentümers (Raiffeisen-Holding) sowohl „seiner" Medicur als auch der Raiffeisen evolution, oder sagt er seinem Aufsichtsrat (Medicur): Sorry, heute muss ich gegen die Interessen des Unternehmens stimmen – von wegen freiem Mandat und so? Sehr schwer hatte es der Herr Maier.

**Beispiel Ideologe: Dollfuß über „Hausherrenrechte" und „Notwehr"**

*An mehreren Stellen wird in diesem Buch über Engelbert Dollfuß gesprochen; dies deshalb weil Dollfuß einer der Säulenheiligen der Raiffeisengruppe ist. Raiffeisenintern wird Dollfuß als großer Reformer gefeiert, seine Ideen wirken bis heute nach. Blickt man genauer hin, wird das hässliche Gesicht von Rassismus und extremem Antisemitismus erkennbar. Und was hat dies alles mit Österreichs mächtigster Wirtschaftsgruppe heute zu tun?*

Anlässlich des 100. Geburtstages des österreichischen Raiffeisenverbandes publizierte die Genossenschaft die Festschrift „Siegeszug einer Idee". Engelbert Dollfuß wird in diesem Buch gebührend gewürdigt, allerdings entschlossen die Herausgeber sich, wesentliche Gedanken von Dollfuß dem Publikum vorzuenthalten.

Für die Struktur der Raiffeisengruppe ist nach wie vor das von Dollfuß entwickelte Dreigestirn der Landwirtschaft maßgeblich: „Auf Dollfuß geht das Dreisäulenmodell der Landwirtschaft zurück, ruhend auf der politischen (Bauernbund), der ständischen (Landwirtschaftskammer) und der wirtschaftlichen (Genossenschaftswesen) Interessensvertretung," heißt es in der Festschrift Raiffeisenverband zum 100. Geburtstag.

Nicht festgehalten wird, was sich Engelbert Dollfuß sonst noch ausdachte: Der österreichische Bundeskanzler und spätere Diktator machte sich als aktives Mitglied der katholischen Studentenverbindung Franco-Bavaria seine Gedanken über den Zuzug von ausländischen Studenten und Arbeitskräften nach Österreich – ein Déjà-vu-Erlebnis zur Diktion heutiger rechtsradikaler Parteien in Österreich und in Europa ist unvermeidlich. In der Tageszeitung „Reichspost" verkündet Dollfuß 1920: „Der Erlass des scheidenden Rektors hat wieder die leidige Fremdländer- – oder sagen wir es gleich offen – die Judenfrage aufgerollt. Es ist aber falsch, dass wir die Juden meinen und Fremd- oder Ausländer sagen. … Aber die Hausherrenrechte wollen wir uns wahren und nicht uns und unsere anderen Gäste von einem Fremdvolke, von einer fremden Rasse verdrängen lassen. Bei allem grundsätzlichen Festhalten an der deutschen Gastfreundschaft müssen wir hier aus ernster Notwehr allen diesen auf geraden und krummen Wegen sich eindrängenden Nutznießern, die an Zahl uns bereits überragen, energisch den Riegel vorschieben. Hier hilft kein Herumdoktern, weg mit allen fremden Juden aus dem Osten."

Bemerkenswert sind die Codewörter „Hausherrenrechte" und „Notwehr". Sie tauchen heute wiederum in zahlreichen Reden von FPÖ-Funktionären auf, und es ist wohl eine Ironie der Geschichte, dass die heutige FPÖ in starker Opposition zur Raiffeisengruppe steht.

Ebenfalls 1920 stellte Dollfuß auf der 51. Cartellversammlung des CV in Regensburg einen Antrag, der die Intentionen des späteren Direktors der Landwirtschaftskammer Niederösterreichs, Bundeskanzlers, Diktators und Bürgerkriegsverantwortlichen klar zeigt: Dollfuß wollte erreichen, dass jedes CV-Mitglied erklären müsse, keine jüdischen Vorfahren zu haben. Bis zur Generation der Großeltern sei dies auch nachzuweisen. Dies war selbst seinen christlichen Cartellbrüdern zu viel, und der Antrag wurde abgewiesen.

In der erwähnten Festschrift des Raiffeisenverbandes wird auch auf das Jahr 1934 eingegangen. Dass Dollfuß mit der Verkündung der Mai-Verfassung zum Diktator wurde, wird nicht erwähnt. Vielmehr wird der Bürgerkrieg als eine Art Naturereignis dargestellt: „… im Februar 1934 brach der Bürgerkrieg aus. … Mehrere Sozialdemokraten werden hingerichtet, Tausende in Haft genommen, ihre Partei wird verboten." Am 25. Juli 1934 wurde Dollfuß bei einem Nazi-Putschversuch erschossen. In der Raiffeisenfestschrift wird der Diktator auch hier immer noch als „Bundeskanzler" bezeichnet. Ebenfalls eine Ironie der Geschichte, dass der Arbeitermörder Dollfuß von den Mördern der Arbeiterbewegung ermordet wurde.

Der pflegliche Umgang der heutigen Führungscrew von Raiffeisen mit Engelbert Dollfuß mag damit zu tun haben, dass die wesentlichen Akteure auch heute CV-Mitglieder sind. Die Lebensfreundschaft gilt offenbar über den Tod hinaus.

### Raiffeisen: Der „große Chef" verteilt Schulnoten

„Solidarität gibt Österreich Kraft" war der Titel eines Vortrags, der nicht von einem Gewerkschafter gehalten wurde. Vielmehr hat dazu Dr. Christian Konrad noch in seiner Zeit als Raiffeisengeneralanwalt in die alte Börse geladen. Wer sich auf Grund der Überschrift ein Fest an Kampfrhetorik erwartete, wurde enttäuscht. Konrad gab einen matten Überblick über seine Geschäfte, der ein wenig in das Seelenleben des ehemals obersten Raiffeisenmanagers blicken ließ.

Ernst Schreiber vom Club Niederösterreich, einer Vorfeldorganisation der ÖVP Niederösterreich, erläuterte in seiner Einleitung die Bezeichnung „Generalanwalt", indem er auf das deutsche „Handelsblatt" verwies, das den Begriff mit „großer Chef" übersetzte.

Daraufhin trat Konrad ans Rednerpult, um auszuteilen: Die USA hätten Lehman Brothers nicht aufgefangen, weil der Schaden europäische Kunden wesentlich stärker als amerikanische treffe. Kein Wort ließ Konrad dabei über die fragwürdigen Praktiken in der Kundenberatung der europäischen Banken fallen.

Der damals frisch gebackene italienische Premier Mario Monti erhielt den Segen des niederösterreichischen Jägermeisters: „Der ist gut, und vor allem hat er gute Leute um sich." Aus dem Lob für Montis Experten-Kabinett konnte, wer wollte, Konrads Verachtung des aktuellen politischen Personals hierzulande heraushören. Später sollte der oberste Giebelkreuzler sagen: „Die Politik kann entscheiden, aber der Markt kann sich auch anders bewegen."

Schnell kam der Aufsichtsratsvorsitzende von Raiffeisen Zentralbank (RZB) und Raiffeisen International (RI) auf die Bankenrettung der Republik Österreich zu sprechen: Das Partizipationskapital hätte man nehmen müssen, der Zinssatz von 8 Prozent sei „sündteuer". Raiffeisenkunden, die ihr Konto überziehen und wesentlich höhere Zinsen blechen müssen, werden sich denken, der Herr Generalanwalt messe mit zweierlei Maß.

Geld geben und Geld nehmen ist das klassische Bankgeschäft. Dabei wird die Republik erwähnt mit einem Lamento über das „jahrzehntelange Schuldenmachen der öffentlichen Hand". Klingt gut, wenn die Verschuldung der öffentlichen Haushalte kritisiert wird, wirkt aber zwiespältig, weil der Kritiker Aufsichtsratspräsident einer Bank ist, die über die Anleihen der Republik fette Zinsen kassiert. Das Verhältnis mit der Republik darf nicht zu weit gehen. Sollte nochmals „Partizipationskapital" nötig sein, wäre das schlecht für die Bank. Dann wären Regierungsvertreter Herren über Teile des Stammkapitals und „sitzen herinnen". – „Wir wollen das Heft selbst in der Hand halten!"

Die Ostaktivitäten der RBI – Experten befürchten wegen des hohen Anteils von Fremdwährungskrediten einen Knall – sieht Konrad fern von jedem Schlamassel: Zu Beginn der Krise 2008 waren demnach große europäische Banken eifersüchtig auf die heimischen Institute, weil sie im Osten reüssierten, während andere diese Chance verschlafen haben. Österreich sei ins Gerede gebracht worden, aber Josef Pröll sei als damaliger Finanzminister und Vizekanzler in den Osten gereist und habe alles wieder in Ordnung gebracht. Wird ein Wunschnachfolger vorweg abgefeiert? Konrad betont: „Wir waren jederzeit in der Lage, das Risiko im Bankgeschäft aus Eigenem abzudecken!" Ernste Miene des Vortragenden, als wäre es notwendig, dieser Aussage besondere Glaubwürdigkeit zu verleihen. Kein Wunder. Zwei Tage später

sprach Ewald Novotny, Gouverneur der Oesterreichischen Nationalbank, von einem zusätzlichen Vorsorgebedarf von Raiffeisen &
Co. wegen der Ostgeschäfte.

Zu einer Tour d'horizon, wie man Konrads Überblick hochtrabend nennen könnte, gehört es, große Namen fallen zu lassen, um die eigene Bedeutung hervorzustreichen: „Ackermann hat
mir unlängst erzählt …" oder „Die slowakische Premierministerin
sagte mir …"

Die ständigen Konsultationen der europäischen Regierungen betrachtet der Generalanwalt als mühsam, kompliziert und
wünscht sich eine europäische Wirtschaftsregierung. Von Griechenland seien die österreichischen Banken kaum betroffen.
(Wenn man von der Raiffeiseneigenen Uniqa Versicherung mit
einem Abschreibebedarf von rund 300 Millionen Euro absieht! –
Anm. LH/CS) Der Fall Italien berge hingegen gewaltige Risiken
für österreichische Kreditinstitute wie für die gesamte Weltwirtschaft.

Zur Malaise diverser niederösterreichischer Gemeinden, die
sich mit Hilfe der Raiffeisenlandesbank Niederösterreich-Wien
auf hochriskante Fremdwährungswetten eingelassen haben und
ins Strauchel geraten sind, spielte Konrad das Unschuldslamm:
Raiffeisen werde sich künftig nur mehr durch Bedrohung mit vorgehaltener Waffe auf derartige Geschäfte einlassen.

Es gehört offenbar zu Konrads Naturell, Raiffeisenhäuptlinge
öffentlich abzuwatschen: So gab er zum Besten, RZB-Vorstandschef Walter Rothensteiner habe ihn gefragt, ob er als Aufsichtsratschef kein schlechtes Gewissen habe, weil er, Rothensteiner, deutlich weniger verdiene als die Kollegen von der „Ersten". Darauf
habe er geantwortet, dem RZB-Mann bleibe es unbenommen, die
Firma zu wechseln. Mittlerweile sitzt der RZB-Chef am Sessel des
Generalanwalts.

Zu Konrads Naturell gehört es ferner, sich über die Kritik
an Personalrochaden zwischen Bundesministerien und Raiffeisen,
wie er sagte, zu „wundern". In einem „Standard"-Gespräch wies
der Wirtschaftssprecher der Grünen, Werner Kogler, darauf hin,
dass Mitarbeiter der Finanzmarktaufsicht immer wieder zu Raiffeisen wechseln. Konrads Replik: „Na entschuldige! Dass Beamte
den Job wechseln – wo ist das Problem?"

### Beispiel Stadtplanung: Das Schmunzeln des Kardinals

*Christian Konrad war nicht nur in der Wirtschaft tätig. Sein Wirken strahlte auch in die Katholische Kirche: Wie die Giebelkreuzler aus dem Stephansdom in Wien eine Filiale machen wollten.*

Der Fall ist zwar nicht brandaktuell aber symptomatisch: Die geplante und dann verhinderte Verbauung eines Teils des Platzes seitlich des Wiener Stephansdomes mit tatkräftiger Beteiligung von Raiffeisengeneralanwalt Christian Konrad ist ein exemplarisches Beispiel für das Verhalten von sozialdemokratischem Wiener Rathaus und schwarzer Bezirksvorstehung im Ersten Wiener Gemeindebezirk, wenn der ehemalige Generalanwalt seine Wünsche äußerte.

Es war geplant, an der östlichen Seite des Stephansdoms ein unterirdisches Besucherzentrum zu errichten. Christian Konrad, jahrelang Obmann des Vereins „Rettet den Stephansdom", betrachtete das Vorhaben als Prestigeprojekt. Übrigens wurde nie erklärt, wovor der Dom denn gerettet werden sollte: Vor den Erkenntnissen der Aufklärung, vor anständiger und gerechter Behandlung von Frauen in seinem Inneren oder seinerzeit gar vor einem erregten Kardinal, der gerne mit Buben duschte?

Konrad ließ uns im Unklaren. Es macht sich gut in der publicitygeilen Charitywelt, einem Verein zu präsidieren, der sich um ein Stück suggerierter österreichischer Identität kümmert – um das in Stein erbaute Zentrum des hiesigen Katholizismus, den Stephansdom. Die Kirche sollte aufgepeppt, ein Besucherzentrum in den Keller gegraben und dann kräftig hinausposaunt werden, dass die Katholiken des Landes und die vielen fremdländischen Besucher dies alles der „Bauern-Selbsthilfe"-Banken-Versicherungs-Industrie-Agrarindustrie-Bau-Tourismus-Spielcasino-und-was-sonst-noch-alles-Organisation zu verdanken hätten.

Vorgesehen war eine groß dimensionierte Abgangsrampe, die Verlagerung der Dombauhütte unter die Erde und eine entsprechend große Aufzugsanlage für die Notwendigkeiten der Dombauhütte. Veranschlagte Kosten in der Höhe von kolportierten 12 bis 17 Millionen Euro schreckten den gewichtigen Raiffeisenführer nicht ab. Das Vorhaben hätte dem Stephansplatz seine Weitläufigkeit genommen und wurde von renommierten Stadtplanern als absolutes No-Go empfunden. Für das Projekt gab es keine geeignete Flächenwidmung, Anrainer ergriffen im notwendigen Behördenverfahren Rechtsmittel, doch das Wiener Rathaus stand auf der Seite des Giebekreuzlers. Mittels einer Ausnahmegenehmigung für „Bauwerke vorübergehenden Bestandes" (Wegwerfgebäude?) erreichte ein Baubescheid Rechtskraft.

Die ÖVP-Bezirksvorsteherin Ursula Stenzel unterstützte ebenfalls den Plan. Ob die Kirchenleitung den Begriff „Bauwerk vorübergehenden Bestandes" im Zusammenhang mit der römisch-katholischen Kirche, die regelmäßig ihren ewigen Charakter thematisiert, als Demütigung empfand oder ob dieser Begriff ein Schmunzeln auf des Kardinals Lippen zauberte, ist nicht überliefert.

Doch dann gab es Streit. Der derzeitige Wiener Kardinal Christoph Schönborn (nicht Dompfarrer Toni Faber, der ist für die TV-„Seitenblicke" zuständig) argumentierte gegen die hohen Baukosten mit dem Hinweis, die römisch-katholische Religionsgemeinschaft hätte derzeit durch den anhaltenden Mitgliederschwund andere Sorgen und müsse an nur jedem erdenklichen Platz sparen. Schönborn sagte als Eigentümervertreter der Liegenschaft Stephansdom schließlich „Nein" zum Vorhaben des Konrad. Differenzen gab es, weil Konrad finanzielle Mittel des Vereins „Rettet den Stephansdom" für den Bau heranziehen wollte, obwohl die Statuten besagen, dass mit den Vereinsmitteln die bestehende Baustruktur erhalten werden soll.

Es empfiehlt sich nicht, dem Generalanwalt Dr. Konrad ein „Nein" zu sagen (österreichische Realverfassung, §1, Absatz 1). Konrad quittierte sein Präsidentenamt im Verein und zog sich zurück. Dabei hatte alles so gut angefangen. Als Konrad zum Obmann gewählt wurde, applaudierte er Schönborn, als dieser den Stephansdom als „Zeichen des Reiches Gottes mitten unter uns" nannte.

Konrad gilt gemeinhin als mächtig. Es ist wohl eine Ironie der Geschichte, dass ausgerechnet der Kirchenmann Schönborn, Führer einer Organisation, deren Macht auch in Österreich im Sinken begriffen ist, die Macht des obersten Giebelkreuzlers begrenzte. Was aber mag den sozialdemokratischen Rathaushäuptling Bürgermeister Häupl getrieben haben, sich auf die Seite des Jägermeisters zu stellen?

### Beispiel Komplizenschaft Steuerschonung: „Unsere Safes schweigen"

„Wir schützen Ihre finanzielle Intimsphäre", „Diskretion wird bei uns weiter groß geschrieben", „Unsere Safes schweigen" – Die Marketingsprache grenznaher Raiffeisenbankstellen zeichnen besondere Codes aus – mit dem Ziel, deutsche und italienische Anleger zu ermuntern, ihr Geld nach Österreich zu bringen. Wer zwischen den Zeilen liest, versteht: Begriffe wie Intimsphäre, Diskretion etc. bedeuten schlicht und einfach die Möglichkeit der „Steuerschonung".

Im Kleinwalsertal in Vorarlberg, wenige Kilometer von der Grenze entfernt, residiert eines der ertragreichsten Institute der Raiffeisenbankwelt: die Walser Privatbank AG. Bis vor kurzem nannte sich der Geldtempel „Raiffeisenbank Kleinwalsertal" und war genossenschaftlich organisiert. 2010 erfolgte die Umbenennung, und eine Niederlassung in Deutschland mit Beratungsbüros in Düsseldorf und Stuttgart wurde errichtet. Um jedes Missverständnis auszuräumen: Das Institut arbeitet völlig legal, fordert nicht zur Steuerhinterziehung auf, lässt aber unausgesprochen potenzielle Anleger wissen: In den Depots der Bank wächst Vermögen, das Bankgeheimnis kann vor Begehrlichkeiten des Fiskus schützen.

Möglich macht dies das österreichische Bankgeheimnis. Das Gesetz ist so gestaltet, dass nur bei Vorliegen von konkreten Verdachtsmomenten und exakter Dokumentation Daten weitergegeben werden dürfen und etwa Amtshilfe für einen anderen Staat geleistet wird. Die Kunden der Walser Privatbank AG sind überwiegend deutsche Staatsbürger, und diese werden genau wissen, ob sie die in Kleinwalsertal angelegten Summen korrekt versteuert haben oder nicht. Bei den Gesprächen mit den Beratern im schönen Vorarlberg ist das kein Thema.

Nicht so groß dimensioniert wie die Bank im Kleinwalsertal, aber ebenfalls an der Grenze (in dem Fall zu Italien) gelegen, ist die Raiffeisenbank in Sillian in Osttirol. Damit sich jeder auskennt, wird das österreichische Bankgeheimnis auf der Website dieser örtlichen Raiffeisenkassa thematisiert: „Das Bankgeheim-

nis ist im Bankwesengesetz (BWG) geregelt und als Verfassungs-
bestimmung stärker geschützt als sonstige Bundesgesetze. Eine
Änderung ist nur mit Zwei-Drittel-Mehrheit im Nationalrat möglich. Auszug aus dem Bankwesengesetz (§ 38 Abs. 1): ‚Kreditinstitute, ihre Gesellschafter, Organmitglieder, Beschäftigte sowie sonst
für Kreditinstitute tätige Personen dürfen Geheimnisse, die ihnen
ausschließlich auf Grund der Geschäftsverbindungen mit Kunden oder auf Grund des § 75 Abs. 3 anvertraut oder zugänglich
gemacht worden sind, nicht offenbaren oder verwerten (Bankgeheimnis). Werden Organen von Behörden sowie der Österreichischen Nationalbank bei ihrer dienstlichen Tätigkeit Tatsachen
bekannt, die dem Bankgeheimnis unterliegen, so haben sie das
Bankgeheimnis als Amtsgeheimnis zu wahren, von dem sie nur in
den Fällen des Abs. 2 entbunden werden dürfen. Die Geheimhal-
tungsverpflichtung gilt zeitlich unbegrenzt.'

Nur in gesetzlich geregelten Einzelfällen und unter Einhaltung strenger Verfahrensvorschriften kann das Bankgeheimnis aufgehoben werden (§ 38 Abs. 2)."

Deutsche Sozialhilfeempfänger, denen regelmäßig ausge-
richtet wird, jegliche Erhöhung der Unterstützungssätze sei völlig
unmöglich, weil zu wenig Steuern fließen, werden sich über folgende, von Experten genannte Ziffern besonders freuen: Deutsche
Privatpersonen haben derzeit in Österreich mehr als 7,3 Milliarden Euro gebunkert. Werden die Summen der Unternehmungen
und Stiftungen hinzugerechnet, kommt man auf über 20 Milliarden Euro. In deutschen Schätzungen ist von über 70 Milliarden
Euro die Rede, die nach Österreich transferiert wurden.

Das Bankhaus Jungholz, eine Zweigniederlassung der Raiffeisenbank Reutte reg. Gen mbH, agiert im 300-Seelen-Weiler
neben einer Volksbank und einer Sparkasse. Auch hier dasselbe
Bild: Das Dorf an der Grenze macht auf Wallstreet. Insgesamt
mehr als vier Milliarden Euro sind in den Instituten deponiert –
der Fiskus in den Herkunftsländern der Einleger bleibt draußen.
Wer Angst vor Bankmitarbeitern mit einem Hang zum CD-Bren-
nen und anschließendem Verkauf an deutsche Steuerbehörden
hat, ist in der Raiffeisenfiliale Bankhaus Jungholz besonders gut
aufgehoben: Hier wird das „Goldfingerkonto" angeboten. Das
funktioniert so: Bei der Kontoeröffnung werden die Daten des

Eigentümers nicht in das EDV-System der Bank eingegeben, sondern handschriftlich dokumentiert. Diese Daten kommen in den Safe und lediglich ein stark eingeschränkter Kreis, in der Regel die Chefs, hat Zugang. Auch hier scheint alles korrekt. Mit einer Hilfe zur Steuerhinterziehung zu Lasten der Bürger des Herkunftslandes der Einleger hat das alles nichts zu tun. Der Hautgout bleibt, um die Jägersprache – der Raiffeisenwelt nicht fremd – zu verwenden.

### Beispiel Kommunen als Kunden: Zocken mit Gemeindegeld

Kurt Palm hat in seinem furiosen Krimi „Bad Fucking" den Teufel an die Wand gemalt – mit einem Bürgermeister, der das Vermögen seiner Gemeinde und seine privaten Ersparnisse mit Unterstützung eines Anlageberaters an der Börse verzockt hat. Als der Roman 2010 erschienen ist, waren die Verluste noch weitgehend unbekannt, die von den Steuerzahlerinnen und Steuerzahlern hingenommen werden müssen, weil Finanzverantwortliche auf Bundes-, Landes- und Gemeindebene dem Casino-Kapitalismus gehuldigt haben. Die Banken im Allgemeinen und Raiffeisen im Besonderen leisteten dabei Hilfestellung und haben – so oder so – an den anfallenden Gebühren prächtig verdient.

Der Bürgermeister der niederösterreichischen Gemeinde Payerbach Eduard Rettenbacher hat von seinem Vorgänger eine schwere Last geerbt: Devisenoptionsgeschäfte sollten die Zinslast der Schulden der Kommune erträglicher machen. Das Gegenteil trat ein. Geschäftspartner ist die Raiffeisenlandesbank Niederösterreich-Wien.

Der Payerbacher Bürgermeister teilt sein Los mit zahlreichen weiteren niederösterreichischen Gemeinden und hat eine klare Meinung darüber, ob er die Entscheidungen seines Vorgängers nachvollziehen würde. „Nein, weil ich kein Zocker bin!", sagt Rettenbacher. Für den Bürgermeister stellt sich jedoch eine weitere grundsätzliche Frage: Ist es Aufgabe einer Institution wie der Raiffeisenlandesbank Niederösterreich-Wien, Gewinne zu generieren, die zu Lasten der Steuerzahler einer Kommune gehen? So viel zum Thema Gewinne privatisieren, Verluste sozialisieren.

### Wenn der Wenn nicht wäre

Die Raiffeisenlandesbank Niederösterreich-Wien bot mehreren Gemeinden sogenannte Zinswetten an. Die „Resettable CHF linked Swaps" genannten Devisenoptionsgeschäfte sollten den Gemeinden bares Geld bei bestimmten Schweizer Franken-Kursen bringen. Ganz so als könnte der Bürgermeister einer niederösterreichischen Gemeinde den Wechselkurs des Schweizer Franken zum Euro beeinflussen. Gezahlt worden wäre, wenn das Wechselverhältnis Euro zu Schweizer Franken nicht unter ein in einem Vertrag zwischen Raiffeisen und Gemeinde festgelegtes Limit fiele. Bekanntlich ist der Euro gegenüber dem Schweizerfranken ordentlich gefallen.

Rettenbacher auf die Frage, ob die Gemeinde sich von Raiffeisen gut beraten fühlte: „Nein!" Jetzt soll gerettet werden, was noch zu retten ist: „Wir sind in Verhandlungen mit Raiffeisen, wir werden sehen, wie wir aus der Geschichte herauskommen."

Koordiniert wurde die Gruppe niederösterreichischer Gemeinden vom Payerbacher Gemeinderat Markus Halm. Der hat Erstaunliches zu berichten: Raiffeisen legte ein Angebot vor, nach dem die Bank 40 Prozent der Verluste übernommen hätte. Die Gemeinden erklärten, dass dies keine Lösung im Sinne der Steuerzahler sei. Raiffeisen reagierte höchst beleidigt und zog das Angebot wieder zurück. Für die Gemeindevertreter waren die 40 Prozent auch deshalb keine Option, weil sie sich von Raiffeisen im gesamten Geschäft getäuscht fühlten. Die Bank vermittelte den Eindruck, es bleiben nur die Möglichkeiten, zu zahlen oder zu klagen.

Experten bezeichnen die zur Debatte stehenden Zinswetten als „besonders böses Tool". Verkauft worden sei eine „Hülle", hinter der eine ganz simple Wette stehe. Die hochtoxischen Papiere wurden den Gemeinden unter Mitwirkung der örtlichen Raiffeisenkassateams verkauft. Der/Die gelernte (Nieder-)ÖsterreicherIn weiß, was dies bedeuten kann: Am Tisch sitzen der Bürgermeister und der örtliche Hauptsponsor von Kindergarten, Sportverein usw. Das Bild vom Wolf, der mit Lämmern Geschäfte macht, drängt sich auf.

Die nun kämpfenden Gemeinden sind nicht die einzigen Betroffenen. Dutzende Gemeinden erhofften sich Gewinne, hat-

ten aber die Rechnung ohne den Wirt gemacht: Die Verträge
waren so konstruiert, dass es ein einseitiges Kündigungsrecht
zugunsten der Bank gab. Das wurde auch wahrgenommen, genau
zu jenen Zeitpunkten, an denen die Bank hätte zahlen müssen.
Hier stellt sich die Frage, wie fair derartige Verträge sind, die es
dem grünen Riesen ermöglichen, bei aufziehendem Sturm aus-
zusteigen, während den Gemeinden eine solche Möglichkeit ver-
wehrt bleibt. Kapitalismus pur und brutal.

Dem Vernehmen nach waren übrigens derartige Papiere
im Geschäft mit Privatkunden unverkäuflich. Den Gemeinden
wurden sie angedreht. Für Payerbach könnten die Geschäfte mit
der Raiffeisenlandesbank Niederösterreich-Wien ein böses Ende
haben. Abhängig von den Kurssituationen könnten 2 bis 3 Millionen Euro schlagend werden. Für eine Gemeinde in der Größen-
ordnung Payerbachs eine absolute Existenzgefährdung.

### „Es ist alles sehr kompliziert"

Nicht nur Payerbach und den weiteren Gemeinden in Niederösterreich wurden die Geschäftsangebote der Raiffeisenbank
zum Verhängnis. Auch die niederösterreichische Landeshauptstadt
St. Pölten wollte mittels Finanzalchemie Geld erschaffen. „Resettable CHF linked swapes" sollten genau so wie in Payerbach der
Weg zum Reichtum sein.

Raiffeisen selbst spricht von Vergleichsgesprächen mit 16 niederösterreichischen Gemeinden, die sich alle in der Adresse irrten:
Casino und Bank wurden verwechselt. Aktuell darf sich die Stadt
St. Pölten mit der Raiffeisen Landesbank Niederösterreich-Wien
vor dem Wiener Handelsgericht darüber streiten, ob ein derartiges Geschäft rückabgewickelt werden kann. Und bereits zwei für
das zur Debatte stehende Geschäft bezahlte Euromillionen wollen
die St. Pöltener auch zurück. Ein Fest für Advokaten und Gutach-
ter – kein Fest für die St. Pöltener Steuerzahlerinnen und Steuerzahler sowie die GenossenschafterInnen der ehemaligen Bauern-
Selbsthilfe Organisation.

Die Wette zwischen den Finanzverantwortlichen der Stadt
und den Bankern sollte bis 2028 laufen. Ein kühnes Unterfan-
gen für die Stadtregierung, die einen Hauch von Wallstreet nach
Niederösterreich bringen wollte. Der Richter des Handelsgerichtes

wollte – wohl auch aus Gründen der Prozessökonomie – das Verfahren abkürzen und stellte zu Beginn des Verfahrens einen Vergleich zur Debatte. Raiffeisen lehnte ab.

Auffallend: Bei jenen Gemeinden, in denen Raiffeisen sich um einen Vergleich bemüht, handelt es sich um ÖVP-geführte Kommunen. St. Pölten und auch Bruck an der Leitha, ebenfalls in Swap-Kalamitäten mit Raiffeisen, verfügen über sozialdemokratische Mehrheiten. Vermutlich purer Zufall.

St. Pöltens Verantwortliche wollen übrigens nicht sagen, in welcher Höhe die Verluste aus den Wettgeschäften die Gemeinde treffen. Der Sprecher St. Pöltens, Martin Koutny, erklärt in der Tageszeitung „Die Presse": „Das lässt sich nicht beziffern, denn das Geschäft ist sehr kompliziert." Sehr beruhigende Nachrichten aus dem Rathaus der niederösterreichischen Landeshauptstadt. Hinweis an Herrn Koutny: Einem ehemaligen österreichischen Bundeskanzler hing der Sager „Es ist alles sehr kompliziert" jahrelang nach, obwohl er natürlich absolut recht hatte. Raiffeisen kann sich getrost hinter dem Bankgeheimnis verstecken. Hier stellt sich konkret die Frage, ob und in welchem Umfang das Bankgeheimnis die Aufklärungsmöglichkeiten in einem Rechtsstreit zwischen öffentlicher Hand und privater Bank behindert. Aber das ist eine andere Geschichte.

Die Grüne Finanzsprecherin in Niederösterreich Helga Krismer sagte zum St. Pöltener Bürgermeister Matthias Stadler: „400 oder 20 Millionen? – Um welche Summen geht es denn jetzt, Herr Stadler?" Sie will anregen, dass sich die Landesregierung einschaltet und erhebt, welche Gemeinden in welcher Höhe von der Zockerei betroffen sind. Viel Glück beim Match Landesregierung Niederösterreich gegen Raiffeisen!

Als erster Zeuge im Verfahren vor dem Handelsgericht ist der St. Pöltener Finanzdirektor Ernst Knoth aufgetreten. Der Finanzdirektor beklagte, für die handelnden Personen der Gemeinde seien das Risiko und die gravierenden Auswirkungen für das Stadtbudget nicht erkennbar gewesen. Ein großes Pech. Vielleicht sollten abgezockte Spieler eines Spielcasinos ebenso argumentieren und sagen, es war völlig unvorhersehbar, dass die Kugel nicht auf die gewählte Nummer fiel und der Einsatz möge bitte zurückerstattet werden. Die Gemeinde St. Pölten sieht dies naturgemäß anders und sagt, es sei keinesfalls spekuliert worden und die „Schuldenbewirtschaftung" hätte das Stadtbudget entlasten sollen, aber so ganz, ganz kompliziert sei es halt gewesen.

St. Pölten wird in der Angelegenheit von der Wiener Rechtsanwaltskanzlei Kraft und Winternitz vertreten. Das ist übrigens jene Kanzlei, die in der Causa Madoff/Primero Fonds ein richtungsweisendes Urteil im Sinne geschädigter Anleger erwirkt hat. Ein Hoffnungsschimmer für St. Pölten.

### Beispiel Gendergerechtigkeit: Aufsichtsräte als Männerrunden

*Liebe Leserinnen, hier gibt es schlechte Nachrichten, falls Sie einen Job in einer Vorstandsetage bei einer der zahlreichen Raiffeisenfirmen anstreben. Nur wer konservativ und ein Mann ist, hat eine echte Chance.*

Die Raiffeisengruppe mit ihren zahlreichen Gesellschaften in Österreich und rund um den Globus hat viele Vorstandsmandate zu vergeben. Werden die Inhaber und Inhaberinnen dieser Führungspositionen betrachtet, fällt auf, dass man in diesem Fall auf die sprachliche Innovation, den sogenannten Gender Gap, verzichten kann. Denn die Menschen in Top-Positionen bei Raiffeisen sind nahezu ausnahmslos männlich. Frauen bei Raiffeisen sind vorwiegend Reinigungspersonal, Sekretariatskräfte, Mitarbeiterinnen mit hohen Qualifikationen, aber niedrigen Löhnen.

Erreicht eine Frau bei Raiffeisen eine Führungsposition auf Vorstandsebene, so ist eines fällig: Die Erklärung, dass es schon seine Richtigkeit mit der fast ausschließlich männlichen Kollegenschaft habe. O-Ton Michaela Keplinger-Mitterlehner, Vorstandsdirektorin der Raiffeisenlandesbank Oberösterreich: „Ich fühle mich in meinem Umfeld ausgesprochen wohl und würde dies nicht als rau bezeichnen. Ganz im Gegenteil, ich wurde schon oft von der positiven Wertschätzung, die mir entgegengebracht wurde, überrascht. Dass man dafür hart arbeiten und auf manches verzichten muss, ist logisch."

Klassisch auch Frau Keplinger-Mitterlehners Position zum Thema Quoten: „Davon halte ich eher wenig. Man sollte die berufliche Entwicklung von Frauen nicht auf ein Quotenargument reduzieren, sondern Rahmenbedingungen schaffen, die möglichst viele Frauen motivieren und unterstützen. Statt einer Quotendiskussion sollten wir eine Wertediskussion führen, denn jede Arbeit von Frauen verdient eine hohe Wertschätzung, egal, ob im Beruf, in der Familie oder im Haushalt." Das mit der „Wertschätzung" ist gut, aber offensichtlich nicht so gut, dass Spitzenpositionen mit Frauen besetzt werden.

Aufsichtsratsmandate sind in der österreichischen Wirtschaftswelt auch eine Sache von Prestige und gern gezeigter Macht. Je mehr, desto besser. Ein Blick auf die Aufsichtsräte der wichtigsten Raiffeisen Kapitalgesellschaften beantwortet die Frage, wie in diesen Gremien der Frauenanteil dem des wirklichen Lebens entspricht.

Beispiel RZB: Das Unternehmen hat elf Aufsichtsratsmandate (ohne die vom Betriebsrat entsandten Mitglieder des Aufsichtsrates) und – richtig geraten – alle elf sind stolz auf ihre Männlichkeit. Der Vollständigkeit halber, auch der dreiköpfige Vorstand ist ausschließlich männlich besetzt. Oder die Raiffeisenlandesbank Niederösterreich-Wien: Zwölf Aufsichtsratsmandate, davon zwei mit Frauen besetzt! (Was ist da los?!) Der fünfköpfige Vorstand ist jedoch eine reine Männergesellschaft.

Auch im Westen wird Wert auf genaue Geschlechtertrennung gelegt: Männer sind die Chefs. Ein dreiköpfiger männlicher Vorstand leitet die Geschicke der RLB-Tirol, elf Mandate des Aufsichtsrats (von Unternehmensseite) sind männlich besetzt, zwei Mitarbeiterinnen wurden vom Betriebsrat in das Gremium entsandt. Die drei dargestellten Raiffeisengesellschaften sind exemplarisch für die gesamte Gruppe.

Die Männerdominanz bei Raiffeisen ist stärker ausgeprägt als beim Rest der österreichischen Wirtschaft. Die Arbeiterkammer begutachtete im Jahr 2010 die Führungspositionen in Österreichs 200 Top Firmen: 4,4 Prozent der Geschäftsführerpositionen waren weiblich besetzt. Nicht dass dieser bescheidene Wert auch bei Raiffeisen anzustreben wäre, aber dort liegt er noch weit darunter. Das trifft auch auf die Aufsichtsratsmandate zu. Von den Kapitalvertretern werden in Österreich im Durchschnitt 7,5 Prozent der Mandate mit Frauen besetzt; bei Raiffeisen ist dafür gesorgt, dass eine Null vor dem Komma steht.

*„Es muss doch um Leistung gehen"*

Werden in den Raiffeisenmännerrunden Gender-Fragen angeschnitten (was vermutlich selten vorkommt), so kann man darauf wetten, dass zumindest zwei Argumente gegen gesetzlich verankerte Frauenquoten in den Führungsetagen fallen werden:

Argument Nr. 1: „Es muss doch um Leistung gehen und nicht ums Geschlecht." Leider widerspricht gerade dieser hehre Grundsatz einer Beibehaltung des Status Quo. Frauen sind längst besser ausgebildet als Männer. Es gibt in vielen europäischen Ländern mehr weibliche als männliche Hochschulabsolventen, und ihre Abschlüsse sind im Durchschnitt besser als die ihrer männlichen Kollegen. Was Leistung angeht sind Frauen schon früh in der Mehrheit. All das ist längst bekannt, geändert hat sich nichts. Dass es um Leistung gehen müsse und nicht ums Geschlecht, ist also ein Argument für und nicht gegen die Frauenquote.

Argument Nr. 2: Dass Frauen keine Karriere machen liege in der Natur der Sache, weil Geburten die weibliche Berufstätigkeit zwangsläufig unterbrechen. Dabei wird stillschweigend vorausgesetzt, dass die Vereinbarkeit von Familie und Beruf ein reines Frauenthema sei – gerade so als pflanzten Frauen sich ohne Männer fort. Die Herren der Schöpfung werden bekanntlich nie gefragt, wie sie Kind und Karriere unter einen Hut bringen. Das könnte geändert werden, wenn die Unternehmen Frauen von Anfang an gerecht entlohnten und ihre Firmen familienfreundlich führten.

In der Ablehnung einer gesetzlich verankerten Frauenquote und der Konstatierung einer weiblichen Mitschuld an den Gehaltsunterschieden zwischen den Geschlechtern können Altherrenrunden (aber auch konservative Politikerinnen) sich an die von Qualitätsmedien gehypte Romanautorin Bascha Mika berufen. Diese konstatiert in ihrem Bestseller „Die Feigheit der Frauen" einen Mangel an Durchsetzungswillen junger Frauen, die Errungenschaften der Emanzipation zu nutzen und auszubauen.

### Beispiel Multifunktionär: Ein Mann für alle Fälle?

Raiffeisen huldigt weitgehend der Ansicht, dass keine Presse die beste Variante der Öffentlichkeitsarbeit ist. Dazu gehören im größten heimischen Konzern absolut loyale Mitarbeiter vor allem auch in Spitzenpositionen, die im Fall von Konflikten den Weg an die Öffentlichkeit meiden. Raiffeisen hilft bei der Durchsetzung dieser Strategie der Besitz von Schlüsselmedien des Landes und die überragende Rolle als Auftraggeberin von Inseraten oder TV-Spots. Schmutzwäsche wird nicht gewaschen: An die Öffentlichkeit dringen gewöhnlich nur Frohbotschaften wie „Auf Raiffeisen ist immer Verlass" (Steirische „Neue Kronen Zeitung" vom 14. Juni 2010).

Wo gehobelt wird fallen Späne, heißt es im Volksmund. Auch bei Raiffeisen läuft nicht immer alles rund. Ein Lied davon singen kann Mag. Erwin Hameseder. Er trat 1987 in die Rechtsabteilung der RLB Niederösterreich-Wien ein, fungierte seit 2001 als Generaldirektor der Raiffeisen-Holding Niederösterreich-Wien und agierte seit 2007 überdies als Generaldirektor RLB Niederösterreich-Wien. Mit diesen beiden Posten gehörte der Reserveoffizier zum Hochadel im Reich des Giebelkreuzes. Mittlerweile (2012) ist er als Nachfolger von Christian Konrad zum Obmann der Raiffeisen-Holding Niederösterreich-Wien aufgestiegen und sitzt im Vorstand des Raiffeisenverbands. Zusammen mit Generalanwalt und RZB-Chef Walter Rothensteiner bildet er derzeit die Doppelspitze der Raiffeisengruppe.

Hameseders starke Position wird von der Liste seiner Aufsichtsratsmandate unterstrichen. Der studierte Jurist aus Mühldorf, wo die erste Raiffeisenkasse gegründet wurde, ist in den Aufsichtsgremien folgender 16 Unternehmen verankert:

– Vorsitzender-Stellvertreter des Aufsichtsrates der Agrana Beteiligungs AG
– Vorsitzender-Stellvertreter des Aufsichtsrates der Agrana Zucker, Stärke und Frucht Holding AG
– Mitglied des Aufsichtsrates der Flughafen Wien Aktiengesellschaft
– Vorsitzender-Stellvertreter des Aufsichtsrates der Mediaprint Zeitungs- und Zeitschriftenverlag Gesellschaft
– Vorsitzender des Aufsichtsrates der NÖM AG
– Vorsitzender-Stellvertreter des Aufsichtsrates der NÖM International AG
– Mitglied des Aufsichtsrates der Raiffeisen Bausparkasse Gesellschaft
– Mitglied des Aufsichtsrates der Raiffeisen Informatik

– Mitglied des Aufsichtsrates der Raiffeisen Zentralbank Österreich Aktiengesellschaft

– Vorsitzender-Stellvertreter des Aufsichtsrates der Strabag SE

– Mitglied des Aufsichtsrates der Uniqa Versicherungen AG

– Vorsitzender des Aufsichtsrates der Z&S Zucker und Stärke Holding AG

– Mitglied des Aufsichtsrates der VK Mühlen AG/Hamburg

– Mitglied des Aufsichtsrates der Südzucker AG/Mannheim/ Ochsenfurt

– Vorstandsmitglied der Leipnik-Lundenburger Invest Beteiligungs AG

– Vorstandsmitglied des Raiffeisen-Revisionsverbandes Niederösterreich-Wien

Darüber hinaus übt Hameseder Geschäftsführerfunktionen in verschiedenen Konzern- und Beteiligungsgesellschaften der Raiffeisen-Holding Niederösterreich-Wien aus, die insgesamt rund 156.000 Arbeitsplätze kontrolliert. Man fragt sich, wie dieser Tausendsassa seine vielfältigen Kontrollaufgaben unter einen Hut bringt und darüber hinaus vor allem als verantwortlicher Wirtschaftskapitän agieren kann.

Ein dunkler Punkt scheint im offiziellen Lebenslauf des viel beschäftigten Mutifunktionärs nicht auf: das verwirrende Hin und Her als Mitglied des Aufsichtsrats des Flughafens Wien, der bekanntlich über einen Syndikatsvertrag von den Bundesländern Niederösterreich und Wien gesteuert wird. Im Mai 2009 verließ Hameseder, wie es offiziell hieß, wegen Arbeitsüberlastung das Gremium. Die „Neue Kronen-Zeitung" vermutete seinerzeit allerdings, dass dafür eine von ihm betriebene freihändige Vergabe eines Bauauftrags an eine Raiffeisenfirma ausschlaggebend gewesen sei.

In einer im September desselben Jahres angesetzten außerordentlichen Hauptversammlung kam dieser Deal nicht zur Sprache. Hameseders Mandat wurde sang- und klanglos von Dr. Burkhard Hofer übernommen. Als Vorstandsvorsitzender der EVN gehört bzw. gehörte auch er zum inneren Kreis der Tafelrunde von Landeshauptmann Erwin Pröll im niederösterreichischen Landeswirtschaftsreich.

Am 31. August 2011 gab es erneut eine außerordentliche Hauptversammlung. Sie hatte vor allem den Zweck, die Zahl der Aufsichtsratsmitglieder von neun auf zehn zu erweitern und die Herren Erwin Hameseder und Claus Raidl in das Gremium zu wählen. Als wortgewaltiger Sprecher der Kleinaktionäre wies Willhelm Rasinger auf den Widerspruch hin, dass der Niederösterreich-Protegé nach einer rund fünfjährigen Mitgliedschaft wegen Arbeitsüberlastung ausgeschieden sei, nun aber wieder tatkräftig in der – wegen des Skylink Desasters – heiklen Position aktiv werden will. Hameseder führte ins Treffen, dass er vom Land Niederösterreich zur Rückkehr gedrängt worden sei.

Die in der Hauptversammlung anwesenden Kleinaktionäre nahmen dieses Vorhaben nur mit Protest zur Kenntnis. Da ihr Stimmpotenzial sich allerdings lediglich im Promillebereich bewegt, hatte ihr Nein praktisch kein Gewicht. Nur so viel wurde deutlich, dass Hameseder wesentlich mehr Gegenstimmen als Raidl erhielt. Dennoch kann Prölls Vertrauensmann nun wieder schalten und walten, wie es seinem Herrn gefällt. Womit neuerlich klar wird, wie eng verknüpft die Aktivitäten von Raiffeisen und der ÖVP (über Landwirtschaftskammern, Bauernbund, ÖVP-Landeshauptleute und Gesamtpartei) sind.

### Wo beginnt Korruption?

*Korruption hätte in Österreich aufgrund der zahllosen aktenkundig gewordenen Fälle das Wort des Jahres 2012 sein müssen. Für die Raiffeisenserie in der Ersten Österreichischen Boulevardzeitung „Augustin" stellte sich der Schweizer Anti-Korruptionsexperte Mark Pieth zum Gespräch über Korruption, sowie ihre Hintergründe und Ursachen.*

Frage: Man kann davon ausgehen, dass wirksame Kontrolle ein probates Mittel gegen Korruption darstellt. Der Aufsichtsrat einer Kapitalgesellschaft hat den Vorstand zu kontrollieren. Bei diversen Raiffeisengesellschaften fällt auf, dass der Vorstand der Aktiengesellschaft A im Aufsichtsrat der Gesellschaft B tätig ist, deren Vorstand wiederum im Aufsichtsrat der Aktiengesellschaft A sitzt. Ist unter diesen Umständen bzw. personellen Verflechtungen wirksame Kontrolle möglich, wenn Vorstände sich gegenseitig kontrollieren?

Mark Pieth: Ich kann hier nur allgemein sprechen und beziehe mich nicht explizit auf Raiffeisen. Aber das ist ein interessanter Aspekt. Dahinter steht die Frage: Gibt es in Österreich Korruption? Das zu beantworten ist das Geschäft der Korruptionsstaatsanwaltschaft. Es gibt einen Bereich, der sehr groß ist: Austauschverhältnisse unter Freunden. Ein Beispiel: In Korea rekrutieren die großen Firmen ihre Aufsichtsräte aus anderen großen Firmen. Auch in der Schweiz ist das so. Wenn man dann nachfragt, weshalb das so ist, wird geantwortet, diese Personen hätten das größte Know-how. Das mag schon stimmen, ist aber letztlich ein Trick, um Governance außer Kraft zu setzen. Aufsichtsfunktionen und Kontrolle können lahmgelegt werden, wenn keine unabhängigen Leute in einen Aufsichtsrat geschickt werden.

Frage: Fällt dies unter den Begriff „Korruption" oder braucht man einen anderen Terminus technicus für die Bezeichnung dieses Sachverhalts?

Mark Pieth: Der Begriff „Korruption" ist ein politischer Begriff. Einzelne Teile davon sind strafrechtlich relevant. Der angesprochene Bereich ist dies nicht, denn eigentlich strafbar ist nur die Bestechung. Daher gibt es einen großen Bereich, den man „Korruption" nennt, der aber strafrechtlich nicht erfasst ist. Die Aktionäre müssten sich fragen, ob sie gut beraten sind mit einem Aufsichtsrat, der keine effiziente Kontrolle ausüben kann.

Frage: Kleinaktionäre haben zwar die Möglichkeit, in der Hauptversammlung einer Aktiengesellschaft das Wort zu ergreifen; derartige Wortmeldungen haben jedoch wenig Gewicht.

Mark Pieth: Da sind die Medien gefordert. Wenn sie Öffentlichkeit schaffen wird klar, dass die vorhin beschriebenen Strukturen schlecht für den Ruf eines Unternehmens sind. Im Bankensektor sind die Institute darauf angewiesen, dass sie über einen makellosen Ruf verfügen.

Frage: In Österreich sind seit 1945 zwar schon einige Kapitalgesellschaften mit beträchtlichen Schadenssummen in Konkurs gegangen, es hat aber noch kein einziges Urteil gegeben, in dem Schadenersatz von den laut Aktienrecht haftbaren Aufsichtsräten gefordert wurde. Dasselbe Aktienrecht wird übrigens von Vorständen und Aufsichtsräten gerne zitiert, wenn es darum geht, Maßnahmen zugunsten der Unternehmen zu rechtfertigen.

Mark Pieth: Das ist erstaunlich. Mit Blick auf die jüngsten Entwicklungen am Bankensektor, Stichwort Hypo Alpe Adria oder Bawag oder auch Buwog, um ein Beispiel jenseits des Bankensektors zu nennen. Die Verfahren sind einfach noch nicht ausjudiziert. Was die Hypo Alpe Adria betrifft, kann es gut sein, dass die Münchner Justiz den Job der österreichischen macht. Aber wir sind hier im Bereich der zivilrechtlichen Haftung. Da braucht es einen Kläger, der klar sagt, mir ist Geld abhanden gekommen.

Frage: Es gibt in Österreich besonders im Genossenschaftsbereich, spezielle Strukturen, die im Ausland unbekannt sind. Bäuerliche Genossenschaften agieren als Wirtschaftsunternehmen, es gibt enge personelle Verflechtungen mit der Standesvertretung.

Mark Pieth: Solche Verflechtungen gibt es vielerorts. Eines ist sicher: Fehlende Kontrolle wird zu Schäden führen. Ein Beispiel: Freunderlwirtschaft läuft darauf hinaus, dass der Steuerzahler für einen notwendigerweise zu bauenden Tunnel zu viel bezahlt. Oder: Beispielsweise wird im Agrarbereich dafür gesorgt, dass Subventionen hochgehalten werden. Irgendwer wird die Rechnung bezahlen müssen. Es gibt hier die judizielle oder die demokratische Kontrolle. Für die judizielle Kontrolle brauchen wir Gesetze. Wenn die Bürger zufrieden sind und die amtierenden Politiker wieder wählen – dann müssen wir damit leben. Wenn die entsprechenden Gesetze nicht verabschiedet werden und das Sensorium fehlt, dann fällt dies zurück auf die Bevölkerung. Sie sprechen hier von Verflechtungen zwischen Politik und Wirtschaft, das ist zum Teil ein übliches Machtspiel; hier kann man Sicherungen wie Unvereinbarkeitsbestimmungen einbauen. Dass die Bevölkerung solche Verflechtungen nicht als problematisch einstuft – auch damit müssen wir leben.

Frage: Fördert die anstandslose Bildung von De-facto-Monopolen, beispielsweise im Agrarbereich, Korruption?

Mark Pieth: Die World Trade Organisation sagt ganz klar, die Auflösung von Monopolen, eine Vielzahl von Anbietern, wirkt korruptionspräventiv. Wenn wir Korruption vermeiden wollen, dann können wir uns keine Monopole leisten. Je mehr man Monopole zulässt, desto größer werden die Risiken. (Univ.-Prof. Dr. iur. Mark Pieth, Universität Basel, Ordinarius Strafrecht; Präsident OECD Arbeitsgruppe gegen Korruption; President of the Board, Basel Institute on Governance, Interview „Augustin", Juni 2011)

### Beispiel Geschäft unter Freunden: Pröll, Raiffeisen & Wohnen in Wien

*Am Tagesgeschäft der Giebelkreuzler und ihrer Freunde ist zu erkennen, wie Profitmaximierung funktioniert. Den Niederösterreicherinnen und Niederösterreichern ist zu gratulieren: Im Verein mit der Raiffeisen Versicherung AG konnte Landeshauptmann Erwin Pröll beweisen, dass er der geschäftstüchtigste Häuptling aller österreichischen Landeschefs ist.*

Eine alte Weisheit erfahrener Kaufleute besagt: „Der Gewinn liegt im Einkauf." Gemeint ist damit die simple Empfehlung, billig einzukaufen und teuer zu verkaufen. Wer weiß, vielleicht war Erwin Pröll in jungen Jahren gemeinsam mit seiner Ehefrau Elisabeth bei Humbold und hat dort fleißig studiert – obwohl, das kann nur eine völlig ungesicherte Vermutung sein, denn es ist keinerlei Fernsehwerbung bekannt, bei der ein stolzer Pröll freudig berichtet: „Heute mach ich den Immobilienabzocker Nummer 1!" Worauf die Gattin nicht minder glücklich einwirft: „Dich hol ich locker ein, bei Humbold mach ich das Döblinger-Hausfrauen-Zertifikat ‚Bestickter Lodenmantel mit Hut'." – Nein, dies alles ist nicht bekannt.

Im idyllisch gelegenen Wiener Bezirksgericht Döbling ist unter anderem das Grundbuch der Katastralgemeinde Oberdöbling angesiedelt. Grundbücher sprechen eine klare Sprache, täuschen nicht, verheimlichen nichts, sind öffentlich einsehbar und umfassen in der „Urkundensammlung" sämtliche relevanten Unterlagen und Dokumente zu einer Liegenschaft wie Kaufver-

träge, Belastungen etc. Dies gilt auch für die Liegenschaft Felix-
Mottel-Straße 34 im 19. Bezirk. Um Missverständnisse auszu-
schließen: EZ 1681 der Katastralgemeinde Ober-Döbling, Haus
KNr. 992, Felix-Mottel-Straße 34.

23. Jänner 1980: Der vor wenigen Wochen, und zwar am
Heiligen Abend, 33 Jahre alt gewordene Erwin Pröll begibt sich
gemeinsam mit seiner Frau Elisabeth Pröll zu Dr. Karl Krenhuber,
öffentlicher Notar am Hernalser Elterleinplatz. Zweck des Besuchs
ist der Abschluss eines Kaufvertrages zu oben beschriebener Liegenschaft. Pröll war damals Angestellter des Österreichischen Bauernbundes, werkte als wirtschaftspolitischer Referent und stand
kurz vor der Berufung in die Niederösterreichische Landesregierung. Gattin Elisabeth, ausgebildete Kinderkrankenschwester, war
als Hausfrau unterwegs. Mit Kaufvertrag vom 23. Jänner 1980
erwarb das Ehepaar eine Eigentumswohnung mit rund 151 Qua-
dratmetern Fläche, bestehend aus sechs Zimmern, zwei Bädern,
zwei WCs und Terrasse. Als Draufgabe gab es noch den oberhalb der Wohnung liegenden Dachboden. Als Kaufpreis wurden
beim Notar mit dem Verkäufer, der Dipl.-Ing. Johann Gasz & Co
GmbH, einem Architekturbüro, der Betrag von ATS 1,317.080,–
(das sind knappe 100.000,– Euro) vereinbart. Die Raiffeisen Bausparkasse finanzierte dem jungen Politaspiranten freundlicher-
weise den Kaufbetrag.

### Zwit: Auf jeden Fall ein Schnäppchen

Immobilienexperten, mit der Lage der Wohnung – feinste
Cottage –, der Ausstattung und dem damaligen Preis konfrontiert, gratulieren dem Herrn Landeshauptmann. Sie sagen, ein
gutes Geschäft für die Käufer, aber kein Geschenk, das unredlich
wäre – aber ein Schnäppchen auf jeden Fall. Die Immobilienexperten hätten dem Landeshauptmann und seiner Frau unter diesen Bedingungen sicherlich zum Kauf geraten. Nicht bekannt ist,
ob der Verkäufer in der Folge dieses Deals mit für ihn günstigen
Geschäften mit der Raiffeisengruppe rechnen durfte. Damit sei
keinesfalls angedeutet, irgendetwas an der Immobilientransaktion
sei nicht rechtens gewesen, keineswegs – ein gutes Geschäft eben.
Und im Übrigen ist es wohl ein Naturgesetz, dass eine Hand die
andere wäscht.

Fast auf den Tag genau 20 Jahre später: Am 16. Jänner 2001 wird Erwin Pröll, inzwischen bereits jahrelang niederösterreichischer Landeshauptmann, gemeinsam mit seiner Frau Elisabeth wiederum beim Notar vorstellig: Diesmal bei Dr. Christoph Bieber, öffentlicher Notar im 1. Bezirk in Wien. Mit von der Partie sind die Doktores Johannes Hajek und Peter Eichler. Beide Herren sind Vorstandsmitglieder der Raiffeisen Versicherung AG und sind willens, dem Landeshauptmann und seiner Frau namens der Raiffeisen Versicherung AG die Eigentumswohnung in der Felix-Mottel-Straße abzukaufen.

Außer Zweifel steht, dass ein Objekt wie eine Eigentumswohnung in einer Lage wie der beschriebenen in Döbling über die Jahre an Wert gewinnt. Bekanntlich ist Wohnen in Österreich eine Ware wie andere marktgängigen Produkte auch, und die Bananen waren vor 20 Jahren ebenfalls billiger. Dennoch stellt sich die Frage, wie stark der Wert steigt, wenn der Verkäufer Erwin Pröll und der Käufer die Raiffeisen Versicherung AG ist. Klar, die beiden Raiffeisenhäuptlinge würden nie und nimmer dem ÖVP-Landeshauptmann für die Wohnung einen überhöhten Preis bezahlen, denn das wäre eine glatte Veruntreuung zum Schaden der Raiffeisen Versicherung AG und würde bei der korrekt arbeitenden Justiz für alle Beteiligten im Kriminal enden.

Verkäufer und Käufer einigen sich auf einen Kaufpreis von ATS 6,100.000,–. Also um ATS 1,317.080,– eingekauft, 20 Jahre später um ATS 6,100.000,– verkauft. Gratulation, Herr Landeshauptmann! Immobilienexperten weisen darauf hin, dass die explosionsartige Wertsteigerung von Immobilien in Toplagen in Wien erst nach dem Jahr 2001 eingesetzt hat, und stellen die Frage, ob dieser für den Verkäufer günstige Verkaufserlös auf glückliche Fügung, auf Gottes Hilfe oder schlicht auf den Umstand zurückzuführen sei, dass der Verkäufer Erwin und Elisabeth Pröll sind und der Käufer die Raiffeisen Versicherung AG ist.

### Beispiel Partner im Parlament jenseits der ÖVP: Unschuldsvermutung für Pokerface

Es muss nicht Agrarbusiness, Bank oder Versicherung sein. Auch beim Glücksspiel hat Raiffeisen Interessen. Und will sie durchsetzen. Was haben die Begriffe „Good Governance", Raiffeisen, Casinos Austria und BZÖ (Bündnis Zukunft Österreich) miteinander zu tun? Viel und wenig: Wenig „Good Governance" und viel Geld für das BZÖ von Casinos Austria. Und Raiffeisen? Ist Großaktionär der Casinos Austria AG (CASAG).

Zuallererst müssen wir den Begriff „Good Governance" klären. „Gutes Regieren" – klingt einfach, ist es aber nicht. Gemeint ist ein gutes Steuerungs- und Regelungssystem einer politisch-gesellschaftlichen Einheit eines Staates oder eines Teiles seiner Einrichtungen wie einer Kommune. Aber auch relevant große Wirtschaftsapparate wie etwa die Raiffeisengruppe beschäftigen sich mit dem Thema. Macht sich gut in der veröffentlichten Meinung, wenn der Eindruck vermittelt wird, ethisches Handeln sei wesentlicher Grundpfeiler und Entscheidungsgrundlage für das operative Handeln einer Firmen- oder Genossenschaftsgruppe.

Die Casino Austria AG betreibt in Österreich und weltweit Spielcasinos. In Österreich ist das Glücksspielgesetz der rechtliche Rahmen für die professionellen Zocker. Hier wird nicht darüber befunden, ob dies gut oder schlecht ist, ob überhaupt ein Zusammenhang zwischen der angeblichen Bauernselbsthilfeorganisation und dem Spielcasino bestehen sollte. Es geht um Anderes: 2006 planten ÖVP und BZÖ eine Glücksspielgesetzesnovelle, die Ungünstiges für die Casino Austria AG bedeutet hätte. Wir waren damals bei den Gesprächen im Vorstandsbüro der Casino Austria AG nicht dabei und wissen nicht, ob die Chefs gesagt haben: „Wir pfeifen auf Good Governance, die Abgeordneten kaufen wir uns!" Jedenfalls brachte die geplante Glücksspielgesetzesnovelle keine Freude für die Manager. Zum Glück gab es das BZÖ.

Im Eigentum des BZÖ stand damals die Werbeagentur „Orange". Üblicherweise sind Werbeagenturen für Werbung zuständig und erfinden flotte Sprüche, denken sich TV-Spots aus und entwickeln Kampagnen. „Trink Coca-Cola", „Kaufe den Augustin", „Wähle unsere Partei, denn wir stehlen nicht" oder Ähnliches wird dem Publikum dargeboten. Die Agentur „Orange" war besser und konnte mehr: Des Schreibens und Lesens mächtig gingen die Werber daran, Gutachten zu verfassen. Ja, richtige „Gutachten". Oder doch nicht richtige Gutachten, aber zumindest wertvolle Texte. Wertvoll im Sinne der Bezahlung. Jedenfalls hat die Casino Austria AG an die BZÖ-Werbeagentur für ein siebenseitiges (ja, sieben Seiten) „Gutachten" 300.000 Euro gezahlt. „Responsible Gaming" wurde das Werk genannt.

Im Untersuchungsausschuss des Österreichischen Nationalrats zum Thema Korruption im Jahr 2012 stellte sich heraus, dass das Elaborat an einem Wochenende verfasst worden sein soll. Hauptsächlich wurden aus dem Internet, das bekanntlich auch am Wochenende geöffnet hat, per Copy and Paste Textbausteine aneinandergefügt. Das Werk muss essenziell für die Geschäftsführung der CASAG gewesen sein, hätte sie doch ansonsten für den Text nicht 300.000 Euro auf den Spieltisch gelegt.

Und Raiffeisen? – Betrachten wir die Aktionärsstruktur der Casino Austria AG: Größter Aktionär mit 33,6 Prozent ist die Medial Beteiligungs GmbH, die sich wiederum im Besitz von Leipnik-Lundenburger, Raiffeisen Österreich, Donau Versicherung und Uniqa Versicherungen befindet. Mit Ausnahme der Donau Versicherung, die zur Vienna Insurance Group zählt, handelt es sich durchwegs um Firmen, in denen Raiffeisen das Sagen hat. Somit sind die Giebelkreuzler als größter Aktionär an einem Unternehmen beteiligt, das in Ordnung findet, an eine Werbeagentur im Eigentum einer im Parlament vertretenen Partei 300.000 Euro für einen siebenseitigen Text zu bezahlen, der „Gutachten" genannt wird. Hier jetzt das obligatorische Bla-bla: Es gilt die Unschuldsvermutung.

Anderes Thema, zwar unappetitlich, aber der Vollständigkeit halber: Die Casino Austria AG ist Gesellschafter des Wiener Kongresszentrums Hofburg und verdient daher am dort bis 2012 jährlich ausgerichteten Burschenschafterball, der ab 2013 als Ball der Wiener FPÖ getarnt wird, und liefert Erträge an die Aktionäre – womit wir wieder bei Raiffeisen sind.

### Beispiel Kapitalismus, Variante brutal: Der Code of Conduct und das Gold

Ein weiteres Beispiel für die Wertigkeit von Verhaltensregeln im Raiffeisenreich: Im Code of Conduct, gültig für alle Gesellschaften des Konzerns, ist eine begrüßenswerte Liste von Verhaltensweisen angeführt: u. a. keine Duldung von Kinderarbeit, ökologische Schäden sind zu vermeiden und die Menschenrechte sind zu respektieren. In Ghana ist die Raiffeisen Kapitalanlage Gesellschaft mbH an einer Goldmine beteiligt, deren Geschäftsführung von diesem Papier aus dem fernen Wien noch nie gehört haben kann.

Der Code of Conduct der Raiffeisengruppe: Alle Themen werden abgedeckt, Soziales, Ökologisches, Menschenrechte, etc. Raiffeisen Tochtergesellschaften sind selbstverständlich diesem Kodex verpflichtet. Die Raiffeisen Kapitalanlage Gesellschaft mbH weist auf diesen Umstand ausdrücklich in ihrer Website hin.

Unter anderem beschäftigen sich die Verhaltensregeln für Raiffeisenakteure mit ökologischen Standards. Unter Punkt 7.2 Umwelt/Atomkraft finden sich klare Regeln: „Finanzierungen von oder die Beteiligung an Geschäften bzw. Projekten, welche nachhaltig die Umwelt gefährden (zum Beispiel: Vernichtung des Regenwaldes oder Verschmutzung der Umwelt und der Gewässer) entsprechen nicht der Geschäftspolitik des RZB Konzerns.“

### Das Gift Gold

Brigitte Reisenberger, Co-Autorin des „Schwarzbuch Gold", weiß Gegenteiliges zu berichten: In Ghana ist eine Tochter des südafrikanischen Minenkonzerns Anglo Gold, namens Anglo Gold Ashanti tätig – mit Aktionären aus aller Welt und auch aus Wien. Die Raiffeisen Kapitalanlage-Gesellschaft m.b.H. hielt laut dem Institut „profundo economic research" per 30. April 2012 in Ghana zwar „nur" 0,01 Prozent des Aktienkapitals, aber man ist dabei.

Die Iduapriem-Mine ist Kernstück des Unternehmens, beschäftigt 1.500 Arbeiter und erbrachte 2009 190.000 Feinunzen Gold. Das Edelmetall, an dem bereits König Midas in der griechischen Mythologie scheiterte (weil er den Rand nicht voll kriegen konnte), wird in Ghana per Tagbau gewonnen. Pro Tonne bearbeiteten Steins bleiben durchschnittlich 1,72 Gramm Gold. Und auch diese kleine Menge gibt das Gestein nicht freiwillig her. Der zermahlene Fels muss mit Zyanid behandelt werden, um das Metall aus dem Gestein zu lösen. Zyanid wirkt bekanntlich auf den menschlichen Organismus als hochgradiges Nervengift. Ist die Substanz erst einmal ins Grundwasser eingedrungen, müssen für Menschen, die das Wasser trinken oder auf sonstige Weise das Gift aufnehmen, Schäden im Erbgut befürchtet werden. Die

Krebserkrankungen häufen sich in der Region. Der Code of Conduct, dem sich die Raiffeisen Kapitalanlage-Gesellschaft m.b.H. (in dem Fall tatsächlich mit beschränkter Haftung) verbunden fühlt, bleibt für die Betroffenen in Ghana und die Funktionäre von Raiffeisen in Wien ein Stück Papier, das vor allem geduldig ist.

Der Tagbau frisst Land. Bei dem erwähnten Verhältnis von 1,72 Gramm Gold zu einer Tonne Gestein ist leicht vorstellbar, welche Gesteinsmassen bewegt werden müssen, um am Londoner Goldmarkt ins Verdienen zu kommen. Völlig daneben liegt, wer argumentiert, diese Menge an Gestein würde tausende Arbeitsplätze bedeuten. Es befinden sich vor allem Großmaschinen im Einsatz und Jobs gibt es nur für hoch qualifizierte Spezialisten. Der lokalen Bevölkerung bleiben Tagelöhnerjobs. Die Landflächen werden nicht nur für den Aushub des Gesteins benötigt, auch das ausgebeutete, durch Zyanid verseuchte Restmaterial wird in die Landschaft gekippt, dort, wo bisher Herden weideten, Dörfer lagen und Wald wuchs, gelagert. Maßnahmen, „welche nachhaltig die Umwelt gefährden (zum Beispiel: Vernichtung des Regenwaldes oder Verschmutzung der Umwelt und der Gewässer) entsprechen nicht der Geschäftspolitik des RZB Konzerns," heißt es im Code.

Die Abbauflächen stehen nicht im Eigentum der Minengesellschaft, sie sind Gemeinschaftseigentum (Commons, Almende), das von „Chiefs" (Häuptlingen) verwaltet wird. Die Minengesellschaft verfügt dennoch über eine Bergbaukonzession und damit über Nutzungsrechte. Ersatzgrundstücke für vertriebene Bauern werden nicht bereitgestellt. Bulldozer, die störende Hütten beiseite schaffen, sind klare Argumente. Auch hier hilft es nichts, wenn der Code die Manager belehrt. Was unter Punkt 7 zu „Sensiblen Geschäftsfeldern" ausgeführt wird, wird vom Management jedoch offensichtlich nicht gehört:

„7.1 Menschenrechte. Die RZB Group finanziert weder indirekt noch direkt Geschäfte, Projekte oder Parteien, wenn dabei Zwangsarbeit (einschließlich Schuldknechtschaft) oder Kinderarbeit eingesetzt wird, oder gegen
— die Europäische Menschenrechtskonvention,
— die arbeits- und sozialrechtlichen Verpflichtungen des jeweiligen Landes,

– die anwendbaren Regelungen internationaler Organisationen und insbesondere der

– entsprechenden UNO-Konventionen oder

– die Rechte der lokalen Bevölkerung oder der Urvölker verstoßen wird."

Was den letzten Punkt der Aufzählung betrifft: Die RZB Group, jedenfalls ihre Tochter Kapital Anlage Gesellschaft mbH, finanziert sehr wohl: 500.000.– Euro für Global Gold Ashanti und gegen die Rechte der lokalen Bevölkerung. Mit und ohne Code of Conduct. Dem Shareholder Value zuliebe.

### Beispiel Reklame: Etwas Sand im Getriebe der Raiffeisen-PR

*„Tue Gutes und rede darüber!" oder „Tue Gutes und schweige!" – beide PR-Strategien finden in der Raiffeisenwelt ihre Verwendung. Hier ein Beispiel über Widersprüche beim Versuch, die Welt zu verbessern.*

Eine Organisation wie die Raiffeisengruppe hält sich neben den zahlreichen Medienbeteiligungen eine gut geölte PR-Maschinerie, deren Zweck dem Betrachter nicht verborgen bleibt: gute Stimmung für Raiffeisen zu machen. Klassisches Lobbying ist – wie beschrieben – nicht erforderlich, dafür sind die Abgeordneten der „Raiffeisenpartei" in Parlament und Landtagen zuständig, die Gesetze vorschlagen und/oder mitbeschließen.

Ein exemplarisches Beispiel war der Auftritt des oberösterreichischen Raiffeisenbosses Ludwig Scharinger in der ORF-Sendung „Report" im November 2011 vor seiner Pensionierung Ende März 2012. Der Bankdirektor erzählte zuerst, dass er, offensichtlich mit seinem Einverständnis, im Land der Mostschädel „König Ludwig" genannt werde. Dann teilte er mit, es gebe viele Menschen, die, wenn sie wirklich nicht mehr weiterwüssten, sich an ihn um Hilfe wendeten. Er, Scharinger, frage sich dann oft, was er denn mit diesen Menschen zu tun habe. Letztlich könne er jedoch keine Menschen leiden sehen, und meistens könne er helfen.

Scharinger bemühte sich redlich, mildtätig in die Kamera zu schauen und seine Botschaft dem Volk nahe zu bringen. Wenige Tage später unterminierte jedoch Scharingers Langzeitkontrahent in der Raiffeisengruppe, der Generalanwalt Christian Konrad, die

Intention des Oberösterreichers. Konrad kam in einem Vortrag in Wien auf das wohltätige Wirken der Raiffeisengruppe zu sprechen und betonte, wie wichtig karitative Hilfe sei,. Es gebe jedoch keine Notwendigkeit, darüber zu sprechen. „Tue Gutes und schweige!" wandelte er einen bekannten Spruch ab. Diese Haltung wirkt natürlich sehr nobel und birgt den Vorteil, Scharinger – ohne ihn beim Namen nennen zu müssen – elegant eine Ohrfeige zu verpassen. Die „Freundschaft" zwischen Scharinger und Konrad geht so weit, dass sich bei der Buchpräsentation des Scharinger-Werkes „Nach meiner Trompete" in Wien folgende Situation ergab: Geplant war eine Veranstaltung in der „Thalia"-Filiale am Bahnhof Landstraße im dritten Wiener Gemeindebezirk. In letzter Sekunde wurde Scharinger klar, dass die Filiale in einem Gebäude der Raiffeisengruppe liegt und zwar in einem ohne oberösterreichische Beteiligung. Sofort wurde die Veranstaltung verlegt und ging in einer „Thalia"-Filiale in der Mariahilfer Straße über die Bühne.

Weniger erheiternd wirkt die Antwort auf die Frage, welche Strategie dahinter steckt, wenn Raiffeisen, konkret die Raiffeisenlandesbank Niederösterreich-Wien, Geldgeber eines Preises ist, mit dem eine Zielgruppe ausgezeichnet wird, die bestens dafür geeignet ist, mitzuhelfen diese Welt – nicht unbedingt im Sinne von Raiffeisen – zu ändern. Die genannte Bank finanziert den „Prälat-Leopold-Ungar-Preis" der Caritas Wien, die genau sagt, wer mit diesem Preis ausgezeichnet werden soll: Und zwar „werden herausragende journalistische Leistungen prämiert, die Toleranz und Verständnis im Umgang mit gesellschaftlichen Randgruppen fördern und sich mit sozialpolitischen Themen wie Armut, Obdachlosigkeit, Migration, Flucht, Alter, Krankheit oder Diskriminierung auseinandersetzen. Ausgezeichnet werden JournalistInnen, die sich in und mit ihrer Arbeit couragiert gegen eigene und fremde Vorurteile wenden." (www.caritas-wien.at)

Im Jahr 2012 kam anlässlich der Preisverleihung Sand ins Getriebe der PR-Maschine von Raiffeisen. Die Jury wählte unter anderen die österreichische Filmemacherin Ulrike Gladik als Preisträgerin aus. Und zwar wurde sie für den Text „Eine Mafia, die bettelt?"– veröffentlicht auf der Website der BettelLobbyWien – ausgezeichnet. Im Text geht es vor allem darum, wie bettelnde

Rom_nia in Österreich als „Bettelmafia" denunziert und kriminalisiert werden, weiters um die Sinnlosigkeit von Bettelverboten, aber auch um die sozialen Hintergründe von BettlerInnen in ihren Heimatländern. Stichwörter: Diskriminierung, Segregation und Verfolgung. Die Autorin analysierte die Zusammenhänge zwischen Rassismus, Behinderung und Wohnungsverlust in den Herkunftsländern und dem Betteln in Wien. Gladik beschäftigt sich mit Themen wie beispielsweise dem Immobilienbereich, der begehrtes Geschäftsfeld der österreichischen Raiffeisengruppe in den genannten Herkunftsländern der BettlerInnen ist und auch von den Vorgaben der Vorstände und Aufsichtsräte in Wien bestimmt wird.

Ulrike Gladik konnte, weil beruflich verhindert, an der Preisverleihung nicht persönlich teilnehmen. Autor und Bettellobbyist Peter Krobath vertrat sie. Er würdigte die Engagements von Caritas und Jury – und dann erlaubte sich Krobath das Unfassbare: Kritik am Preisgeldgeber Raiffeisen. Er argumentierte, die Raiffeisen Bank International bettle beim Staat um Gelder für die Bankenrettung, dasselbe sei Bettlern in Wiens Straßen verboten. Krobath erwähnte die Berichterstattung über Bettler in österreichischen Medien und nannte die Dinge beim Namen: „Rassistische Hetze". Der Zusammenhang Raiffeisen – Medien ist bekannt. Krobath (mit einem Lächeln) weiter: „Dass Raiffeisen von der Milliardenhilfe, die wir für ihre Spekulationen und Wetten gezahlt haben, einen ganz kleinen Teil zurückgibt, finde ich in Ordnung."

Raiffeisenlandesbank Niederösterreich-Wien Vorstand Georg Kraft-Kinz hatte vorher von „Teilen" gesprochen, Krobath ermutigte den Banker: „Wie ich gehört habe beginnt auch für Raiffeisen eine neue Zeit des Teilens. Da sind wir sehr neugierig. Wie wir wissen, braucht es gewisse Strukturen für das Teilen, und vielleicht sind wir als gesamte Gesellschaft gefordert, die Strukturen so zu verändern, damit Raiffeisen das tun kann, was Raiffeisen will: teilen." Krobaths Worte verhalfen Raiffeisenvorstand Kraft-Kinz zu einer Youtube-Verewigung mit einem Gesicht, das den Schmerz des Leidens an einer mittelschweren Fischvergiftung zum Ausdruck bringt.

Kurz nach der Preisverleihung wurde Ulrike Gladik von einem PR-Manager der Raiffeisengruppe zu einem Gespräch gebeten. Klassischer Ablauf: Die Kritikerin wurde vom Raiffeisen PR-Mann mit Lob überhäuft. Gladik: „Es war eine kräftige Umarmung."

### Beispiel Hauptversammlung RBI:
### Ein protestantischer Zug im Raiffeisenreich

Die Dauerbeschäftigung mit dem Raiffeisenkomplex schafft eine bestimmte Nähe, die dem Verhältnis zwischen Ganoven und Kiberern gleicht. Der Vergleich hatscht insofern, als sowohl das Machtkonzentrat ebenso wie das Autorenduo auch ohne diese enge Bindung aneinander gut auskommen. Allerdings schärft Raiffeisenwatch alle Sinne für den Konzern – und vom Giebelkreuz mit allen seinen guten und schlechten Eigenschaften ist nur mehr schwer loszukommen.

In dieser Darstellung geht es unter anderem darum herauszufinden, worauf die Stärke von Raiffeisen beruht. Als Gast eines Aktionärs hatten wir die Gelegenheit, an der Hauptversammlung der Raiffeisen Bank International (RBI) teilzunehmen. Die Hauptsprecher der Kleinaktionäre hatten gegen die Präsentation der Geschäftsergebnisse für das Jahr 2011 und eine erwirtschaftete Dividende von 1,05 Euro pro Aktie praktisch nichts einzuwenden.

In der Veranstaltung stellte sich ferner heraus, dass der RBI-Vorstand für die Leistung, mit starkem Ost-Engagement kontinuierlich positive Zahlen zu schreiben, bei weitem nicht so fürstlich entlohnt wird, wie dies etwa beim Generaldirektor der Erste Bank Andreas Treichl der Fall war, dem im Vorjahr das Ergebnis binnen Monatsfrist von plus 800 Millionen in minus 700 Millionen Euro gekippt ist.

RBI-Vorstandsvorsitzender Herbert Stepic erhielt als Prämie für 2011, das allen Widrigkeiten im CEE-Raum zum Trotz ein Ergebnis von knapp unter einer Milliarde Euro gebracht hat, lediglich 70.000.– Euro. Seine Stellvertreter bekommen 60.000.– Euro und die einfachen Vorstandsmitglieder 50.000.– Euro. Das ist für Banker geradezu ein Bettel. Die Dotierung entspricht jedoch dem Kurs des langjährigen Generalanwaltes Christian Konrad, der Mitte 2012 in Pension ging. Konrad hat einmal auf die Frage, weshalb RBZ-Chef Walter Rothensteiner (nun sein Nachfolger im Geldsektor und RBI-Aufsichtsratsvorsitzender) verhältnismäßig wenig verdiene, geantwortet, wenn der mehr wolle, müsse er die Firma wechseln. Den Erfolg von Raiffeisen, erklärt also auch eine – für eine der katholischen Kirche nahen Institution und in einem katholischen Land ungewöhnliche – protestantische Sparsamkeit.

### Sanierungsplan fällig!

Die Macht von Raiffeisen versinnbildlichen auf einer Fahrradtour im niederösterreichischen Weinviertel die zahllosen Hochspeicher. Sie signalisieren einerseits die allgegenwärtige Präsenz von Raiffeisen und gehören andererseits zum absolut Hässlichsten, was hierzulande in der Architektur verbrochen wurde. Vermutlich haben die Bauherren ein einziges Modell auserkoren, ohne für die Abwandlungen Architekten einzuschalten. Den Auftragebern, die offenkundig am falschen Platz gespart haben, ist – im Sine der niederösterreichischen Dorferneuerung – zu empfehlen, Sanierungspläne für die Entfernung oder zumindest Milderung dieser Schandmale in der heimischen Landschaft zu entwickeln.

Zum Thema Baustellen bei Raiffeisen gehört die – mittlerweile veräußerte – Epamedia. Auf die Frage der „Die Presse": „Ihr größtes Sorgenkind ist die Epamedia (Plakate, Außenwerbung). Diese ist ein Sanierungsfall. Wie läuft der Verkaufsprozess?", sagte Erwin Hameseder, Nachfolger von Konrad als Obmann der Raiffeisen-Holding Niederösterreich-Wien: „Die Epamedia ist die einzige Firma, von der wir uns eventuell trennen. Wir mussten schmerzliche Abschreibungen – vor allem in Ungarn – verkraften. Uns liegen über zehn Angebote vor. … Es kann sein, dass wir das Österreichgeschäft behalten. Wenn wir für die gesamte Gruppe ein gutes Angebot erhalten, verkaufen wir alles. Der Preis müsste dann ein ordentlicher dreistelliger Millionenbetrag sein."

Über den Fall berichtete das „Wirtschaftsblatt" ebenfalls und zwar unter dem Titel: „Raiffeisen-Holding muss bei Epamedia Notbremse ziehen", und weiter hieß es: „Die Raiffeisentochter Epamedia rutschte im Vorjahr noch tiefer in die roten Zahlen. Der Verlust beträgt 90,2 Millionen Euro. Eigenkapital musste massiv zugeschossen werden." An der Spitze des Unternehmens stand übrigens Ex-ORF-Generaldirektorin Monika Lindner.

### Quersubventionierung

Um den Epamedia-Karren aus dem Dreck zu ziehen, wurde übrigens eine gewöhnlich von Wirtschaftskammer und Industriellenvereinigung bei verstaatlichten Unternehmen und Staatsbetrieben verteufelte Quersubventionierung durchgeführt. Die erwähnte Fahrradtour führte durch zahllose Dörfer. Darunter befand sich keines, in dem nicht mindestens zwei 16-Bogen-Plakate gehängt sind. Auf ihnen wurde vom „Wiener Zucker" (einer Agrana-Marke) vor künstlichen Süßstoffen in diversen Joghurts und Süßgetränken gewarnt. Nicht schlecht, wenn auf diese Weise ein hässliches Entlein aufgeputzt werden kann. Die Agrana kann es sich leisten, die Epamedia zu fördern: Die von uns beschriebene Zuckerpreiserhöhung vom 1. Oktober 2011 um 20 Prozent hat der Aktiengesellschaft im 1. Quartal 2012 eine Verbesserung des Ergebnisses von 61,6 auf 70,9 Millionen Euro beschert.

### Beispiel internationale Vernetzung: Der Herr Konsul

Seit 1. Juni 2012 ist RZB-Generaldirektor Walter Rothensteiner Generalanwalt und Obmann des Raiffeisenverbandes. Christian Konrads Nachfolger hält die Tradition der vielzähligen Aufsichtsratsmandate aufrecht und verfügt über eine besondere Funktion, die auf den ersten Blick nichts mit der ehemaligen Bauern-Selbsthilfeorganisation zu tun hat: Honorarkonsul der Republik Singapur in Österreich. Oder doch?

In Singapur, im noblen Raffles-Tower gelegen, werken die Manager der Singapur Branch von Raiffeisen. Der Konzern selbst sagt auf seiner Homepage: „In Asien bildet die Filiale in Singapur die Schaltstelle der Raiffeisenaktivitäten." Dies mag die Nähe des Generaldirektors zum Regime im Stadtstaat erklären, und man kennt sich nicht erst seit gestern. Rothensteiner ist seit 1996 Honorarkonsul. Der oberste Raiffeisenrepräsentant vertritt in Österreich als Honorarkonsul mit Singapur ein Machtsystem, das mit den Elementen Mittelalter, Terror und Demokratiefeindlichkeit regiert, während die Filiale vor Ort lukrative Geschäfte abwickelt. Hintergrund für die guten Geschäfte mag auch der

Umstand sein, dass europäische und nordamerikanische Kunden vom Bankplatz Schweiz, was Diskretion betrifft, in letzter Zeit nicht mehr so ganz überzeugt sind und Ausschau nach anderen, verschwiegenen und steuerschonenden Häfen halten.

### Element Mittelalter

Weiß der Generalkonsul, dass in der Republik Singapur für 41 Straftaten neben Haft zwingend die Prügelstrafe im Strafrecht vorgesehen ist? 1826 befand die britische Kolonialmacht das Auspeitschen von Menschen als adäquate Vergeltungsmethode für das Übertreten von Gesetzen. Bis heute hat sich nichts geändert: Der Delinquent wird von eigens geschultem Wachpersonal gefesselt über einen Holzbock gelegt und mit einem Bambusrohr in die Welt der Schmerzen befördert. Ein Arzt ist zur Stelle, um bei Ohnmachtsanfällen einzugreifen und den Sträfling wieder in die Lage zu versetzen, den Schmerz auch gehörig spüren zu können. Die verwendeten Bambusruten sind befeuchtet, damit sie schwerer sind und Narben für immer hinterlassen. Wer zu einer nicht verkraftbaren Anzahl an Schlägen verurteilt ist, kann die Bestrafung auf Raten absolvieren; wird also gefoltert und verletzt, eine Heilung wird abgewartet und dann beginnt der Terror von neuem.

Amesty International bezeichnet diese Art von Bestrafung in jedem Fall als Folter. Die Prügelstrafe wird nicht nur für Gewaltdelikte verhängt. Auch „illegale" Immigranten (vornehmlich aus dem benachbarten Malaysien) werden für die Tatsache, dass sie „illegale" Arbeit aufnehmen oder auch nur wollen, mit dem Bambusstock gezüchtigt. Nicht verwunderlich, aber der Vollständigkeit halber: Wirtschaftsdelinquenten bleiben von der Prügelstrafe verschont. Wenn Prügeln nichts nützt, wird die Todesstrafe durch Erhängen ausgesprochen. Das Ministry of Home Affairs gibt Auskunft: Zwischen 1990 und 2004 wurden vom Staat 420 Menschen getötet. Da hilft auch Beten nichts, Herr Honorarkonsul.

### Element Demokratiefeindlichkeit

Demokratie wird im Raiffeisenkonzern anscheinend sehr beachtet und der Generalanwalt ist mit Sicherheit den Werten der Demokratie verpflichtet. Aber weiß der Honorarkonsul, dass sich das in Singapur so abspielt: Jeder Wähler hat auf seinem Stimmzettel die Identifikationsnummer seines Ausweises einzutragen. Damit ist jede Wählerin, jeder Wähler identifizierbar. Eine Vorgangsweise, die der Generalanwalt bei geheimen Abstimmungen beispielsweise im Raiffeisenverband erwartungsgemäß ablehnen würde.

Zeitungs- und Buchverlage haben es schwer in Singapur: Vor jedem Erscheinen sind Verhandlungen mit der Zensurbehörde angesagt. Die staatliche Zensurbehörde schreitet ein und kriminalisiert jede Berichterstattung, die nicht im Sinne des Regimes zu sein scheint. Mittelalter verbindet sich mit Demokratiefeindlichkeit. Private Satellitenschüsseln sind verboten, auch das Internet unterliegt Einschränkungen. Zudem verursacht der permanente Druck auf JournalistInnen und AutorInnen schlicht und einfach Selbstzensur.

Für den einzelnen Raiffeisengenossenschafter, der günstig Saatgut einkaufen und einen gerechten Preis für seine Milch will, hat die Funktion Honorarkonsul des Generalanwalts noch einen anderen, höchst banalen Effekt: Das Honorarkonsulat der Republik Singapur in Österreich residiert im Gebäude der RZB am Stadtpark. Die Genossenschafter in der Steiermark, in Tirol oder im Burgenland dürfen sich beim Generalanwalt herzlich dafür bedanken, dass sie dem Regime in Singapur ein Heim in Österreich bieten können.

# Steckbriefe/Nomenklatura

## Agrana-Werdegang und Zuckermonopol

Vor dem Beginn des Zuckerrübenanbaus in Europa um das Jahr 1800 war Zucker hierzulande ein Artikel des ausgesprochenen Luxuskonsums. Rohrzucker wurde davor aus Indien importiert und an Ort und Stelle lediglich raffiniert.

In Österreich verlief die Entwicklung folgendermaßen: „Unter Maria Theresia wurde 1750 die 1. österreichische Zuckerfabrik im Freihafen Fiume gegründet. Nach 1810 setzte die Umstellung auf Rübenzucker ein, und das Marchfeld entwickelte sich zum Hauptanbaugebiet (Zuckerfabriken in Dürnkrut, Leopoldsdorf und Hohenau)." (Österreich Lexikon unter www.aeiou.at)

Starke Impulse erhielt die Zuckerproduktion durch die zunehmende Industrialisierung in der zweiten Hälfte des 19. Jahrhunderts und der damit verbundenen Steigerung des Konsums. Der Schwerpunkt der Produktion befand sich in den Sudetenländern. Zucker wurde ein wichtiger Exportartikel der österreichisch-ungarischen Monarchie. Von den 218 Fabriken lagen nur sechs auf dem Boden des heutigen Österreich: Dürnkrut (errichtet 1867), Hohenau (1868), Leopoldsdorf (1867) und Bruck an der Leitha (1909) in Niederösterreich sowie Hirm und Siegendorf im Burgenland (1852).

Laut „Österreich Lexikon" wurden in der 1. Republik neue Fabriken in Enns (1929) und Tulln (1937) errichtet. Nach der Befreiung 1945 wurden diese Standorte weiter betrieben. Im Lauf der Zeit kam es jedoch zu einem Konzentrationsprozess, der in der Vorbereitung Österreichs auf den EU-Beitritt (im Jahr 1995) Geschwindigkeit aufnahm. In kluger Voraussicht wurde 1988 die Agrana Beteiligungs-Aktiengesellschaft als Dachgesellschaft der fusionierten österreichischen Zucker- und Stärkeindustrie mit den drei Zuckerfabriken in Hohenau, Leopoldsdorf und Tulln

sowie der Kartoffelstärkefabrik in Gmünd und der Maisstärkefabrik in Aschach gegründet. Auf der Homepage des heimischen
Zuckermonopols werden die Schritte der weiteren Entwicklung
detailliert nachgezeichnet. Bereits ein Jahr nach ihrer Gründung
gelang es der Agrana, eine strategische Allianz mit der deutschen
Südzucker AG Mannheim in Ochsenfurt, dem größten europäischen Zuckerunternehmen, einzugehen.

In weiterer Folge wurde die Agrana generell in Osteuropa und
zusätzlich im Aufbau einer Fruchtsaftsparte geradezu hyperaktiv.
Zunächst erfolgte 1990 der Einstieg in zwei ungarische Zucker-
fabriken und in die ungarische Maisstärke- und Isoglukosefabrik
Hungrana in Szabadegyháza auf der Grundlage einer 50 Prozent-
Beteiligung. Für die Stärkung der „Kriegskasse" wurde 1991 ein
Börsegang (1,500.000 Vorzugsaktien im B-Segment der Wiener
Börse) absolviert. 1994 gelang der Einstieg in Tschechien mit der
Übernahme einer Zuckerfabrik in Hrušovan. 1996 wurden die
Beteiligungen in Ungarn ausgebaut und die Magyar Cukor AG
erworben. 1998 schaffte es die Agrana, sich an vier Zuckerfabriken
in Rumänien und zwei Zuckerfabriken in der Slowakei zu betei-
ligen. Zusätzlich konnten weitere zwei Zuckerfabriken in Tschechien gekauft werden. 2001 wurde die Maisstärkefabrik Tandarei
in Rumänien erworben.

2006 leitete die Agrana unter Berufung auf die Reform der
Zuckermarktordnung in der Europäischen Union Restrukturie-
rungsmaßnahmen ein und schloss die Zuckerfabriken Hohenau in
Österreich und Rimavská Sobota in der Slowakei. Im selben Jahr
wurde gemeinsam mit dem bosnisch-österreichischen Unternehmen SCO Studen & Co. (Wien) als 50 Prozent-Partner der Bau
einer Rohzuckerraffinerie in Brčko (Bosnien und Herzegowina)
beschlossen und ein Vertriebs-Joint-Venture mit dem bulgarischen
Zuckerunternehmen Zaharni Zavodi AD eingegangen, wobei die
Agrana 51 Prozent der Anteile übernahm. 2008 wurde die Rohzuckerraffinerie in Brčko (Bosnien und Herzegowina) eröffnet und
die Kapazität der Isoglukose- und Bioethanolfabrik der Hungarna
(Ungarn) ausgebaut. 2011 wurde in der Zuckerfabrik Tulln (Niederösterreich) der zweitgrößte Zuckersilo Europas eröffnet.

### Frucht als dritte Sparte

Der Aufbau eines dritten Geschäftsfelds der Agrana unter der Bezeichnung Frucht (mit den Bereichen Fruchtzubereitung und Fruchtsaftkonzentrate) wurde mit größtem Elan und offenkundig unter Einsatz von viel Geld weltweit vorangetrieben. Der Startschuss fiel im Jahr 2003 mit der Übernahme von 100 Prozent an der dänischen Vallø Saft A/S und dem Einstieg in die österreichische Steirerobst AG. Bereits 2004 folgte die Akquisition der französischen Atys-Gruppe (Weltmarktführer bei Fruchtzubereitungen), der belgischen Dirafrost (Tiefkühl-Spezialprodukte im Fruchtbereich) und der deutschen Wink-Gruppe (Fruchtsaftkonzentrate).

Bereits ein Jahr später (2005) gelang es, die DSF (Deutsch-Schweizerische Früchteverarbeitung GmbH) mit Sitz in Konstanz (Deutschland) zu erwerben und ein neu errichtetes Fruchtzubereitungswerk in Serpuchov (südlich von Moskau) in Betrieb zu nehmen. 2006 kaufte die Agrana 100 Prozent der Steirerobst AG und 50 Prozent des Apfelsaftkonzentrat-Produktionsunternehmens Xianyang Andre Juice Co. Ltd in der Provinz Shaanxi (China). 2007 nahm das Fruchtzubereitungswerk in Cabreúva (Brasilien) die Produktion auf. 2008 wird ein zweites Apfelsaftkonzentrats-Joint Venture mit Xianyang Andre Juice Co. Ltd. in Yongji gegründet.

2010 wurde die Präsenz im Fruchtzubereitungsbereich im Mittleren Osten und in Afrika ausgebaut – durch ein Joint Venture in Kairo (Ägypten). 2011 folgt die Übernahme von 100 Prozent der Anteile an Xianyang Andre Juice Co., Ltd. und die Abgabe der 50 % an Yongji Andre Juice Co., Ltd. Die Agrana eröffnete im selben Jahr ein Werk zur Produktion von Fruchtzubereitungen in Johannesburg (Südafrika). 2012 fusionierten schließlich die Agrana Juice Holding GmbH und die Ybbstaler Juice Austria GmbH zur Ybbstaler Agrana Juice GmbH.

Im Zuge einer Aktienemission ist dem Unternehmen 2005 frisches Kapital zugeflossen. Daraufhin wurde beschlossen einem vermeintlichen Zug der Zeit zu folgen und eine Bioethanolanlage zu errichten. 2006 nahm die Bioethanolanlage in Pischelsdorf den Testbetrieb und 2008 den Vollbetrieb auf. Als Voraussetzung für diesen Schritt hatte Josef Pröll in seiner Funktion als Land-

wirtschaftsminister der Regierung Schüssel II mit der Mineralöl-
wirtschaft die EU-konforme Beimengung von 5 Prozent Biospirt
zum Benzin ausgehandelt. Die seinerzeit ebenfalls paktierte Einführung von E10 (zehnprozentige Beimengung von Ethanol zum
Benzin) wurde im Oktober 2012 allerdings bis auf weiteres ausgesetzt.

### Zuckerfabrik Tulln

Im Werk Tulln ist neben der Produktion die Verwaltung für
den Zuckerbereich der Agrana Zucker GmbH angesiedelt. Der
Verarbeitungsbetrieb wurde 1937 gegründet. Heute befindet sich
dort das zentrale Zuckermagazin, in dem sämtliche in Österreich
im Handel erhältliche Zuckersorten der Marke „Wiener Zucker"
erzeugt, abgepackt, in einem Hochregallager mit einer Lagerkapazität von rund 10.000 Palettenstellplätzen (rund 8.000 Tonnen
Zucker) vollautomatisch gelagert und ausgeliefert werden.

Im Oktober 2011 wurde in Tulln mit dem neuen Kristall-
zucker-Silo die zweitgrößte Anlage dieser Art Europas in Betrieb
genommen. Der Silo hat ein Fassungsvermögen von 70.000 Tonnen Kristallzucker. Seine bau- und umwelttechnische Ausführung
entspricht dem Spitzenstand der Technik. Mit weiteren fünf Silos
verfügt der Standort Tulln über eine Lagerkapazität von insgesamt
mehr als 180.000 Tonnen Kristallzucker.

Um den Energieaufwand in der Produktion von Futtermit-
teln – als Nebenprodukt der Zuckererzeugung – zu verringern,
hat die Agrana mit dem Start der Kampagne im Jahr 2012 in den
Werken in Tulln und Leopoldsdorf erstmals „Niedrigtemperatur-
Trocknungsanlagen" in Betrieb genommen. Die entzuckerten und
ausgepressten Rübenschnitzel werden dabei schonend vorgetrock-
net und danach zu Trockenschnitzelpellets als Futtermittel für die
Tierhaltung verarbeitet. Die Nutzung der Abwärme von vorge-
schalteten Produktionsschritten verringert den Energieaufwand
um rund 50 Prozent. Die neuen Anlagen reduzieren nicht nur
Geruchs- und Staubemissionen sondern auch die $CO_2$-Emissio-
nen um rund 20 Prozent.

### Zuckerfabrik Leopoldsdorf

Die Zuckerfabrik Leopoldsdorf wurde in den Jahren 1901/02 als Rohzuckerwerk errichtet. Im Jahre 1925 wurde sie zu einer Weißzuckerfabrik umgebaut. Neben der Produktion von Weißzucker wird in Leopoldsdorf aus Rübenzuckersaft Vollzuckersirup gewonnen, der ein Vorprodukt von Vollzucker ist. Einzigartig in Österreich ist auch die Herstellung von Gelbzucker, einem gelbbräunlichen Zucker, der dem Lebkuchen sein unverwechselbares Aroma gibt. Von Leopoldsdorf aus wird Zucker vorwiegend an die weiterverarbeitende Industrie in loser und verpackter Form (50 kg-Säcke) geliefert.

## Jakob Auer

Jakob Auer ist Landwirt (Schweinezucht) und seit 1983 Nationalratsabgeordneter der ÖVP, seit 2011 Präsident des Bauernbundes und seit 2004 Aufsichtsratsvorsitzender der Raiffeisenlandesbank Oberösterreich AG. Er wurde am 31. August 1948 in Kirchberg in Tirol geboren.

Auer war 1973 bis 1977 Mitglied des Gemeinderats in seinem Wohnort Fischelham in Oberösterreich und von 1977 bis 2009 Bürgermeister der Gemeinde. Zwischen 1976 und 1990 fungierte er als Ortsparteiobmann und von 1979 bis 2000 Bezirksparteiobmann der ÖVP Wels-Land. Auer war zudem Bezirksobmann des Bauernbundes von 1985 bis 1996 und zwischen 1979 und 1985 Bezirksobmann des Oberösterreichischen Gemeindebundes. Von 1985 bis 1994 übte er ein Mandat als Bezirksbauernkammerrat im Gerichtsbezirkes Wels-Land aus. Von 2000 bis 2004 nahm Auer die Funktion des Obmanns der Raiffeisenlandesbank Oberösterreich wahr. Seit 2004 ist er Vorsitzender des Aufsichtsrates der Raiffeisenlandesbank Oberösterreich AG und seit 2001 Genossenschaftsanwalt des Raiffeisenverbandes Oberösterreich.

Als Abgeordneter zum Nationalrat (seit 19. Mai 1983) hatte unter anderem die Funktion des Obmanns in den Ausschüssen Landwirtschaft, Budget, Immunität und Unvereinbarkeit inne und übt im ÖVP-Klub seit 1986 die Funktion eines Schriftführers aus. Im Oktober 2011 war er mit zehn außerparlamentarischen Organfunktionen der Nationalratsabgeordnete mit den meisten Nebentätigkeiten. Seit 11. November 2011 ist er, nach dem Rücktritt des bisherigen Amtsinhabers Fritz Grillitsch Präsident der ÖVP-Teilorganisation Bauernbund.

*Funktionen in der Wirtschaft:*

– Aufsichtsratvorsitzender der Raiffeisenlandesbank Oberösterreich

– Obmann der Raiffeisenbankengruppe Oberösterreich Verbund eingetragene Genossenschaft

– Aufsichtsratsvorsitzender-Stellvertreter der Privat Bank AG der Raiffeisenlandesbank Oberösterreich

– Obmann-Stellvertreter der Raiffeisen-Einlagensicherung Oberösterreich registrierte Genossenschaft mit beschränkter Haftung

– Aufsichtsratsvorsitzender der Raiffeisen-Kredit-Garantiegesellschaft m.b.H.

– Aufsichtsratsvorsitzender-Stellvertreter der Invest Unternehmensbeteiligungs Aktiengesellschaft

– Vorstandsvorsitzender der Raiffeisenbank Wels Süd registrierte Genossenschaft mit beschränkter Haftung

– Obmann der RLB Holding registrierte Genossenschaft mit beschränkter Haftung Oberösterreich

– Obmann des Raiffeisenverbandes Oberösterreich und damit Genossenschaftsanwalt

*Mittlerweile abgegebene Funktionen:*

– Gesellschafter der Agro Werbung GmbH (mit 50 Prozent)

– Vorstandsmitglied der RBG Oberösterreich Struktur eGen

– Aufsichtsratsvorsitzender-Stellverterter der Oberösterreichischen Baulandentwicklungsfonds GmbH

– Vorstandsmitglied der Lagerhaus Oberösterreich. Mitte eGen (damals: Lagerhausgenossenschaft in Wels registrierte Genossenschaft mit beschränkter Haftung).

## Berglandmilch

Unternehmenssitz der Berglandmilch (eingetragene Genossenschaft) ist Wels. Vorsitzender der Geschäftsführung ist DI Josef Braunshofer, Mitglieder der Geschäftsführung sind Ing. Heribert Altendorfer und Otto Leitgeb. Als Obmann der Genossenschaft und Vorsitzender des Aufsichtsrats fungiert Josef Pomper. 2011 wurde mit rund 1.400 Mitarbeitern ein Umsatz von 832 Millionen Euro erzielt. Dabei wurden rund 1,2 Milliarden Kilogramm Milch verarbeitet.

Standorte des Unternehmens befinden sich in folgenden Orten:
- Aschbach
- Feldkirchen
- Garsten
- Geinberg
- Karpfham (Deutschland)
- Klagenfurt
- Lienz
- Rohrbach
- Stainz
- Voitsberg
- Wels
- Wörgl

### Geschichte der Berglandmilch

Die Berglandmilch war bei ihrer Gründung ein Zusammenschluss von sechs bedeutenden Molkereien mit 27 Produktionsorten in Oberösterreich, Niederösterreich, der Steiermark, in Kärnten und dem Burgenland.
- Schärdinger Landmolkerei (Feldkirchen, Geinberg, Münzkirchen, Peuerbach, Ried, Taufkirchen)
- Linzer Molkerei (Bad Leonfelden, MH Linz, Pregarten)
- Milchunion Alpenvorland (Baumgartenberg, Königswiesen, Steyr-Garsten)
- Bäuerliche Milchunion Kärnten (Klagenfurt, St. Veit a. d. Glan, Völkermarkt, Wolfsberg)
- Molkerei im Mostviertel (Aschbach, Erlauf)

– Milchverarbeitung Desserta (Feldbach, Fürstenfeld, Güssing, Graz, Hartberg, Leoben, Voitsberg, Weiz)

Zum Jahreswechsel 1995/1996 übernahm die neu gegründete Berglandmilch die Milchaktivitäten und dazugehörige Marken der bankrotten AMF mit dem Ziel, die Position der österreichischen Milchwirtschaft am europäischen Markt abzusichern. Die folgenden Jahre waren geprägt von einem straffen Restrukturierungs- und Modernisierungsprogramm. Von den ursprünglich 27 Standorten wurden 20 in den folgenden Jahren geschlossen bzw. zusammengelegt. Im Jahr 1999 haben die Rottaler Milchwerke, 2009 die Landfrisch Molkerei, 2010 die Tirol Milch und im Jahr 2011 die Stainzer Milch sich der Berglandmilch angeschlossen. Gegenwärtig betreibt die Berglandmilch elf Werke in Österreich (Aschbach, Feldkirchen, Garsten, Geinberg, Klagenfurt, Lienz, Rohrbach, Stainz, Voitsberg, Wels, Wörgl) sowie seit 1999 das Rottaler Milchwerk in Bayern.

Heute ist die Berglandmilch eines der größten Lebensmittel produzierenden Unternehmen Österreichs. Mit rund 1.400 Mitarbeitern verarbeitet Berglandmilch unter den Dachmarken Schärdinger, Desserta, Tirol Milch, Lattella, Landfrisch, Stainzer, Alpi bzw. Alpiland rund 1,2 Milliarden Kilogramm Milch pro Jahr. Produziert werden rund 350 Artikel in den Bereichen Frischprodukte, H-Milch, Käse, Butter, Joghurt und Topfen. Zur Berglandmilch-Gruppe zählen ca. 15.000 Lieferanten, die auch Eigentümer des Unternehmens sind. Heute ist die Berglandmilch eine der stärksten Molkereien Mitteleuropas. Der Konzentrationsprozess hat sich fortgesetzt und die Berglandmilch hat – unter Auflagen der Kartellbehörde – die Tirol Milch und die Stainzer Milch übernommen.

### Tradition der Marke Schärdinger

Die Tradition des Unternehmens Berglandmilch geht auf die 1900 gegründete Schärdinger Teebutter-Zentrale zurück. Im Jahr 1900 wurde von einigen engagierten Landwirten in Schärding die Erste Österreichische Zentrale Theebutter Verkaufsgenossenschaft gegründet, um die selbst erzeugte Butter gemeinsam zu sammeln und zu verwerten. Nicht einmal 10 Jahre nach der Gründung gehören 15 Molkereigenossenschaften zur Zentralen Teebutter Verkaufsgenossenschaft.

Die Weltwirtschaftskrise überstand Schärdinger weitgehend unbeschadet. Kurz vor Kriegsbeginn 1937 hatte Schärdinger bereits 34 Mitgliedsgenossenschaften und entwickelte sich zur größten und leistungsfähigsten milchwirtschaftlichen Absatzorganisation Österreichs. Zum 40-jährigen Bestehen umfasst Schärdinger 41 Molkereigenossenschaften, sechs Käsereigenossenschaften und 40.000 Mitglieder. 1952 erfolgte die Umbenennung in „Schärdinger Oberösterreich Molkereiverband". Umfangreiche Investitionen in den Hauptstandorten Schärding, Linz und Wien wurden getätigt. Schärdinger begann überdies, sich nach neuen Exportmärkten umzusehen. Mitte der 1960er-Jahre wurde die 1-Milliarden-Schilling-Umsatzgrenze durchbrochen und der Schwerpunkt auf die Produktion und den Absatz von Markenkäse und Butter verlagert. 1980 betrug der Umsatz bereits 4,3 Mrd. Schilling. Der Aufschwung ging auch in den 1980er-Jahren weiter: Ausbau des Zentrallagers Pasching und Investitionen im Schärdinger Milchhof Wien.

Im Zuge der Vorbereitungsaktivitäten zum EU-Beitritt wurden die „Schärdinger" und fünf weitere Molkereiverbände Teil der 1990 gegründeten, aber schlecht geführten AMF (Austria Milch- und Fleischvermarktung reg.Gen.m.b.H.). Das Milchgeschäft der AMF wurde nach deren Konkurs samt den Markenrechten 1995 von der neu gegründeten Berglandmilch übernommen.

### Leipnik-Lundenburger Invest Beteiligungs AG

Die Leipnik-Lundenburger Invest Beteiligungs AG (LLI) ist ein traditionsreiches und finanzstarkes mitteleuropäisches Unternehmen, das sich als Holdinggesellschaft versteht. Die strategischen Beteiligungen, über die der Konzern allein oder als Mehrheitseigentümerin verfügt, werden nach eigener Aussage aktiv und expansiv im Sinne eines nachhaltigen Wert- und Ertragszuwachses geführt. Seit 1995 betreibt die LLI den Ausbau ihrer Beteiligungen ausschließlich im Kerngeschäft – dem Nahrungs- und Genussmittelsektor in Österreich sowie in Zentral- und Osteuropa.

Abgesehen von einzelnen Finanzinvestments zur Absicherung des Portfolios sowie von der substantiellen Beteiligung an Österreichs einzigem Zuckerproduktions-Konzern Agrana, hält die LLI nur Anteile in einem Ausmaß, das ihr die Führerschaft im jeweiligen Unternehmen sichert. In den beiden Kernbereichen Mühle sowie Vending (Heißgetränke und Verpflegung aus Automaten) sind die Unternehmen des Konzerns in Österreich sowie in einigen EU-Staaten Marktführer. Seit der Öffnung der Ostgrenzen wächst die LLI kontinuierlich – sowohl durch die Expansion bestehender Tochterunternehmen als auch durch Zukauf.

Haupteigentümer sind die Raiffeisen-Holding Niederösterreich-Wien sowie die Raiffeisen Zentralbank Österreich. Der Sitz der Holding, die nach Eigendefinition als schlank geführte strategische Muttergesellschaft mit wenigen Mitarbeitern auskommt, befindet sich in Wien. Mit den Tochterunternehmen ist die LLI in sämtlichen Nachbarländern Österreichs (mit Ausnahme von Italien und der Schweiz) sowie in weiteren ausgewählten osteuropäischen Märkten aktiv. Als Vorstände fungieren der ehemalige ÖVP-Vizekanzler DI Josef Pröll sowie Dr. Kurt J. Miesenböck und Mag. Christian Teufl. Den Aufsichtsrat bilden derzeit Dr. Christian Konrad als Vorsitzender (aufgrund seiner mittlerweile abgelaufenen Funktion als Generalanwalt) sowie Dr. Walter Rothensteiner (RZB), Mag. Erwin Hameseder (Raiffeisenlandesbank Niederösterreich-Wien) und Dr. Gottfried Wanitschek (Uniqua).

In einer Aussendung des Konzerns zum Ergebnis des Geschäftsjahres 2010/2011 wird der Umfang der Aktivitäten folgendermaßen beschrieben: „Die Leipnik-Lundenburger Invest Beteiligungs AG blickt auf ein außergewöhnlich herausforderndes Geschäftsjahr 2010/11 (Stichtag 30.9.) zurück. Dennoch ist es gelungen, mit rund 1,15 Milliarden Euro (Vorjahr: 882 Millionen Euro) Umsatz nach drei Jahren erstmals wieder die Milliarden-Euro-Marke zu überschreiten. Deutlich unter dem Vorjahr lag hingegen das Ergebnis der gewöhnlichen Geschäftstätigkeit (EGT) mit 16,3 Mio. Euro (Vorjahr: 26,8 Millionen Euro). Gründe hierfür sind einerseits die hohen und volatilen Rohstoffpreise vor allem im Segment Mehl & Mühle sowie ein Kartellverfahren in Deutschland. Das starke Ergebnisplus in den Segmenten Vending und Sonstige konnte dies nur teilweise kompensieren."

### Firmengeschichte

Die LLI wurde nach Darstellung der „Firmengeschichte" 1867 als Rübenzucker-Produktionsgesellschaft in Mähren (heute Tschechische Republik) gegründet. Nach raschem Aufschwung – bereits 1893 erfolgte die Erstnotiz an der Wiener Börse – etablierte sich die LLI als eines der führenden Unternehmen der Zuckerbranche in Österreich. Nach dem Zweiten Weltkrieg begann die LLI zu diversifizieren – so gehört sie etwa zu den Gründungseigentümern der heutigen Casinos Austria AG. Gleichzeitig mit einer sukzessiven Verringerung ihres Engagements in der Zuckerindustrie erweiterte die LLI ihre Beteiligungen in der österreichischen Mühlenwirtschaft sowie im Heißgetränkeautomatengeschäft (Vending).

Um die Manövrierfähigkeit der LLI beim Aufbau weiterer Partnerschaften zu erhöhen, wurden die Aktien des Unternehmens im Geschäftsjahr 2001/02 von der Börse genommen. Mit der Marktöffnung der ehemaligen kommunistischen Nachbarländer begann die LLI ihre erfolgreiche Expansion im Ausland.

### Geschäftsfelder Mehl & Mühle

In der Holding GoodMills Group GmbH bündelt der LLI-Konzern seit dem Geschäftsjahr 2007/08 sämtliche Mühlenaktivitäten. Von der Börsegasse in Wien aus verantwortet die GoodMills Group 29 Mühlen in 7 Ländern. Mit einer Vermahlung von insgesamt 3 Millionen Tonnen Getreide ist die GoodMills Group Marktführer in Europa und weltweit unter den Top 4 der Mühlenbranche.

Unter dem Motto „Unified Competence in Flour & More" vereinigt die GoodMills Group die Kompetenz und das Know-how aus unterschiedlichsten Märkten. Aus dem Wissenstransfer und geschäftlichen Synergien entstehen neue Chancen, die das Unternehmen in seiner expansiven Ausrichtung nützt. Die Tochtergesellschaften der GoodMills Group befinden sich in Österreich, Deutschland, Polen, Tschechien, Ungarn, Rumänien und Bulgarien. In Griechenland besteht eine Minderheitsbeteiligung. Insgesamt sind unter der Mühlenholding GoodMills Group 2.750 Mitarbeiter beschäftigt.

### Geschäftsfeld Vending

Die café+co International Holding GmbH ist laut Firmenwebsite der wichtigste und erfolgreichste Akteur im Automaten-Catering in Österreich und Zentral- und Osteuropa. Unternehmensgegenstand ist der Betrieb und das Service von Automaten für Heißgetränke, Kaltgetränke und Snacks sowie die Führung von Betriebsrestaurants. Innovationen und kundenorientierter Unternehmensgeist, Entwicklung von maßgeschneiderten Gesamtverpflegungs-Lösungen, Flexibilität durch dezentrale Organisation und das Qualitätsprogramm café+co – The European First Class Vending Concept – ermöglichen die beste Lösung für jeden Kunden, sagen die Genossenschafter.

18 café+co International Tochtergesellschaften betreiben und servicieren rund 50.000 Verpflegungsstationen. Die Gruppe ist neben Österreich in den Ländern Bosnien und Herzegowina, Bulgarien, Deutschland, Kroatien, Polen, Rumänien, Russland, Serbien, Slowakei, Slowenien, Tschechische Republik und Ungarn tätig.

### Geschäftsfeld Beteiligungen

– Agrana Beteilungs-AG (11,2 %): Die ursprünglich als Zuckerunternehmen gegründete LLI ist auch heute noch substanziell an AGRANA, einem der führenden Zuckerunternehmen in Zentraleuropa, Spezialist für maßgeschneiderte Stärkeprodukte, Weltmarktführer bei Fruchtzubereitungen und einem bedeutenden Produzenten von Fruchtsaftkonzentraten in Europa, beteiligt. Der durchgerechnete Anteil beträgt 11,2 %. Die Agrana wurde

1988 als Dachgesellschaft der österreichischen Zucker- und Stärkeindustrie gegründet. Im Jahr 2003 wurden die Kernbereiche Zucker und Stärke um das Geschäftsfeld Frucht erweitert. Dieser Geschäftsbereich wurde seither über zahlreiche Akquisitionen zum dritten wachstumsstarken Standbein des Konzerns ausgebaut. Die Agrana notiert seit 1991 an der Wiener Börse.

– Südzucker AG Mannheim/Ochsenfurth: Die Südzucker AG, an der die LLI mit 2,1 % beteiligt ist, ist ein weltweit tätiger deutscher Ernährungskonzern, dessen Unternehmen sich in die Segmente Zucker (Zuckerprodukte), Spezialitäten (Functional Food, Stärke, Tiefkühl-/Kühlprodukte und Portionsartikel), CropEnergies (Bioethanol) und Frucht (Fruchtzubereitungen/Fruchtkonzentrate) gliedert. Sie ist Marktführer im Bereich Zucker in Europa. Alle anderen Segmente verfügen über eine bedeutende Marktposition in Europa.

– Casinos Austria AG (11,3 %): Die Casinos Austria-Gruppe betreibt Spielbetriebe auf allen Kontinenten und Weltmeeren und ist eines der erfolgreichsten internationalen Casinounternehmen. Sie hält überdies eine wesentliche Beteiligung an der Österreichischen Lotterien GmbH, dem wichtigsten Glücksspielbetreiber in Österreich. Die LLI ist mit 11,3 % an der Casinos Austria AG beteiligt. Im Bereich Neue Medien/Internet wird in Kooperation mit den Österreichischen Lotterien die Spieleplattform win2day.at geführt. Die Casinos Austria-Gruppe hat sich auch durch ihr touristisches Know-how weltweit einen Namen gemacht. In Österreich ist sie Sponsor von karitativen, sportlichen und humanitären Einrichtungen.

– BayWa AG (12,5%): Die LLI hält 12,5 % an der börsennotierten BayWa AG. Der international tätige BayWa-Konzern hat seinen Schwerpunkt in den Bereichen Groß- und Einzelhandel sowie Dienstleistungen. Hauptsitz der 1923 gegründeten Muttergesellschaft BayWa AG ist München. Die Geschäftsaktivitäten teilen sich auf in die Segmente Agrar, Bau und Energie. Der Konzern hat inklusive Franchise- und Partnerfirmen rund 3.000 Vertriebsstandorte in 16 Ländern. Die Hauptvertriebsgebiete liegen in Deutschland, Österreich und Osteuropa.

**Ferdinand Maier**

Raiffeisengeneralsekretär Ferdinand Maier wurde am 17. September 1951 in Wien geboren. Volksschule, Realgymnasium und Handelsakademie in Wien, Studium der Sozial- und Wirtschaftswissenschaften an der Universität Wien (Mag. rer. soc. oec. 1976, Dr. rer. soc. oec. 1978).

*Politische Mandate:*
– Abgeordneter zum Wiener Landtag und Mitglied des Wiener Gemeinderates 1983 – 1996
– Mitglied des Wirtschafts- und Sozialausschusses der Europäischen Gemeinschaften 1995 –1999
– ÖVP-Bundesrat von 1999 – 2002
– ÖVP-Abgeordneter zum Nationalrat von 2002 – 2012

*Beruflicher Werdegang:*
– Vereinigung Österreichischer Industrieller, Referent in der Abteilung OrganisationAdministration 1976 – 1979
– Raiffeisenzentralkasse für Niederösterreich und Wien, Referent in der Abteilung „Konzernbeteiligungen" 1979 – 1980
– Brucker Zuckerfabrik Ges.m.b.H., kaufmännischer Leiter/ Prokurist 1980 – 1983
– Prokurist der Tullner Zuckerfabrik AG und Siegendorfer Zuckerfabrik AG, Leiter der Abteilung „Controlling" 1982
– Landesparteisekretär der ÖVP Wien 1983 – 1989
– Mitglied der Geschäftsleitung der Internationalen Spedition Birkert & Lebert Ges.m.b.H. 1990 –1991
– Generalsekretär der ÖVP 1991 – 1993
– Mitglied des Vorstands der Leipnik-Lundenburger Industrie AG 1993–1994
– Generalsekretär des Österreichischen Raiffeisenverbandes seit 1994
– Mitglied der Geschäftsführung der Medicur-Holding seit 2000
– Mitglied der Geschäftsführung der Epamedia 2006 – 2009
– Mitglied des Aufsichtsrates der Soravia Group AG seit 2008
– Mitglied des Aufsichtsrates der Epamedia seit 2009 (Vermutlich mit dem Verkauf des Unternehmens an einen ausländischen Investor ausgelaufen)

## Medicur Holding

Die Gesellschaft für das Management der Raiffeisenbeteiligungen am Mediensektor ist bezeichnenderweise nicht als Aktiengesellschaft sondern als Gesellschaft mit beschränkter Haftung konstituiert. Diese Rechtsform ist mit weniger Pflichten zur Veröffentlichung von Bilanzdaten und anderer Firmeninterna verbunden. Als Geschäftsführer agiert bis auf weiteres Erich Hameseder. Eigentümer der Medicur-Holding sind die Raiffeisen-Holding Niederösterreich-Wien zu 75 Prozent, nachdem sie den Anteil der Uniqa Versicherung in der Höhe von 25 Prozent im Jahr 2012 übernommen hat, und die Raiffeisen Zentralbank Wien zu 25 Prozent.

Die Medicur-Holding GmbH ist die Konzernmutter für die Mehrheitsbeteiligungen an der Kurier Zeitungsverlag und Druckerei GmbH. In ihrem Portfolio befinden sich weitere wesentliche Beteiligungen an Massenmedien in den Bereichen Printmedien („Kurier" und Magazine des „Kurier"-Verlags wie „profil" usw. ), Privat-Fernsehen (Sat.1 Österreich) oder Wochenzeitungen („Niederösterreichische Nachrichten" und „Oberösterreichische Rundschau"). Die Gesellschaft Epamedia für Außenwerbung (Europäische Plakat- und Außenmedien GmbH) wurde am 28. November 2012 nach schweren Verlusten an die slowakische Medienholding JOJ Media House verkauft. Im Zuge dieser Transaktion trat Monika Lindner Ende 2012 aus der Geschäftsführung aus, während Co-Geschäftsführer Wolfgang Wagner dem Unternehmen erhalten blieb.

2005 ist Medicur – unter Monika Lindner als ORF-Generaldirektorin – in die ORF-Sendetechnik-Tochter, die Österreichische Rundfunksender GmbH (ORS), eingestiegen. Aus welchen Gründen der ORF für dieses Unternehmen einen Partner benötigt hat, steht in den Sternen. An dem Unternehmen hält Medicur jedenfalls 40 Prozent der Anteile. Die ORS betreibt für den ORF 1.795 Sendeanlagen an 470 Standorten und ist als Rundfunk-Dienstleister für zahlreiche private Fernsch- und Radioanbieter tätig. Darüber hinaus bietet die ORS Services im Bereich der Standortmitbenutzung und fungiert als Dienstleister im Rundfunk-Satellitenbereich. Derzeit beschäftigt die ORS insgesamt 129 Mitarbeiter in Wien und in den Bundesländern. Die ORS ging aus der ORF-eigenen Sendertechnik hervor. Nach Auslaufen ihres Mandats als ORF-Chefin fungierte Monika Lindner bis zum Verkauf des Unternehmens als Geschäftsführerin der Epamedia.

Was den Einfluss von Raiffeisen auf die heimische Medienlandschaft angeht, fällt nicht nur das Mit- oder Alleineigentum ins Gewicht, sondern auch die Stellung des Konzerns einerseits als potenter Kreditgeber und andererseits als vermutlich mit Abstand aktivster Inserent der Alpenrepublik. Wenn man berücksichtigt, dass Tageszeitungen nur dann schwarze Zahlen schreiben, wenn ihre Einnahmen zu etwa 70 Prozent aus Anzeigenerlösen stammen, liegt auf der Hand, wie wichtig Inserate und Kredite für das Überleben der Blätter sind, wobei Raiffeisen eben eine erste Adresse darstellt. Daher kann man davon ausgehen, dass der indirekte Einfluss des Konzerns wesentlich weiter reicht als der direkte Zugriff.

## NÖM

Die NÖM AG mit Sitz in Baden befindet sich mehrheitlich im Eigentum der Raiffeisen-Holding Niederösterreich-Wien. Für 2012 wurde mit rund 770 Mitarbeitern ein Umsatz von einer Milliarde Euro erwartet. Der Vorstand wird von Mag. Alfred Berger, Josef Simon und Dr. Christoph Wenisch gebildet.

Auf der Homepage der NÖM schmücken zwei direkte Reden die Hauptthemen in der Rubrik „Über uns". Das erste Zitat lautet: „Es zählen Qualität, Innovation und die Fähigkeit, in unserem schnellen Markt ein wenig schneller zu sein." Die Meldung wird Vorstandsvorsitzendem Mag. Alfred Berger in den Mund gelegt. Der zweite Originalton stammt von Vorstandsdirektor Josef Simon und hört sich folgendermaßen an: „Ob Mitarbeiter oder Bauern – bei der NÖM können Sie sich jeden Tag auf alle verlassen."

Unter „Unsere Werte" heißt es: „Es ist eigentlich ganz einfach: Engagierte Mitarbeiter sorgen für hochwertige Produkte. Hochwertige Produkte sorgen für führende Marken. Und dafür sorgt die NÖM Tag für Tag, heute, morgen und überübermorgen. Damit Sie ein verlockend befülltes Kühlregal mit vielen natürlich frischen NÖM Milchprodukten vorfinden, müssen wir bei der NÖM unseren Werten und Prinzipien treu bleiben. Dies ist eine selbst auferlegte Pflicht, der wir zum Wohle unserer Konsumenten mit großem Engagement und ungebrochener Leidenschaft täglich gerne nachkommen. Mit diesen Werten stehen jeden Morgen – 365 Tage im Jahr – auch unsere Milchlieferanten und Miteigentümer der NÖM – im Stall und sorgen für den besten Rohstoff, den es gibt."

Weiter wird ausgeführt: „Nur unternehmerisch und eigenverantwortlich denkende und agierende Mitarbeiter bringen mit ihrem Bekenntnis zu ständiger Innovation sowie ihrem hohen Produkt- und Produktions-Know-how qualitativ hochwertige Produkte hervor. Diese überdurchschnittliche Qualität, beginnend beim Rohstoff, macht unsere Produkte zu Marktführern in den verschiedensten Kategorien. Diese unsere Werte sind uns sehr wichtig und motivieren uns, täglich die Herausforderungen zu meistern und weiterhin den Rang als eine der innovativsten Molkereien Europas zu halten. Und das im kleinen, oftmals unterschätzten Österreich!"

Weiter im Text der NÖM-Website: „Die NÖM hat in ihrer mehr als 100-jährigen Geschichte viel erlebt: Expansionen, Sanierungen, Börsengänge, Zukäufe – nicht zu vergessen die Wirren zweier Weltkriege. Vor allem aber ist die Historie der NÖM eine Geschichte des ständigen Erfolges sowie der kompromisslosen Frische und Qualität verlockender Milchprodukte. Und daran wird sich auch in den nächsten 100 Jahren nichts ändern."

Die von Franz von Pirko 1898 gegründete Niederösterreichische Molkerei reg. Genossenschaft mbH nimmt die unternehmerische Tätigkeit auf; Standort: 1200 Wien, Höchstädtplatz 5

1964 – 1987: Expansion durch Kauf anderer Firmen und Fusionen mit kleineren Molkereien.

1989: Gründung der Schärdinger Milch AG (später „NÖM AG") durch den Schärdinger Molkereiverband reg. Gen. mbH in 1140 Wien. Einbringung des Milchhofes in 1140 Wien in die NÖM AG.

1991: Börsengang der Schärdinger Milch AG. Kauf der WIMO in 1020 Wien.

1992: Fusion der WIMO in die Niederösterreichische Molkerei reg. Gen. mbH. Gründung der Wien Milch AG.

1993: Einbringung der Niederösterreichischen Molkerei in die Wien Milch AG. Kauf der Alpenmilchzentrale Trösch. Einbringung der MOGROS (Baden, Wr. Neustadt, Hainfeld und Kirchschlag) und Mirimi (Prinzersdorf, St. Pölten, St. Georgen, Pöggstall) in die Wien Milch AG. Kauf von Anteilen der slowakischen Molkerei RAJO a.s., Bratislava.

1994: Einbringung der Molkereibetriebe Obergrafendorf und Mank in die Schärdinger Milch AG.

1995: Fusion der Wien Milch AG und der Schärdinger Milch AG. Einbringung der Molkereibetriebe Zwettl, der Milchunion Waldviertel (Gmünd, Horn und Waidhofen/Thaya) und Ybbstal (Waidhofen/Ybbs).

1996: Umfirmierung von Schärdinger Milch AG zur NÖM AG.

1997: Übersiedlung nach Baden und Inbetriebnahme des Kühllagers Baden.

1998: Beginn der Sanierung nach großen Verlusten und einer Struktur mit vielen kleinen Molkereien.

2000: Einstieg ins Exportgeschäft und in die Pet-Flaschen Technologie. Erster Auslandsmarkt: BRD.

2000 – 2007: Ausbau des Auslandsgeschäfts auf ganz Europa.

2004: Partnerschaft mit dem deutschen Unternehmen Karwendel am italienischen Markt.

2007: Übernahme der Mona GmbH mit Vertriebstochter in Ungarn.

2009: Ist die NÖM AG in Baden ein europaweit konkurrenzfähiger Betrieb mit internationalen Handelsbeziehungen.

2011: 100 % Übernahme der italienischen Beteiligung. Einstieg in den UHT-Bereich (UHT = Ultra High Temperatur bzw. Ultrahocherhitzung) bei Milchprodukten. Einstieg bei Butterprodukten und Spezialitäten im Becherbereich.

Folgt man der Chronik, stellt sich heraus, dass die Abgrenzung zwischen NÖM und Schärdinger anlässlich der Gründung der Berglandmilch vollzogen wurde.

Zu den „NÖM Bauern" Bauern wird ausgeführt: „Unsere 4.000 Milchbauern sind für uns mehr als Lieferanten. Sie sind gleichwertige Partner, die uns verlässlich mit unserem wichtigsten Rohstoff versorgen. Hochwertige Milch bestimmt den natürlich frischen Geschmack der NÖM Milchprodukte. Deshalb ist die Auswahl der NÖM Bauern und die ungetrübte Partnerschaft zu ihnen auch eine unserer obersten Prioritäten. NÖM Milchbauern sind ausschließlich Familienbetriebe aus Niederösterreich, dem Burgenland sowie der östlichen Steiermark und produzieren Milch in gentechnikfreier Qualität. Ihre Kühe (allesamt glückliche Tiere und auf den saftigsten Wiesen und Weiden zuhause) bekommen seit 2009 ausnahmslos gentechnikfreies Futter. Nur so geben sie Milch höchster Qualität, von der jeder Milchbauer im Jahr rund 80.000 Kilogramm produziert. Klein, aber wirklich oho, denn damit gehören sie im EU-Vergleich zu den ‚kleinsten' Milchbauern. In Summe liefern sie ca. 340 Millionen Kilogramm Rohmilch an uns. Und wir von der NÖM sind dabei dankbar für jeden Liter. ... Und – last but not least – mit der Milchproduktion kümmern sich die NÖM Bauern auch um den Erhalt unserer einzigartig schönen Kulturlandschaft." Ganz schön vereinnahmend die Ghostwriter der NÖM – oder?

Es liegt auf der Hand, dass sowohl große Turbulenzen als auch ausgesprochene Highlights nicht im Selbstlob der NÖM auftauchen. Das trifft etwa auf die Tatsache zu, dass die seinerzeit schwächelnde Molkereizentrale sich angesichts des bevorstehenden EU-Beitrits Österreichs der italienischen Großmolkerei Parmalat an die Brust werfen wollte. Es war ein ausgesprochenes Massel, dass die Übernahme der NÖM durch den italienischen Konzern aufgrund dessen plötzlicher Pleite nicht zustande kam. So war das Unternehmen gezwungen, sich wieder auf eigene Beine zu stellen. Dabei ist es gelungen, einen Erfolgsweg einzuschlagen, ohne in die Fänge der Berglandmilch zu geraten. Das wiederum dürfte mit der Rivalität zwischen den Raiffeisenlandesbanken Niederösterreich-Wien einerseits und Oberösterreich andererseits zu tun haben, die über ihre Holdings bestimmenden Einfluss auf die Molkereigenossenschaften ausüben. Nicht direkt erwähnt wird allerdings auch, dass die NÖM die größte Molkerei im Großraum Kiew erworben und die modernste Produktionsstätte Großbritanniens (in Telford) aus dem Boden gestampft hat. Allerdings mit mäßigem Erfolg, wie die 2012 erforderliche Abschreibung von 28 Millionen Euro allein für das England-Abenteuer beweist. Letzteres scheint ein Beweis dafür zu sein, dass die Raiffeisenexpansion ins Ausland nicht nur vom Fall des Eisernen Vorhangs beflügelt wurde, sondern auch von Vorstößen nach Westen begleitet wird.

## Josef Pröll

Josef Pröll war von 2003 bis 2008 Landwirtschafts- und Umweltminister und von 2008 bis 2011 Finanzminister und Vizekanzler der Republik Österreich. Er wurde am 14. September 1968 in Stockerau geboren, besuchte das Bundesrealgymnasium in Hollabrunn und schloss 1993 das Studium der Agrarökonomie an der Universität für Bodenkultur in Wien mit dem Diplomingenieur ab.

Pröll, Neffe des niederösterreichischen Landeshauptmanns Erwin Pröll, war Referent der Niederösterreichischen Landeslandwirtschaftskammer und Referent im Österreichischen Bauernbund (Teilorganisation der ÖVP). Er arbeitete als Assistent der EU-Abgeordneten Agnes Schierhuber, als Direktor des Wiener Bauernbundes, als Kabinettschef von Landwirtschaftsminister Wilhelm Molterer und als Direktor des Österreichischen Bauernbundes. Pröll leitete die Perspektivengruppe der ÖVP, die 2007 Vorschläge für eine Neuausrichtung der Partei entwickelte. Nach Verlusten in der Nationalratswahl am 1. Oktober 2006 rang die ÖVP um eine gesellschaftspolitisch liberalere Linie.

Einen Tag nach der Nationalratswahl im Jahr 2008 wurde Pröll neben Parteichef Wilhelm Molterer als geschäftsführender Parteiobmann eingesetzt. Am 28. November 2008 wurde er auf dem Parteitag der ÖVP in Wels mit 89,6 Prozent der Delegiertenstimmen zum neuen Bundesparteiobmann gewählt. Wenige Tage vorher hatte er die Koalitionsverhandlungen mit der SPÖ über eine neuerliche Regierungszusammenarbeit abgeschlossen. Am 2. Dezember 2008 wurde Josef Pröll als Finanzminister und Vizekanzler der Bundesregierung unter Bundeskanzler Werner Faymann angelobt. Eine Lungenembolie im März 2011 diente als Motiv des 42-Jährigen, am 13. April 2011 den Rückzug aus allen politischen Ämtern aus gesundheitlichen Gründen bekannt zu geben. Ihm folgte Michael Spindelegger als ÖVP-Obmann und Vizekanzler. Ins Finanzministerium wechselte Maria Fekter vom Innenministerium. Pröll übergab die Regierungsfunktionen am 21. April 2011 und die Parteifunktion am Bundesparteitag am 20. Mai 2011.

Die Amtsperiode Prölls als Finanzminister fiel in die Zeit der groß angelegten Bankenrettung durch die nationalen Regierungen in Europa. Offensichtlich stützten die jeweiligen Finanzminister sich bei der Vorbereitung ihrer Entscheidungen bzw. der Gesetzesvorschläge auf den Rat von Vertretern der Spitzeninstitute ihre Länder. Gab dabei in Deutschland der Chef der Deutschen Bank Josef Ackermann den Ton an, wurde in Österreich diese Rolle Walter Rothensteiner als Generaldirektor der Raiffeisen Zentralbank und Obmann der Sparte Banken und Versicherungen in der Wirtschaftskammer zugeschrieben. Es gehört zur Spezifik der Vormachtstellung von Raiffeisen in Österreich, dass Schlüsselpositionen in Legislative und Exekutive von ihren Leuten – wie zu diesem Zeitpunkt von Josef Pöll als Finanzminister – besetzt sind.

Insofern ist es nicht verwunderlich, dass Pröll bereits am 1. Juli 2011 als Vorstandssprecher des Mischkonzerns Leipnig-Lundenburger Beteiligungs AG berufen wurde. Seither wird er als Personalreserve für die mittel- und längerfristige Nachfolge als Raiffeisengeneralanwalt gehandelt. Als Indizien dafür gelten die Übernahme des Amtes des niederösterreichischen Landesjägermeisters von Konrad am 14. April 2012 und dessen Nachfolge als Präsident der Ludwig Boltzmann Gesellschaft am 5. September 2012. Als Obmann des Raiffeisen-Revisionsverbandes Niederösterreich-Wien ist Pröll bereits ein Mitglied im Vorstand des Österreichischen Raiffeisenverbandes, der eigentlichen Machtzentrale von Raiffeisen Österreich. Darüber hinaus ist er im Österreichischen Kartellverband und fest verankert und Mitglied im Aufsichtsrat des Fußballvereins Austria Wien.

### Raiffeisenmitgliedschaft

An sich ist es einfach, Mitglied einer Raiffeisengenossenschaft zu werden. Am einfachsten funktioniert es im Geldsektor. Auf der einschlägigen Homepage findet sich folgender Einstiegstext: „Als Raiffeisenmitglied sind Sie nicht nur Kunde, sondern gleichzeitig Miteigentümer und Partner Ihrer Raiffeisenbank. Raiffeisenmitgliedschaft bedeutet: Sie sind Eigentümer Ihrer Bank!" Zusätzlich wird unterstrichen: „Bei der Raiffeisenmitgliedschaft gibt es keinen jährlichen Mitgliedsbeitrag. Sie zeichnen nur einmal einen oder mehrere Geschäftsanteil(e) und erhalten diese(n) bei Beendigung der Mitgliedschaft in voller Höhe zurück." Mit dem Pferdefuß allerdings, dass die mit diesem Kapital erwirtschafteten Erträge in der Bank bleiben und nicht an die vermeintlichen Eigentümer weitergegeben werden. Ein Faktor, der das Wachstum von Raiffeisen im Lauf der Zeit notwendigerweise immer stärker beflügelt hat.

Weiter heißt es: „Mitglieder entscheiden mit!" Dazu wird konkret ausgeführt. „Jedes Mitglied ist zur jährlichen Generalversammlung geladen. So können Sie die Entscheidungen Ihrer Bank demokratisch mitbestimmen und haben Einblick in die Geschäfte und Geschäftszahlen. In der Generalversammlung stimmen Sie über wichtige Fragen mit ab und wählen die Menschen, denen Sie vertrauen. Jedes Mitglied hat eine Stimme, unabhängig von der Anzahl oder Höhe der gezeichneten Geschäftsanteile." Diese Ausführungen zum demokratischen Charakter von Raiffeisen klingen erstklassig, tatsächlich können sich einzelne Kunden schwer ein zuverlässiges Bild sowohl von der Zweckmäßigkeit von Geschäftsstrategien als auch der Qualität von Führungspersönlichkeiten machen, die keinen Einblick in den Arbeitsalltag des Unternehmens haben. Die Erfahrung zeigt, dass es diese Konstruktion dem inneren Kern einer Institution erlaubt, sich unabhängig von bloß formalen Eigentümern in Eigenregie zu verwalten.

Wie bei Raiffeisen Demokratie verstanden wird, spricht aus dem folgenden Hinweis in der offiziellen Selbstdarstellung: „Die Raiffeisenberater sind immer für Sie da! Raiffeisenberater kennen ihre Mitglieder und ihre Region ganz genau. Sie kennen Ihre Wünsche und Ziele, sie helfen mit Engagement und Know-how. Fragen Sie Ihren Raiffeisenberater nach Ihrem persönlichen Finanzcheck für Mitglieder." Statt Gewinnanteilen „genießen Raiffeisenmitglieder viele Vorteile! Sie werden bevorzugt zu verschiedensten Informations- und Diskussionsveranstaltungen eingeladen. Darüber hinaus erhalten Sie bestimmte Sonderleistungen. Ihre Raiffeisenbank bietet Ihnen auch gemeinsam mit lokalen und regionalen Partnern viele Einkaufsvorteile. Alle Details finden Sie auf der Homepage Ihrer Raiffeisenbank oder Sie fragen einfach Ihren Berater."

Als „Philosophie" wird folgende Überlegung angeboten: „Als einzige Bankengruppe befindet sich Raiffeisen ausschließlich in heimischem und regionalem Besitz und hat damit großen Anteil an der Entwicklung der Region in Vergangenheit, Gegenwart und Zukunft. Die tiefe Verbundenheit von Raiffeisen mit den Menschen gewinnt angesichts der Globalisierung eine neue Dimension: Nicht Anonymität, sondern Persönlichkeit, nicht das Bestreben, alles zu vereinheitlichen, sondern das Eingehen auf die Menschen mit ihren spezifischen und vielfach auch regionsbedingten Bedürfnissen prägen das Denken von Raiffeisen. Vertrauen, höchst kompetente individuelle Beratung und nachhaltige Sicherheit im Gegensatz zu kurzfristiger Gewinnmaximierung um jeden Preis zeichnen die Denkweise der Raiffeisenbanken aus." Es fragt sich, inwieweit hier die Wahrheit gesagt wird, wenn wir nachweisen konnten, dass Raiffeisen in schmutzige globale Geschäfte wie Goldabbau und Land Grabbing verwickelt ist.

### Raiffeisen Bank International (RBI)

Die Raiffeisen Zentralbank bezeichnet die RBI als bedeutendste Beteiligung der Gruppe. Die Aktiengesellschaft ist mit einer Bilanzsumme von 149 Milliarden Euro zum 31. März 2012 die drittgrößte Bank und eine der führenden Kommerz- und Investmentbanken des Landes. Sie entstand 2010 aus der Fusion der Hauptgeschäftsfelder der RZB mit der Raiffeisen International Bank Holding AG. Der Vorstand der RBI setzt sich folgendermaßen zusammen:

– Dr. Herbert Stepic, Vorstandsvorsitzender
– Dr. Karl Svelda, Stellvertretender Vorsitzender
– Aris Bogdaneris, M.A., Chief Operating Officer
– Dkfm. Klemens Breuer, Markets
– Mag. Martin Grüll, Chief Financial Officer
– Mag. Peter Lennkh, Network Management
– Dr. Johann Strobl, Chief Risk Officer
– Der Aufsichtsrat besteht aus folgenden Personen:
– Dr. Walter Rothensteiner, Aufsichtsratsvorsitzender
– Mag. Erwin Hameseder, erster stellvertretender Vorsitzender, Obmann der Raiffeisen-Holding Niederösterreich-Wien
– Dr. Heinrich Schaller, zweiter stellvertretender Vorsitzender, Generaldirektor der Raiffeisenlandesbank Oberösterreich AG
– Mag. Markus Mair, dritter stellvertretender Vorsitzender, Generaldirektor der Raiffeisen-Landesbank Steiermark
– Stewart Gager, Inhaber Popham Financial Consulting, Bankfachmann aus den USA
– Dr. Kurt Geiger, vormals Head of Financial Institutions & Private Equity und Chairman Equity Committee der EBRD
– Dr. Günther Reibersdorfer, Generaldirektor des Raiffeisenverbandes Salzburg
– Dr. Johannes Schuster, Vorstandsmitglied der RZB
– Dr. Friedrich Sommer, Bereichsleiter der RZB
– Mag. Christian Teufl, Bereichsleiter der RZB

Die RBI betrachtet laut Homepage Österreich, wo sie als eine führende Kommerz- und Investmentbank tätig ist, und Zentral- und Osteuropa (CEE) als ihren Heimmarkt. Das breite Vertriebsnetz der Raiffeisen International in CEE und die umfassende Produktpalette der RZB stärken sie in ihrer Position als eine der führenden Universalbanken der Region. In Österreich ist sie auf das Kommerzbank- und Investment Banking-Geschäft spezialisiert, betreut die Top-1000-Unternehmen des Landes und versteht sich als die Corporate Finance-Bank für diese Kundengruppe und als ein führender Anbieter bei Exportfinanzierungen.

### Eine der größten Bankengruppen in CEE

Die RZB hat sich schon zu einer Zeit in CEE engagiert, als die politischen Umbrüche in der Region und der Fall des „Eisernen Vorhangs" noch lange nicht absehbar waren: Schon 1986 gründete sie ihre erste Tochterbank in Ungarn. Damit verfügt die RZB über 25 Jahre Erfahrung im Bankgeschäft in dieser Region. In der RBI hat sie ihr Bankennetzwerk – eines der größten der Region – gebündelt. 17 Märkte werden durch Tochterbanken, Leasingfirmen und eine Reihe anderer Finanzdienstungsunternehmen abgedeckt.

In Ergänzung der Produkte und Dienstleistungen ihres Kerngeschäftes bietet die RBI auch auf den Märkten Zentral- und Osteuropas eine Reihe von finanznahen Dienstleistungen von spezialisierten Unternehmen. Darunter fallen beispielsweise Mergers & Acquisitions (Übernahmen & Aufkäufe), Privatisierungen und Consulting (Beratung), Eigenkapitalbeteiligungen, Immobilienentwicklung, Projektmanagement und Fondsmanagement.

### Nischenspieler auf internationalen Märkten

In den internationalen Märkten außerhalb von CEE tritt die RBI als Nischenplayer auf und bietet im Wege ihrer Repräsentanzen und Filialen ein speziell auf die jeweiligen Bedürfnisse ihrer Kunden zugeschnittenes Produktsortiment an. Mit Filialen in Singapur, Beijing und Xiamen sowie Repräsentanzen in Harbin, Hongkong, Zhuhai, Seoul, Mumbai und Ho Chi Minh City ist die RBI die österreichische Bank mit der stärksten Präsenz in Asien. Über Geschäftsstellen in New York und London, einer Bank in Malta sowie Vertretungen in Brüssel, Frankfurt am Main, Paris, Stockholm, Chicago und Houston ist die RBI auch in internationalen Finanzzentren positioniert. Sie versucht, eine Funktion als Ost-West-Drehscheibe einzunehmen.

## Walter Rothensteiner

Walter Rothensteiner ist Generaldirektor der Raiffeisen Zentralbank (RZB) und Generalanwalt des österreichischen Raiffeisenverbandes. Er wurde am 7. März 1953 in St. Pölten geboren und ging dort zur Volks- und Mittelschule. Nach dem Abschluss des Studiums der Handelswissenschaften an der heutigen Wirtschaftsuniversität Wien begann er 1975 seine berufliche Karriere in der Raiffeisenlandesbank Niederösterreich-Wien. Zuletzt war er dort Mitglied der Geschäftsleitung. 1991 wurde er in den Vorstand der Agrana Beteiligungs AG berufen. Neben seinen Funktionen in der Raiffeisenlandesbank und der Agrana arbeitete Rothensteiner von 1987 bis 1995 als Mitglied des Vorstands der Leipnik-Lundenburger Invest Beteiligungs AG.

Im Jänner 1995 wurde Rothensteiner als stellvertretender Vorsitzender des Vorstands in die RZB geholt. Fünf Monate später wurde er Vorsitzender des Vorstands und Generaldirektor des Instituts. Seit Juni 1997 fungiert er überdies als Obmann der Sparte Kredit und Versicherung in der Wirtschaftskammer Österreich. Ferner vertritt er Singapur als Honorarkonsul in Österreich. Rothensteiner ist Mitglied des Generalrats der Österreichischen Nationalbank und Präsident des Vereins Ferienhort am Wolfgangsee.

Die RZB legte unter seiner Führung ein gewaltiges Wachstum hin. Dies wird in erster Linie auf das rasche Wachstum der zum RZB-Konzern gehörenden Raiffeisen Bank International und deren Expansion in Zentral- und Osteuropa zurückgeführt. Seit 1. Juli 2012 ist Rothensteiner als Nachfolger von Christian Konrad als Generalanwalt des Österreichischen Raiffeisenverbandes und damit oberster Vertreter und Sprecher der österreichischen Raiffeisengenossenschaften und Obmann des Österreichischen Raiffeisenverbandes.

Zum Ostgeschäft von Raiffeisen im Allgemeinen und der RZB im Besonderen sagte Rothensteiner in einem Interview mit dem Wirtschaftsblatt vom 1. 7. 2012: „Wir haben 1989 eine Jahrhundertchance ergriffen und uns von der Peripherie Europas, wo dahinter nur noch Stacheldraht war, wesentlich mehr in die Mitte bewegt. Unser Glück war, dass die Deutschen ihre gesamten Ressourcen nach Ostdeutschland geworfen haben. Wir konnten uns relativ frei bewegen und haben in Osteuropa investiert. Bis 2008 haben das alle bejubelt und seitdem ist viel von Furcht zu hören, aber strukturell hat sich nichts geändert."

*Aufsichtsratsmandate und sonstige Funktionen:*
– Vorsitzender des Aufsichtsrats der Casinos Austria Aktiengesellschaft
– 1. Stellvertreter des Vorsitzenden der Casinos Austria International Holding GmbH
– Vorsitzender des Aufsichtsrats der Kathrein & Co. Privatgeschäftsbank Aktiengesellschaft
– Mitglied des Aufsichtsrats der Kurier Redaktionsgesellschaft m.b.H.
– Mitglied des Aufsichtsrats der Kurier Zeitungsverlag und Druckerei Gesellschaft m.b.H.
– Stellvertreter des Vorsitzenden des Aufsichtsrats der Leipnik-Lundenburger Invest Beteiligungs Aktiengesellschaft
– 1. Stellvertreter des Vorsitzenden des Aufsichtsrats der Oesterreichische Kontrollbank Aktiengesellschaft
– Vorsitzender des Aufsichtsrats der Raiffeisen Bank International AG
– Vorsitzender des Aufsichtsrats der Raiffeisen Bausparkasse Gesellschaft m.b.H.
– Vorsitzender des Aufsichtsrats der Raiffeisen Centrobank AG
– Vorsitzender des Aufsichtsrats der Raiffeisen Informatik GmbH
– Vorsitzender des Aufsichtsrats der Uniqa Versicherungen AG
– Vorsitzender des Aufsichtsrats der Valida Holding Aktiengesellschaft
– Mitglied des Aufsichtsrats der Wiener Staatsoper GmbH
– Vorsitzender des Aufsichtsrats der Österreichische Lotterien Gesellschaft m.b.H.
– Vorsitzender des Vorstands der Raiffeisen Zentralbank Österreich Aktiengesellschaft
– Mitglied des Vorstands der HK Privatstiftung
– Geschäftsführer der Raiffeisen International Beteiligungs GmbH

– Obmann der Österreichische Raiffeisen-Einlagensicherung eGen

– Mitglied des Generalrats der Oesterreichischen Nationalbank

– Vorsitzender des Beirats der Raiffeisen evolution project development GmbH

– Mitglied des Beirats der Raiffeisen Versicherung AG

Vermutlich werden diese 22 Positionen in nächster Zeit quantitativ und qualitativ erweitert, weil Rothensteiner als Nachfolger Konrads in zusätzliche Aufsichtsräte einziehen oder in die Funktion des Vorsitzenden aufsteigen wird, wie das bei der Uniqa bereits 2012 der Fall war.

### Strabag

Kernaktionäre der Strabag sind laut Wikipedia mit 29,9 Prozent die Raiffeisen-Holding Niederösterreich-Wien zusammen mit der Raiffeisentochter UNIQA Gruppe, mit 28,9 Prozent die Familie Haselsteiner und mit 18,2 Prozent die in Zypern ansässige Rasperia Trading des russischen Oligarchen Oleg Deripaska. Aufgrund der vorübergehenden Übernahme der Rasperia-Anteile gehörten Raiffeisen (-Holding Niederösterreich-Wien und Uniqa) zwischenzeitlich deutlich über 40 Prozent. In Streubesitz befinden sich gegenwärtig 14,1 Prozent der Aktien.

Auf der Homepage www.strabag.com heißt es:

„Strabag ist einer der führenden europäischen Baukonzerne. Im Geschäftsjahr 2011 erbrachten wir mit circa 76.900 Mitarbeitern eine Leistung von 14,3 Milliarden Euro. Ausgehend von unseren Kernmärkten Österreich und Deutschland sind wir über zahlreiche Tochtergesellschaften in ost- und südosteuropäischen Ländern, in ausgewählten Märkten Westeuropas und vereinzelt auf anderen Kontinenten tätig. Dabei erwirtschaften wir mehr als 80 Prozent der Leistung in Märkten, in denen wir eine der drei Top-Marktpositionen innehaben, darunter Österreich, Deutschland, Ungarn, Tschechien, die Slowakei, Polen, Rumänien und die Schweiz. Wir bieten unsere Leistungen unter mehreren Marken an, darunter Strabag, Heilit+Woerner, Möbius und Züblin. Diese Dienstleistungen umfassen sämtliche Bereiche der Bauindustrie und decken die gesamte Bauwertschöpfungskette ab. Unsere Vision: Zum führenden reinen Baudienstleister Europas werden. Um das zu erreichen, streben wir danach, Bestbieter zu sein – d. h. Qualität zum besten Preis zu liefern."

Auf der Homepage www.strabag.at heißt es zum österreichischen Teil des Unternehmens und seiner Geschichte:

„Strabag steht als führendes Bauunternehmen Österreichs in allen Bereichen der Bauindustrie im Einsatz. Mit rund 10.300 Mitarbeitern wurde im Geschäftsjahr 2011 eine Leistung von rund 1,9 Milliarden Euro erbracht. Im Heimatmarkt Österreich werden rund 14 Prozent der gesamten Leistung des Strabag Konzerns erwirtschaftet. 49 Prozent dieser Leistung werden im Segment Hoch- und Ingenieurbau erbracht, 39 Prozent entfallen auf den Verkehrswegebau und 9 Prozent auf Tunnelbau und Dienst-

leistungen. Mit dem Strabag teamconcept bieten wir unseren Auftraggebern ein auf Bausteinen aufgebautes Leistungsspektrum, das
alle baurelevanten Aufgaben umfasst – von der Projektierung über
die Planung und Ausführung bis zur reibungslosen Inbetriebnahme. Höchste fachliche Kompetenz, zukunftsorientiertes innovatives Know-how und eine hervorragende interne Infrastruktur
erlauben es uns, auch den anspruchsvollsten Wünschen unserer
Auftraggeber nachzukommen – sicher, wirtschaftlich, rasch und
flexibel.

Die heutige Strabag Gruppe entstand einerseits aus der
ILBAU, die 1835 in Österreich ins Leben gerufen wurde, und
andererseits aus der Namensgeberin Strabag, gegründet 1895 in
Deutschland. Im Laufe der Jahre entwickelte sich das Unternehmen – zum Teil auch durch Akquisitionen – zu einem der größten europäischen Baukonzerne. Bei unserer Tätigkeit können wir
somit auf das Know-how und die Erfahrung aus über 170 Jahren
Unternehmenstradition zurückgreifen.“

### Uniqa Versicherung

Uniqa Versicherungen AG (Holding) wird von Generaldirektor Andreas Brandstetter als Chief Executive Officer (CEO) geführt. Er wird unterstützt von Hannes Bogner, Chief Financial Officer (CFO), Kurt Svoboda, Chief Risk Officer (CRO), Thomas Münkel, Chief Operating Officer (COO) und Wolfgang Kindl, Uniqa International. Der Ursprung des Unternehmens geht auf die 1922 gegründete Versicherungsanstalt der österreichischen Bundesländer zurück. 1997 kam es zur Fusion der Bundesländer-Versicherung mit der Austria-Collegialität. Kurzzeitig hieß das Konglomerat BARC Versicherungs-Holding AG, die 1999 in die Uniqa umfirmiert wurde.

In der Selbstdarstellung der Uniqa auf der Homepage heißt es: „Die Uniqa Group ist eine der führenden Versicherungsgruppen Mitteleuropas und vereint bewusst österreichische Identität mit europäischem Format. In den elf Jahren nach ihrer Gründung etablierte sich die Uniqa Gruppe schnell sowohl am heimischen als auch auf den zentral- und osteuropäischen Märkten." Dass in Griechenland Abschreibungen in der Höhe von rund 300 Millionen Euro fällig wurden und zur Kompensation ein spürbarer Personalabbau eingeleitet wurde, bleibt unerwähnt.

Weiter im Text: „Die über 40 operativen Versicherungsgesellschaften der Uniqa Gruppe arbeiten in 20 Märkten. Sie verfügen aktuell über ein Prämienvolumen von mehr als 5,9 Mrd. Euro. Davon werden über 38 Prozent außerhalb Österreichs erwirtschaftet. Mit rund 22.000 MitarbeiterInnen und exklusiven Vertriebspartnern und konzernweit 8,1 Millionen betreuten KundInnen mit über 17 Millionen Verträgen in 20 Märkten zählt Uniqa zu den dynamischsten Unternehmensgruppen in Zentraleuropa."

Über den Heimmarkt wird erklärt: „In Österreich ist Uniqa mit einem Marktanteil von rund 22 Prozent und mehr als 6.500 MitarbeiterInnen einer der führenden Versicherungskonzerne. Zu ihr zählen neben der börsennotierten Konzerndachgesellschaft Uniqa Versicherungen AG die Uniqa Österreich Versicherungen AG mit den Bereichen Personen- und Sachversicherung und die Salzburger Landesversicherung AG, die Raiffeisen Versicherung AG, die Finance Life Lebensversicherung AG sowie Service- und Finanzgesellschaften. Nicht zuletzt hat Uniqa 93 Prozent Bekanntheit in der österreichischen Bevölkerung und ist für 51 Prozent die unumstrittene Topmarke. Uniqa ist auch der klare Innovationsführer unter den Top-Ten der österreichischen Versicherer. 40 Prozent halten Uniqa für besonders innovativ."

Zum Auslandsgeschäft heißt es: „Außerhalb Österreichs verfolgt Uniqa eine klare Expansionsstrategie im zentral- und osteuropäischen Raum. In einem forcierten Auslandsengagement sieht Uniqa die Möglichkeit neue Freiräume für eine Expansion zu schaffen. Uniqa ist neben dem Heimatmarkt Österreich auch in Tschechien, Ungarn, der Slowakei, in Kroatien, Polen, Italien, der Schweiz und in Liechtenstein tätig. Dazu kamen in den letzten Jahren noch Slowenien, Rumänien, Bosnien und Herzegowina, Bulgarien, Serbien, Montenegro und die Ukraine, Albanien, Mazedonien und Kosovo sowie Russland.

Die Uniqa verfolgt im Ausland zwei unterschiedliche Strategien: Im westlichen Mitteleuropa wie Italien, Schweiz, und Liechtenstein hat die Gruppe eine klare Zielgruppenstrategie mit Produktspezialitäten für spezifische Kundensegmente und Nischen. Im östlichen Mitteleuropa hat sie sich erfolgreich als Allspartenversicherer positioniert. Zielsetzung ist eine einheitliche Markenpolitik. Wesentlicher Erfolgsfaktor ist eine einheitliche und klare Konzernstruktur und -ausrichtung, die mit allen Auslandsgesellschaften gemeinsam und gleichberechtigt entwickelt und daher auch von allen Beteiligten im täglichen Leben mitgetragen wird."

Besonderes Gewicht wird auf die Partnerschaft mit Raiffeisen Bank International im Auslandsgeschäft gelegt. Dazu heißt es: „Ein wesentlicher Erfolgsfaktor für die Durchdringung der neuen Versicherungsmärkte ist die ‚Preferred Partnership' (bevorzugte Partnerschaft) der Uniqa Gruppe mit der Raiffeisen Bankengruppe. Die seit 2004 bestehende Kooperation erstreckt sich inzwischen auf 14 ost- und südosteuropäische Länder. Beide Partner profitieren von dieser Zusammenarbeit, die aufgrund des erwarteten überdurchschnittlichen Wachstums in der Region auch für die Zukunft positive Aussichten bietet."

# Machtfaktor Raiffeisen

## Das „verschwundene" NEWS-Interview[1]

LUTZ HOLZINGER: Die Expansion des Sektors folgt analog zur Öffnung der Finanzmärkte. Ab den 1980er Jahren fängt es an. Raiffeisen hatte einen Kapitalüberhang und deshalb die Möglichkeiten, früher zu expandieren als Andere in der EU. Worauf man auch stolz ist. Heute ist Raiffeisen ein Milliardenkonzern, in den 1950er Jahren wurden hingegen teilweise noch Volksschulklassen angemietet, um Bankauszahlungen durchzuführen.

CLEMENS STAUDINGER: Das erstaunliche daran ist die Einzigartigkeit: Es gibt viele Banken, es gibt viele Nahrungsmittelproduzenten, es gibt viele Hersteller von Agrartechnologie. Aber kein einziger dieser Wettbewerber hat die Möglichkeit, so direkt in die Politik hinein zu intervenieren. Dadurch, dass Raiffeisenfunktionäre, mit Ausnahme Wiens, in allen Landesregierungen und Landtagen vertreten sind. Dazu kommt, was mindestens genauso wichtig ist, die Vertretung in den Landwirtschaftskammern. Die Präsidentenkonferenz der Landwirtschaftskammer ist als Verein konstituiert und dort ist den Statuten nach auch der Österreichische Raiffeisenverband Mitglied.

---

1    Da „News" auf unsere Anfrage nach einer Abdruckgenehmigung keine Reaktion zeigte, sind die Fragen geschwärzt. Das vollständige Interview inklusive Fragen kann unter http://pastebin.com/iS3wULYD nachgelesen werden.

STAUDINGER: Das ist in der Tat bemerkenswert: neben den Präsidenten der einzelnen Kammern in den Bundesländern, die immerhin demokratisch legitimiert sind, ist der Raiffeisenverband wohl durch finanzielle Potenz und politischen Einfluss legitimiert.

HOLZINGER: In einzelnen Landeslandwirtschaftskammern sind auch Vertreter von Raiffeisen unter den Kammerräten. Sie können davon ausgehen, dass schon bei der Erstellung der Kandidatenlisten für die Landwirtschaftskammerwahlen Raiffeisen ein wichtiges Wort mitspricht.

STAUDINGER: Raiffeisen hätte im Parlament Klubstärke. Sieben Nationalräte, drei Bundesräte, eine EU-Abgeordnete. Man kann nicht sagen, der ÖVP gehört Raiffeisen oder Raiffeisen gehört die ÖVP, aber es sind kommunizierende Gefäße. Ganz konkret: Wer zahlt schafft an. Erinnern Sie sich an das Beispiel „Erwin Pröll will Bundespräsident werden". Raiffeisen lehnte eine finanzielle Unterstützung des Wahlkampfs ab, Pröll kandidierte nicht und ist, wie man hört, heute noch verschnupft. Es ist außerdem ein Demokratieproblem, dass es schon eine ganze Reihe von Politikern gibt, die nach ihrer Karriere Jobs bei Raiffeisen bekamen. Die ehemaligen Vizekanzler Riegler, Josef Pröll und viele mehr. Man kann sich fragen, wie ein Politiker entscheidet, der weiß, dass sein Mandat irgendwann abläuft und er hat über ein Raiffeisen-relevantes Thema zu befinden. Darüber lohnt es sich nachzudenken.

HOLZINGER: Raiffeisen hat im Geldsektor eine Reichweite, die vergleichbar ist der Stellung der „Neuen Kronen Zeitung" bei den Tageszeitungen. Dazu kommt die UNIQA-Versicherung samt Raiffeisenversicherung und eine große Beteiligung an der Strabag. Dann ist Raiffeisen ein Monopolist der von Milchbauern produzierten Milch. 99 Prozent der Frischmilch kommt aus Raiffeisen-Molkereien. Bei Joghurt und verschiedenen Käsesorten gibt es auch Marktanteile von mehr als 60 Prozent. Im Zuckerbereich gibt es mit der Agrana ein Monopol, außerdem werden der Stärkebereich und die Produktion von Fruchtzucker dominiert.

Mit der Leipnik-Lundenburger besteht eine sehr starke Stellung im Mühlen- und damit im Mehlsektor. „Finis Feinstes" ist die Spitzenmarke in diesem Bereich. Der Anteil der Mühlenkapazitäten liegt bei mehr als 50 Prozent. Dann gibt es unzählige Beteiligungen im Nahrungsmittelsektor. Das reicht von der Industrieproduktion über Kaffeeautomaten von cafe+co bis zu Do&Co und Demel. Aber auch Schinken, Kärntnerwürste und vieles mehr wird von Tochterkonzernen von Raiffeisen produziert. Nicht zu vergessen der Anteil an der VOEST durch Raiffeisen Oberösterreich.

STAUDINGER: Dazu kommt der Immobiliensektor. Sowohl Immobilienentwicklung, wie auch diese selbst zu betreiben. Der Medienkonzern, beispielsweise mit dem „Kurier" oder den Beteiligungen an Ihrem Magazin „news" sowie „profil" oder der NÖN und der ORF-Sendetochter ORS. Die Lagerhausgruppe, die als Aufkäufer der Ernte auftritt und Bauern mit Produktionsmitteln versorgt, und sich aber zugleich zunehmend zu Einkaufszentren entwickeln. Man kann sich den Raiffeisen-Menschen vorstellen. Er ernährt sich von Raiffeisenprodukten. Er wohnt in einem Eigenheim das von Raiffeisen finanziert wurde und mit Raiffeisenbaustoffen errichtet wurde. Das Ersparte bringt er zur Raiffeisenbank. Im Betrieb gibt es eine Kantine mit „Gourmet"-Futter. Versichert sind sein Auto, sein Leben und seine Zukunft bei der UNIQA. Als Zeitung liest er den „Kurier", auf Urlaub fährt er mit Raiffeisenreisen. Man kann fast das gesamte Leben bei Raiffeisen organisieren und nur bei den wenigsten Produkten steht der Name „Raiffeisen" drauf.

HOLZINGER: Die Strategie hat interessanterweise Engelbert Dolfuß – in seiner Zeit als Amtsdirektor der niederösterreichischen Landwirtschaftskammer in den späten 1920er Jahren – entwickelt. Damals entstand das, was wir Dreifaltigkeit nennen: Das Zusammenspiel aus Raiffeisen, Landwirtschaftskammern und Bauernbund. Umgesetzt wurde es erst so richtig unter den günstigen Rahmenbedingungen nach dem 2. Weltkrieg.

STAUDINGER: Das Organisationsprinzip sieht die Präsenz vor Ort, gebündelt in die Landesbanken und darüber in die Zentralinstitute vor. Über allem schwebt der Raiffeisensektor, der noch das Privileg der Selbstkontrolle hat. Die Aktiengesellschaften des Sektors müssen natürlich ihre Bilanzen testieren lassen, aber der Genossenschaftssektor kontrolliert sich selbst.

HOLZINGER: Beispielsweise die Ostexpansion von Raiffeisen: Die Erste Bank oder die Bank Austria mussten sich vor Ort jemanden suchen der Geld braucht. Wenn Raiffeisen dorthin geht, dann gehen sehr viele Raiffeisen-eigene Konzerne mit, die dort ein Geschäft aufbauen. (…) So macht Raiffeisen sichere Geschäfte, da man viele Kreditnehmer bereits kennt und ein wesentlicher Teil des Geschäfts mit konzerneigenen Gesellschaften abgewickelt wird.

STAUDINGER: Die Geschäftsführer der Banken sind angehalten zunächst einmal zu sehen, was im eigenen Konzern abgedeckt werden kann. Es gibt Stahlwerke, es gibt Reisebüros, also kaum etwas, was nicht abgedeckt wird.

HOLZINGER: Zum Teil kann man sich auf eine Zuckerrübenverordnung der EU berufen, die noch bis 2016 läuft und einen langsamen Abbau der Anbauflächen zum Ziel hat. Die Agrana vergibt sozusagen die Flächen in Österreich. Ein Agrana-eigenes Institut produziert die Rübensamen und verkauft diese an die Rübenbauern. Ein komplett geschlossenes System. Aber nicht nur für die Bauern, sondern auch für die Konsumenten ein Problem, denn in Deutschland ist der Zuckerpreis wesentlich niedriger als in Österreich.

STAUDINGER: Das reicht in den Mühlenbereich hinein. Der Sektor hat über 50 Prozent Anteil an der Mehlproduktion.

HOLZINGER: Entscheidend ist am Genossenschaftsprinzip, dass es kaum eine Gewinnentnahme gibt. Das Geld bleibt im Sektor und wird nicht ausgeschüttet, das trifft auch auf die Aktiengesellschaften zu, wenn man den minimalen Anteil an Privataktionären abrechnet.

STAUDINGER: Es gibt einen Vorstoß, der in Richtung einer verstärkten Beteiligung der Genossenschafter geht. Aber bislang ist es so, dass man beispielsweise einen Anteil bei der Bank erwirbt und so Genossenschafter wird. Entnimmt man das Geld, erhält man das Kapital zurück. Aber es gibt keinerlei Wertsteigerung.

HOLZINGER: Bei den AGs wird eine Dividende bezahlt, doch ein Großteil fällt an die Großaktionäre, die wiederum selbst im Raiffeisensektor sind, beispielsweise die Raiffeisen Niederösterreich-Wien. Diese ist an mehr als 1.000 Unternehmen beteiligt. So dehnt sich der Sektor immer weiter aus.

HOLZINGER: Das dringt nicht ganz durch, weil die Spitzeninstitute losgelöst als Aktiengesellschaften funktionieren. Stimmen dort die Kleinaktionäre gegen einen Plan, so bewegt das oft nur wenige Promille des Stimmrechts. Bei der Hauptversammlung vielleicht eine überwältigende Mehrheit der anwesenden Personen, aber es zählt ja das Stimmrecht. Die Kleinaktionäre dürfen sich dort ein bisschen aufregen, sich beschweren. Sie werden angehört, aber Bedeutung hat es kaum eine.

STAUDINGER: Allgemein gilt, dass die Körperschaftssteuer bei 25 Prozent liegt. Es ist aber vielen nicht bewusst, dass man durch das Instrument der Gruppensteuer die gesamte Expansion in den Osten mitfinanziert. Weil das fehlende Geld vom hiesigen Steuerzahler ersetzt werden muss, was bei Expansionen möglicherweise an Verlust anfällt. 2007 gab es die extrem niedrige Steuerquote von einem Prozent, die Steuerquote ist aber auch in den Jahren danach sehr gering. Zum Vergleich: Im Jahr 2007 erbrachte der Bankensektor insgesamt eine Steuerleistung von etwa sieben Prozent. Auch weit weg von den 25 Prozent aber doch deutlich mehr als Raiffeisen. Und nebenbei: als das System „Gruppensteuer" im Nationalrat beschlossen wurde, stimmten auch die Raiffeisenabgeordneten ab. Dreimal darf das Publikum raten, wie sich die Mandatare entschieden haben.

# Literatur

Ernst Bruckmüller und Wolfgang Werner (Hrg. für den Österreichischen Raiffeisenverband), Raiffeisen in Österreich – Siegeszug einer Idee, St. Pölten 1998

Josef Krammer, Analyse einer Ausbeutung I und II, In Sachen 1–4, Wien 1976

Josef Krammer und Franz Rohrmoser, Im Kampf um ihre Rechte – Geschichte der Bauern und Bäuerinnen in Österreich, Promedia, Wien 2012

Brigitte Reisenberger und Thomas Seifert, Schwarzbuch Gold: Gewinner und Verlierer im neuen Goldrausch. Deuticke, Wien 2012

Helmut Rumpler, Eine Chance für Mitteleuropa – Bürgerliche Emanzipation und Staatszerfall in der Habsburgermonarchie, Österreichische Geschichte 1804–1914, Ueberreuter, Wien 1997

Roman Sandgruber, „Ökonomie und Politik – Österreichische Wirtschaftsgeschichte vom Mittelalter bis zur Gegenwart, Ueberreuter, Wien 1995

Hans Weiss, Schwarzbuch Landwirtschaft – Die Machenschaften der Agrarpolitik, Deuticke, Wien 2010

€16,90